深圳市建筑业发展报告（2018）

深圳建筑业协会
深圳大学土木与交通工程学院　编

中国建筑工业出版社

图书在版编目（CIP）数据

深圳市建筑业发展报告. 2018/深圳建筑业协会等编. —北京：中国建筑工业出版社，2019.12
ISBN 978-7-112-24484-3

Ⅰ.①深… Ⅱ.①深… Ⅲ.①建筑业-经济发展-研究报告-深圳-2018 Ⅳ.①F426.9

中国版本图书馆CIP数据核字（2019）第280120号

责任编辑：李春敏 张 磊
责任校对：姜小莲

深圳市建筑业发展报告（2018）
深圳建筑业协会
深圳大学土木与交通工程学院 编
*
中国建筑工业出版社出版、发行（北京海淀三里河路9号）
各地新华书店、建筑书店经销
霸州市顺浩图文科技发展有限公司制版
北京建筑工业印刷厂印刷
*
开本：787×1092毫米 1/16 印张：14 字数：348千字
2019年12月第一版 2019年12月第一次印刷
定价：**48.00**元
ISBN 978-7-112-24484-3
（35046）

本书编委会

总 负 责 人： 尹剑辉　彭迎祥

主　　　编： 赵正明

副　主　编： 王家远　喻　博　孙　敏

编写组成员： 赵正明　王家远　喻　博　孙　敏　李　婕　张静蓉　钟卓玲　陈坤阳　易凤莲

公众号

官网

前　言

自党和国家作出兴办经济特区重大战略部署以来，深圳建筑业作为改革开放和城市建设的排头兵和主力军，不仅在保障民生、改善就业、促进经济发展等方面发挥着基础性的保障作用，还为全国提供了大量成功、可复制的建设管理经验，创造了举世闻名的“深圳速度”！如今，深圳已从当年的“小渔村”发展成了一座充满魅力、动力、活力和创新力的国际化创新型城市，在这一伟大的历史进程中，深圳建筑业作出了不可磨灭的重要贡献！

2018 年正值中国改革开放 40 周年，深圳建筑业深入学习贯彻习近平新时代中国特色社会主义思想和党的一系列方针、政策，努力开拓，不断创新，大力推动行业的高质量发展和效益的不断提升，取得了突出的成绩。建筑业总产值实现双位数增长，营业收入再创新高；大批重要的工程项目稳步推进，轨道交通等基础设施进一步完善，城市建设智慧化管理水平大幅提升；招标投标工作不断创新，在优化招标投标制度和加强建筑市场监管方面取得了重要进展；工程质量稳中有升，房屋、市政工程领域安全事故数量和伤亡人数大幅下降，安全生产管理进一步规范；装配式建筑发展进入快车道，在 BIM 等新技术应用方面成果丰硕；绿色建筑、海绵城市、综合管廊建设成效显著，建筑废弃物综合治理能力大幅增强。

本报告在传承和延续 2017 版报告的基础上，从内容的广度和深度两方面进一步完善和深化了报告内容，全面梳理了政府颁布的相关法规政策，对 2018 年深圳市建筑业发展的规模、质量和水平进行了全面、系统地回顾和总结，同时，建立了深圳建筑企业竞争力评价指标体系，并利用 2018 年的数据对深圳市本地建筑企业竞争力进行了首次排名。另一方面，结合新时代发展的要求，紧紧围绕“一带一路”倡议和粤港澳大湾区战略的实施，以建筑业高质量发展为主线，阐述了打造深圳建筑业高质量发展高地所面临的机遇和挑战，提出了有效的应对措施和建议，为政府部门决策提供了重要参考。

2019 年 8 月 18 日，中共中央、国务院出台了《关于支持深圳建设中国特色社会主义先行示范区的意见》，要求深圳抓住粤港澳大湾区建设重要机遇，增强核心引擎功能，朝着建设中国特色社会主义先行示范区的方向前行。深圳建筑业将深刻领会《意见》的丰富内涵和精神实质，牢牢把握时代机遇，继续发扬敢为人先的精神，解放思想、真抓实干，激发新活力、焕发新风采，在新时代走在前列，奋力谱写深圳建筑业改革发展新篇章，再创深圳建筑业新辉煌！

目　　录

1

第一部分　行业概况

2018 年，全市建筑业完成总产值达 5250 亿元，同比增加 18.0%；实现增加值 1107 亿元，同比增加 12.2%；完成竣工产值 1840 亿元，同比增长 2.0%；签订合同总额 12819 亿元，同比增长 15.0%；新开工面积总计 6211 万 m^2，同比增长 37.2%；施工面积总计 20144 万 m^2，同比增长 46.5%；竣工面积总计 4299 万 m^2，同比增长 3.2%；全年实现营业收入 5231 亿元，同比增长 17.0%。截至 2018 年底，深圳市建筑业企业数量为 1832 家，同比增长 25.0%；建筑业吸纳就业人数达 133 万人，同比增长 10.8%；按建筑业总产值计算的劳动生产率达 39.47 万元/人，同比增长 6.7%。

本报告行业以广东省建设行业统计工作平台（建筑业）的统计数据为基础，用一系列的数据和图表反映深圳建筑业在 2018 年的总体发展情况，这些信息包括深圳建筑业的相关指标（产值、增加值、营业收入、签订合同总额、利润、资产及负债等）。

一、产值与规模

（一）建筑业总产值保持快速增长，跨省建筑业产值占比持续下降

2018 年，深圳市建筑行业保持了良好的发展态势，全市建筑业总产值达 5250 亿元，同比增加 18%，首次突破 5000 亿大关。从图 1-1 可见，尽管深圳市 2018 年的生产总值增速较 2017 年的下降幅度较大，但建筑业总产值增速仍较上一年度提升 4%，连续三年实现双位数增长，表明在经济发展进入新常态及国家大力推动粤港澳大湾区发展战略的背景下，政府不断加大基本建设投资力度，给深圳市建筑业企业带了重大的发展机遇。

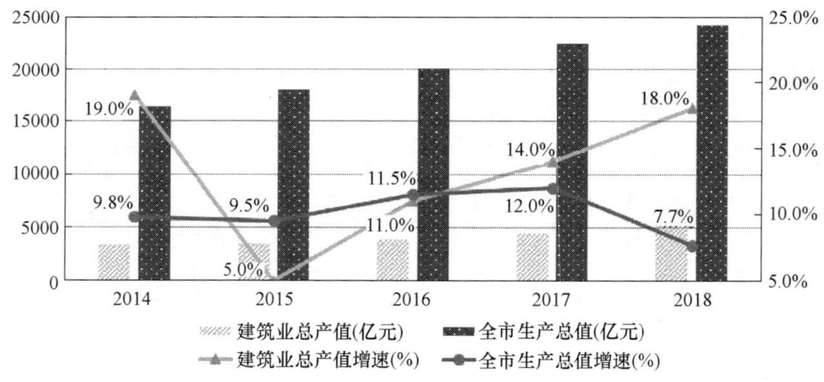

图 1-1　2014～2018 年深圳市生产总值、建筑业总产值及增速

从建筑业企业完成产值的区域分布来看，在深圳市内完成的产值达 3174 亿元，占总产值的比例突破 60%，且连续三年保持较快增长；相反，深圳市建筑业企业跨省完成的产值比重近年来不断下降，本年度更创新低 26.6%，本市建筑业企业对外拓展的趋势下降，外向度（即本地区在外省完成的产值占本地区建筑业总产值的比例）和北京（71.56%）、上海（56.76%）、天津（56.33%）等城市相比差距十分明显（图 1-2）。从发展趋势上看，随着粤港澳大湾区建设的持续推进和深圳市建筑市场环境的持续改善，将

会吸引更多的国内大型建筑企业来深圳发展，本市建筑企业的外向度仍会保持持续下降的势头。

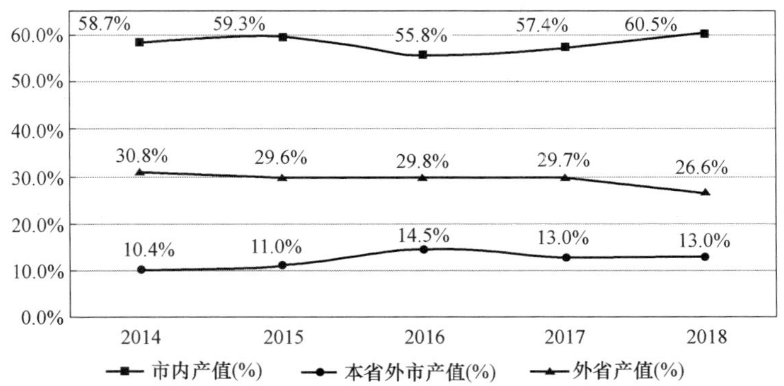

图 1-2　2014～2018 年深圳市建筑业企业在不同地区的产值比重

(二) 建筑业增加值增速回升，支柱产业地位依然稳固

自 2014 年至 2018 年，深圳市建筑业增加值[1]呈平稳增长态势，在 2015 年、2016 年大幅下降后连续两年出现回升，于 2018 年实现近五年来最高。本年度全市建筑业增加值高达 1107 亿元，同比增长 12.2%，远高于同年度国内全社会建筑业增加值增速(4.5%)。由图 1-3 可见，自 2014 年以来，深圳市建筑业增加值占全市生产总值的比重始终保持在 4%以上，但却呈略微缩减态势。而至 2018 年，深圳市建筑业增加值占全市生产总值的比重在连续三年下降后首次回升，并重新突破 4.5%，建筑业在全市经济支柱产业的地位依然稳固。

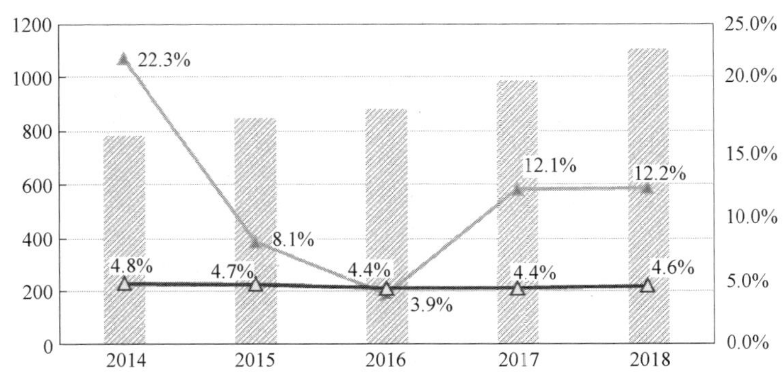

图 1-3　2014～2018 年深圳市建筑业增加值及增速

值得注意的是，从 2018 年深圳市建筑业增加值的贡献主体来看，深圳本地企业的贡

1　本报告提及的增加值是按照《深圳市住建局关于做好 2016 年建筑业统计年报和 2017 年定期报表工作的通知》中的要求进行计算的，具体的计算公式为：增加值＝本年折旧＋营业税金及附加＋管理费用的税金＋营业利润＋应付职工薪酬（本年贷方累计发生额）＋应交所得税。

献量远大于驻深企业。由表 1-1 可见，深圳本地企业贡献的增加值高达 959.6 亿元，占比 86.7%，驻深企业贡献的增加值仅为 147.4 亿元，仅占比 13.3%。从增加值的组成来看，无论是深圳本地企业还是驻深企业，应付职工薪酬（本年贷方累计发生额）均为增加值的重要组成部分，分别占比 76.8%和 70.6%。

2018 年深圳市建筑业增加值组成情况　　单位：亿元　**表 1-1**

企业类型	本年折旧	营业税金及附加	管理费用的税金	营业利润	应付职工薪酬（本年贷方累计发生额）	应交所得税	增加值
本地企业	18.9	22.8	1.5	152.7	736.8	26.9	959.6
驻深企业	4.8	6.9	0.3	28.6	103.9	2.9	147.4
合计	23.7	29.7	1.8	181.3	840.7	29.8	1107

（三）新开工面积和施工面积大幅增加，竣工面积增长平稳

2018 年，全市房屋建设规模继续扩大，新开工面积和施工面积均大幅增加，其中，新开工面积总计 6211 万 m^2，同比增长 37.2%；施工面积总计 20144 万 m^2，同比增长达 46.5%；竣工面积总计 4299 万 m^2，较上年增加 135 万 m^2，同比增长 3.2%，竣工面积继续增长，但增长速度减缓，未能延续上一年度的大幅增长势头（图 1-4）。

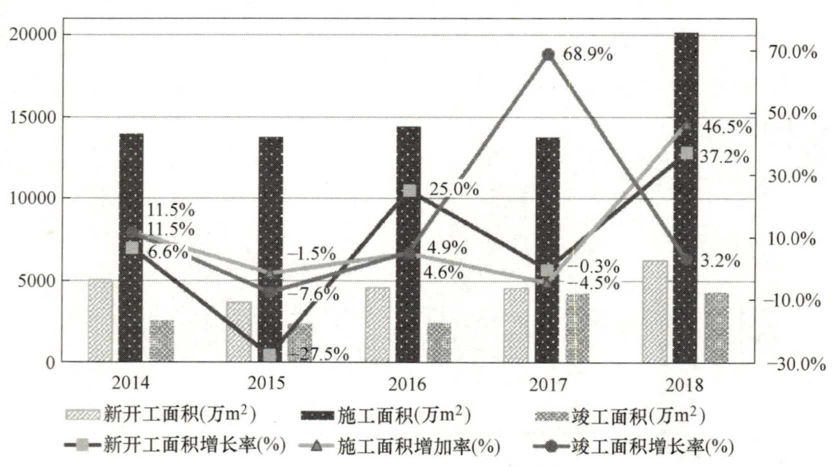

图 1-4　2014～2018 年深圳市建筑业企业新开工面积、施工面积、竣工面积及增长率

（四）竣工产值维持平稳增长，增速呈持续下降趋势

近五年内，深圳市建筑业竣工产值波动起伏较大，2015 年还出现了很大程度上的降低，2016 年的竣工产值则创造了较高的增幅。2018 年末，深圳市建筑业企业竣工产值为 1840 亿元，同比增长 2.0%，虽然增速较 2017 年下降了 3.0%，有持续下降的趋势，但基本维持了平稳增长的态势（图 1-5）。

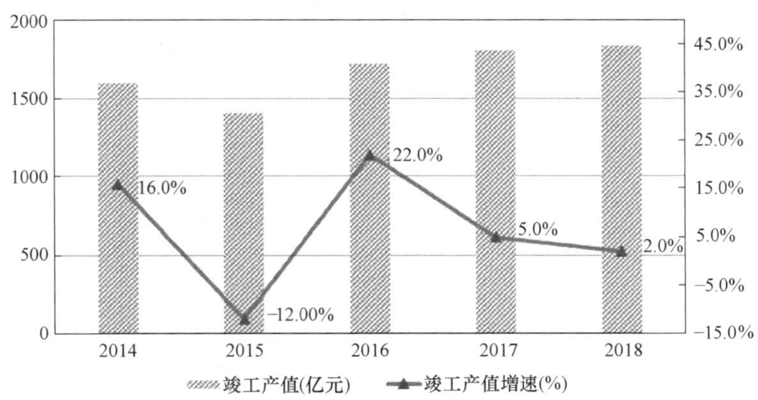

图 1-5　2014～2018 年深圳市建筑业企业竣工产值及增速

二、营业收入与利润

(一) 建筑业营业收入与合同额再创新高，营收增速持续增长

2018 年，深圳市建筑业营业收入总额达 5231 亿元，同比增长 17.0%，再创新高并首次突破 5000 亿大关。从图 1-6 可见，建筑业营业收入增速连续四年保持增长态势，并在本年度实现最大涨幅，较上一年度提升 5.0%。同时，深圳市建筑业企业签订合同总额逐年增加，2018 年企业签订合同总额突破 12000 亿元，比 2014 年翻一番，创近五年来新高。

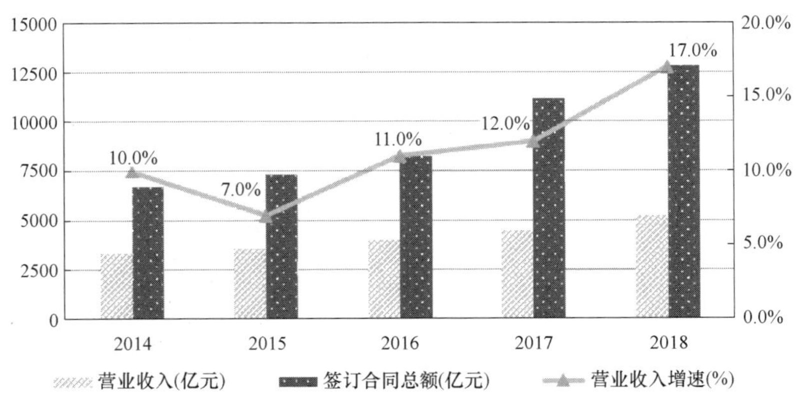

图 1-6　2014～2018 年深圳市建筑业营业收入及增速、签订合同总额

(二) 建筑业企业利润总额保持增长，产值利润率出现持续下降趋势

2018 年，深圳市建筑业企业利润总额再创新高，总计 180 亿元，但本年度利润总额增长速度明显减缓，仅为 1.1%，增速较上一年度减少 4.9%，远不及当年全国建筑业利润总额增速（8.17%）。与此同时，尽管本年度深圳市建筑业产值利润率（利润总额与总

产值之比）与当年全国建筑业产值利润率（3.40%）持平，但已连续五年呈现下滑态势，且下滑速度出现持续加快的势头（图 1-7）。全市建筑行业整体盈利困难较大，盈利空间缩减，值得引起重视。

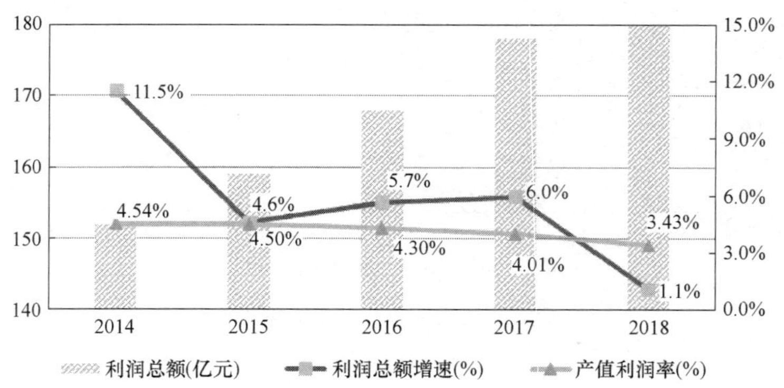

图 1-7　2014～2018 年深圳市利润总额及增速、产值利润率

（三）房屋建筑企业产值比重最大，装饰装修企业利润明显高于其他企业

根据深圳市建筑业企业的不同行业类别划分，2018 年房屋建筑类企业占建筑业总产值和营业收入的比重最大，分别高达 45.4%和 43.6%。同时，房屋建筑类企业的工程承包竞争力更具优势，该类企业签订合同总额共占全行业的 47.8%。但就行业利润水平而言，本年度建筑装饰及其他建筑业的盈利能力明显高于其他类别的建筑类企业，其对整个建筑行业的利润总额贡献最大，占比 47.0%，如图 1-8 所示。

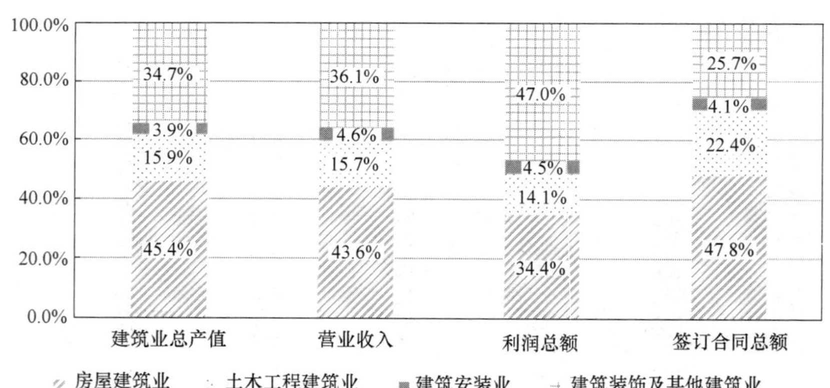

图 1-8　2018 年深圳市建筑业不同行业类别企业比较

（四）应收工程款总额增速回落，占合同总额的比例总体平稳

自 2014 年以来，深圳市建筑业企业应收工程款总额持续增长，尽管 2018 年应收工程款增速回落，较上年相比下降 11.0%，但企业资金回收情况并不乐观，本年度行业应收工程款总额达到近五年峰值，首次突破 1500 亿元。从图 1-9 可见，应收工程款总额占签订合同总额的比重总体平稳，平均占比 12.8%左右，表明行业应收工程款资金占压问题

依然严重，在一定程度上制约着全市建筑业企业的运营效率。

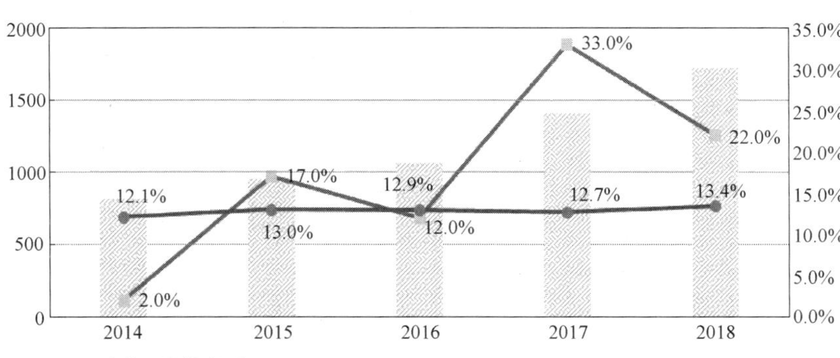

图 1-9　2014～2018 年深圳市建筑业企业应收工程款及增速、资金回收情况

值得注意的是，房屋建筑业、建筑装饰及其他建筑业的应收工程款总额持续增长，2018 年再创新高，分别突破 600 亿元和 700 亿元（图 1-10），可见这两个行业类别企业的资金回收压力相比其他而言更大。土木工程建筑业的应收工程款总额在这五年中波动增长，于本年度实现回落，较上一年度减少 28 亿元，表明该类别企业的工程资金占压问题有所缓和。相比之下，建筑安装业企业的应收工程款总额较其他三个行业类别企业的总额较小，但也逐年增长，2018 年达到最高，共计 62 亿元，并出现增速加快的势头。总体而言，深圳市建筑业不同行业类别的企业均面临着不同程度的资金回收问题。

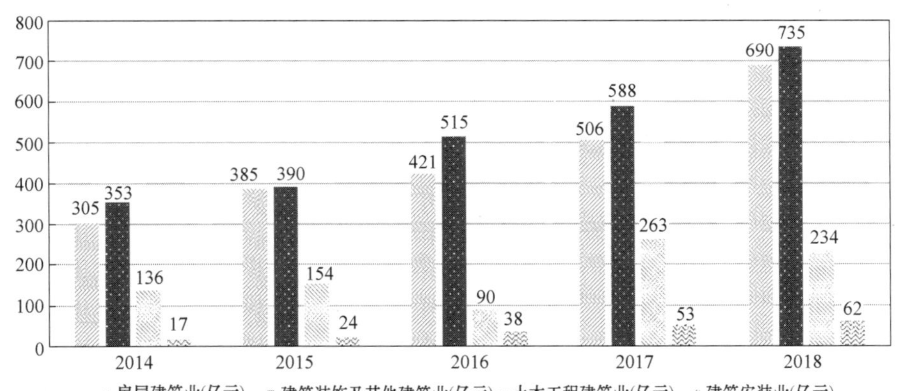

图 1-10　2014～2018 年深圳市建筑业不同行业类别企业应收工程款比较

（五）龙头企业占据市场主导地位，品牌示范引领作用渐强

2018 年，深圳市建筑业龙头企业（建筑业总产值超过 50 亿元）共计 18 家，仅占企业总数的 1.2%，但从图 1-11 可见，这 18 家企业的建筑业总产值高达 1567 亿元，占全市建筑业总产值的 29.8%；营业收入总计 1435 亿元，占全市建筑业总营业收入的 27.4%；利润总额总计 49 亿元，占全市建筑业利润总额的 27.2%；签订合同额高达 5214 亿元，占全市建筑业合同总额的比重高达 40.7%。这些龙头企业在深圳市建筑业生产经营中发挥的作用重大，起到了强者恒强的龙头示范作用，品牌引领效用日渐增强。

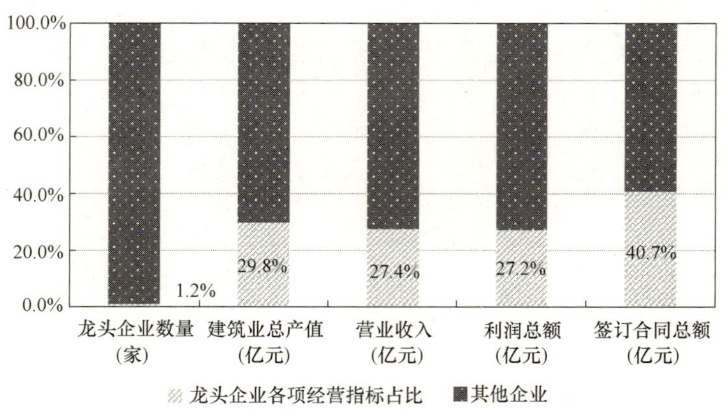

图 1-11　2018 年深圳市建筑业龙头企业经营情况

三、企业构成与从业人员

（一）建筑业企业数量持续有升，增长速度大幅上升

近五年来，深圳市建筑业企业数量继续保持增长态势，行业发展情况保持良好，吸引大量建筑业企业扎根于深圳。2018 年，深圳市建筑业企业数量为 1832 家，同比增长 25.0％，增长率连续两年出现两位数增长（图 1-12）。按不同行业类别划分，建筑安装业企业 191 家，较上一年度新增 44 家，同比增长 29.9％；建筑装饰及其他建筑业企业 544 家，较上一年度新增 114 家，同比增长 26.5％；房屋建筑业企业 793 家，较上一年度新增 155 家，同比增长 24.3％；土木工程建筑业企业 304 家，新增 49 家，同比增长 19.1％（表 1-2）。

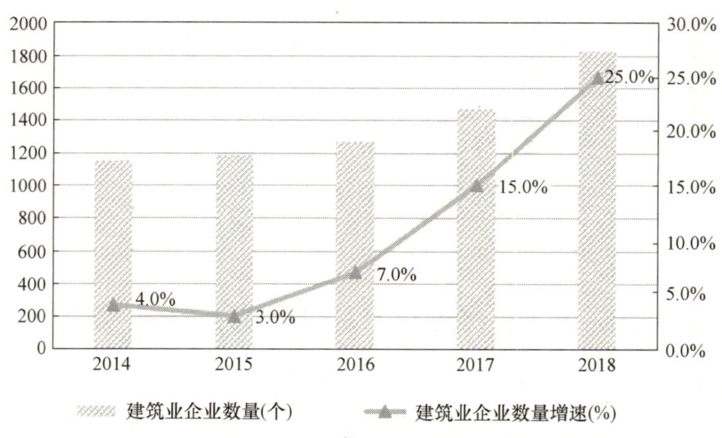

图 1-12　2014～2018 年深圳市建筑业企业数量及增速

基于城市地理位置的资源优势，按照登记注册类型所划分的内资企业垄断着深圳市整个建筑行业。2018 年，深圳市建筑业内资企业数量多达 1808 个，占全市建筑业企业总数的 98.7％。对比之下，港澳台投资企业和外商投资企业数量有限，对深圳市建筑行业中

的整体经营情况影响不大。其中，港澳台投资企业数量为 17 个，占比 0.9%；外商投资企业仅有 7 个，仅占比 0.4%（图 1-13）。

2018 年各类型建筑企业数量情况 **表 1-2**

企业类别	企业数量(个)	占比(%)	增量(个)	增长率(%)
房屋建筑业	793	43.30	155	24.3
土木工程建筑业	304	16.57	49	19.1
建筑安装业	191	10.42	44	29.9
建筑装饰及其他建筑业	544	29.71	114	26.5
总计	1832	100	362	/

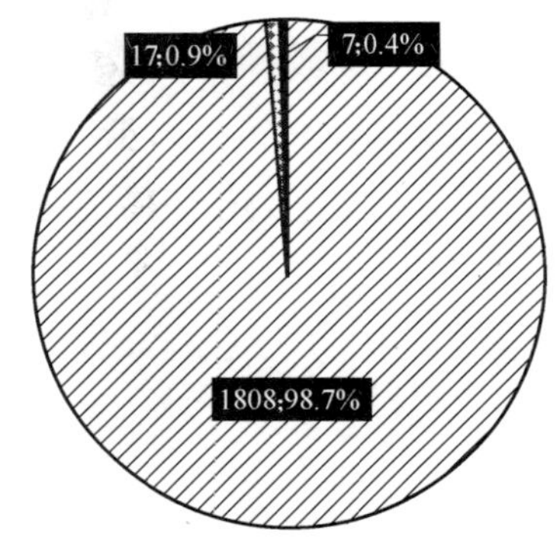

图 1-13 2018 年深圳市建筑业不同登记注册类型企业数量占比

(二) 内资企业对合同额贡献最大，外商投资企业平均利润水平较高

由于深圳市建筑行业内资企业数量巨大，2018 年其在对建筑业利润总额的贡献中占比最大，但企业平均营业收入最小（3.4 亿元/家），远低于港澳台投资企业和外商投资企业。内资企业和港澳台投资企业的平均建筑业产值相当，分别为 3.4 亿元/家和 3.6 亿元/家，但外商投资企业相对较低（2.2 亿元/家），稍处于落后状态（表 1-3）。然而，外商投资企业的平均利润（0.3 亿元/家）高于港澳台投资企业和内资企业。内资企业凭借其资源优势，平均签订合同总额（8.4 亿元/家）明显大于港澳台投资企业和外商投资企业。由此可见，港澳台投资企业和外商投资企业对深圳市建筑行业的发展仍有重要贡献。

2018 年深圳市建筑业不同登记注册类型企业平均水平比较 **表 1-3**

企业类型	平均产值(亿元/家)	平均营业收入(亿元/家)	平均利润(亿元/家)	平均合同成交额(亿元/家)
内资企业	3.4	3.4	0.1	8.4
港澳台投资企业	3.6	4.9	0.1	5.2
外商投资企业	2.2	4.3	0.3	3.7

（三）建筑业从业人数小幅增加，劳动生产率呈持续增长势头

2018 年，全市就业人数再创新高，总计 1127.36 万人，同比增长 19.51%，建筑业从业人数达 133 万人，同比增长 10.8%，建筑业从业人数占全市就业人数的 11.8%，比上年下降 7.3%（图 1-14）。2015 年，深圳市建筑业从业人数增长率曾出现大幅下滑，其后开始呈小幅回升趋势。

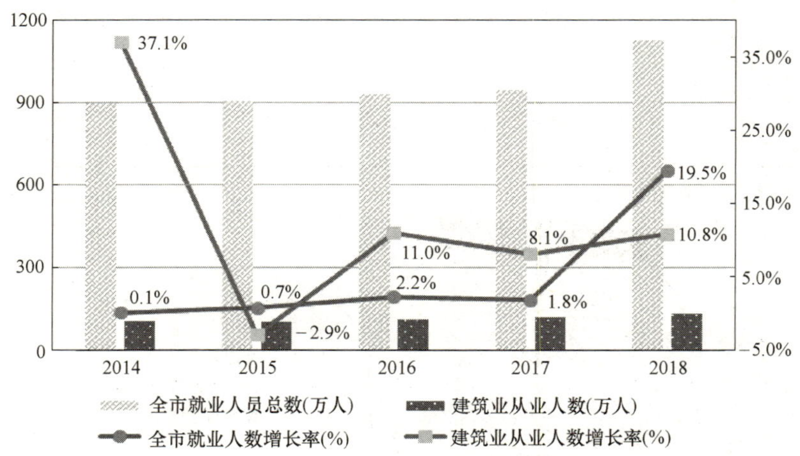

图 1-14　2014～2018 年深圳市就业人数、建筑业从业人数及增长率

自 2014 年起，深圳市建筑业劳动生产率总体保持增长态势，2017 年起开始增速加快，2018 年达 39.47 万元/人，同比增长 6.7%，增长率提高 1.4%。尽管 2015 年建筑业总产值涨幅较小，但由于从业人数同步下降，因此同年劳动生产率增速较前一年有显著提升。近五年来，尽管全市建筑行业劳动生产率增长幅度波动较大，但整体上劳动生产率维持平稳增长，自 2016 年开始初步形成了加快增长的趋势（图 1-15）。

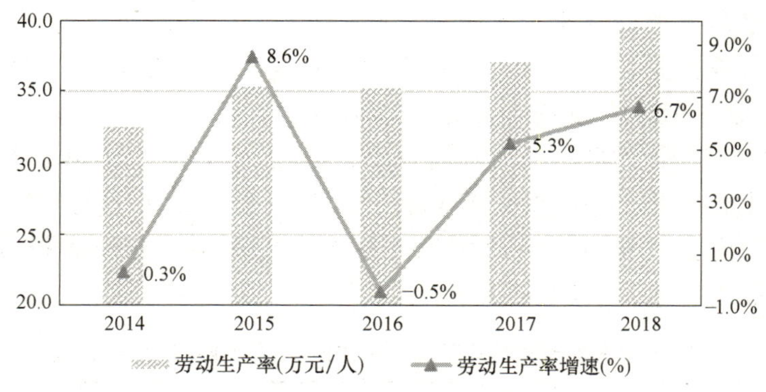

图 1-15　2014～2018 年深圳市建筑业劳动生产率及增速

从不同行业类别企业的劳动生产率来看，房屋建筑业、装饰装修及其他建筑业、建筑安装业企业的劳动生产率均呈缓慢增长态势，土木工程建筑业企业近两年劳动生产率增长势头十分明显，与房屋建筑业、装饰装修及其他建筑业和建筑安装业企业保持较大差距，

可见土木建筑业从业人员的劳动生产效益相对较好（图 1-16）。

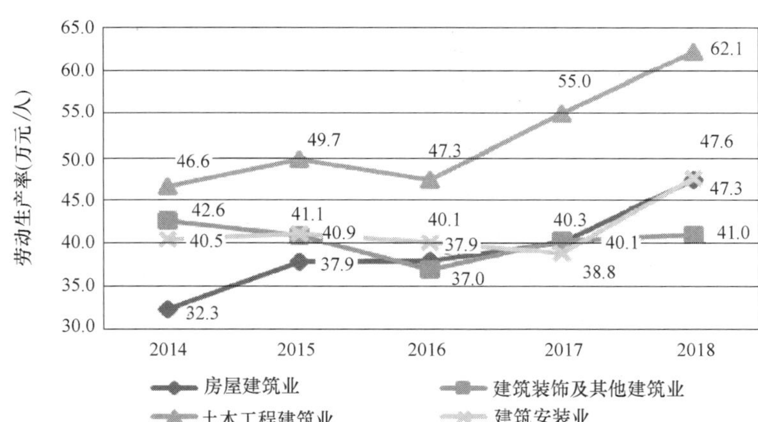

图 1-16　2014～2018 年深圳市建筑业不同行业类别企业劳动生产率比较

四、资产与负债

（一）建筑业企业总资产持续累积，资产负债率增长较快

2018 年，深圳市建筑业企业生产和经营规模不断扩大，总资产持续累积，高达 7899 亿元，同比增长 11.0%。这一年，全市建筑业企业总负债总计 5012 亿元，同比增加 20.0%。近年来，建筑业行业竞争加剧，企业应收工程款增加，资金成本负担加重，同时在“营改增”的影响下，深圳市建筑业企业资产结构逐渐发生变化，资产负债率持续上升，2018 年资产负债率较上年增加 5%，为近五年最高（图 1-17）。总体而言，近五年深圳市建筑业企业资产负债水平相对合理，没有超过 70%的行业警戒线，财务风险可控。

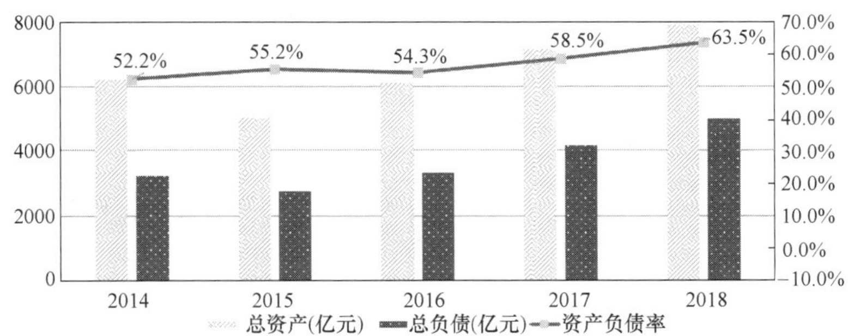

图 1-17　2014～2018 年深圳市建筑业企业总资产、总负债、资产负债率

（二）房屋建筑企业负债率大幅增加，土木工程建筑业负债率持续增长

近五年来，深圳市建筑业不同行业类别企业的资产负债率均有所上升，但不同类别的企业负债水平还是存在较大的差别。房屋建筑业企业的资产负债率近五年来一直在 60% 上下波动，负债水平基本合理，然而在 2018 年大幅增长并突破 70%，同比增长 7.6%，出现经营压力大幅增加的势头。土木工程建筑业企业资产负债率多年来整体低于行业整体

水平，2014 年更出现历史低点 37.2%，但其后出现了持续增长的趋势，2018 年更创出新高（54.0%），并首次突破 50%；建筑安装业企业与建筑装饰及其他建筑业企业资产负债率基本稳定，波动幅度不大（图 1-18）。

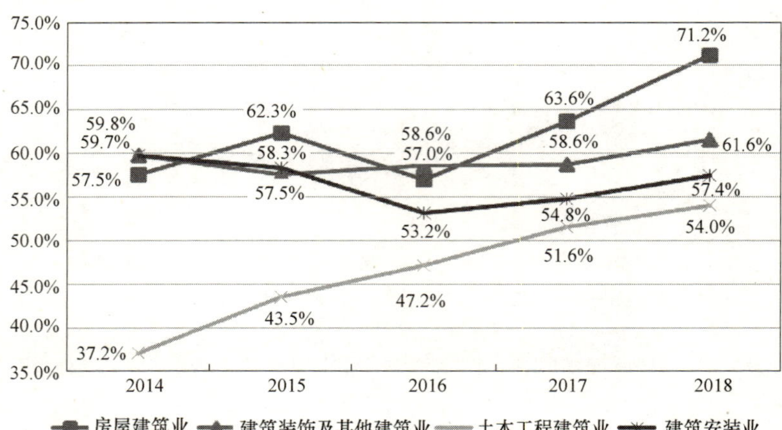

图 1-18　2014～2018 年深圳市建筑业不同行业类别企业资产负债率比较

2

第二部分　重点专题

一、招标投标

（一）年度举措

1. 优化招标投标制度

2018 年 1 月 9 日，为贯彻国家相关法规规定，深圳市住建局发布了《关于调整招标工程履约保证金额度的通知》（深建市场〔2018〕1 号）。该通知将深圳市施工招标文件范本中的履约担保金额进行了修改：中标价与标底之间的差额不高于中标价的 10%；对于 2015 年 9 月 1 日之后发布公告的招标项目，发承包双方协商一致的，可按上述标准调整履约保证金额度。

2018 年 3 月 22 日，为进一步提升建设工程招标工作质量和效率，实现建设工程招标投标择优与竞价，深圳市住建局印发了《提升建设工程招标质量和效率工作指引》（深建市场〔2018〕8 号）。该指引对关于过多投标人淘汰方法、施工招标项目入围定标的价格切线、施工招标报价、投标有效性与管理系统锁定的关系、答疑及补遗文件上传时间、快速发包等内容做出了详细的规定。

2018 年 5 月 7 日，为进一步规范深圳市建设工程招投标活动，深圳市住建局发布了《关于明确建设工程招标相关事宜的通知》（深建规〔2018〕3 号）。该通知规定了招标工程不同投标担保类型的履责途径，同时确定了采用资格预审方式进行审查的 EPC 项目范围、资格预审方式的相关要求及招标人接受利害相关方投标应遵循的规定。

2018 年 6 月 26 日，为进一步优化深圳市招标投标制度，根据《关于建设工程招标投标改革的若干规定》（深府〔2015〕73 号）、《关于提升建设工程质量水平打造城市建设精品的若干措施》（深建规〔2017〕14 号）等规定，深圳市住建局公开征求了《关于进一步优化建设工程招标投标制度的有关规定》（征求意见稿）。该规定要求在过多投标人淘汰和服务招标环节，建设工程招标应遵循择优为主原则；在定标环节，施工、货物招标应遵循择优和竞价相结合原则。

2018 年 6 月 26 日，为科学、合理地认定建设工程投资的股份性质，准确判断建设工程是否符合直接发包或邀请招标的规定，根据《深圳经济特区建设工程施工招标投标条例》《关于建设工程招标投标改革的若干规定》（深府〔2015〕73 号）等规定，深圳市住建局公开征求发布了《关于明确建设工程发包涉及股份性质认定标准的通知》（征求意见稿）。该通知明确了股东性质类别和多层级股东、多建设单位股份的认定，以及国有资金、集体资金、外商、私人等各类投资的股份计算方法。

2018 年 7 月 26 日，为确定必须招标的工程项目，降低企业成本、预防腐败，深圳市住建局转发了国家发改委发布的《必须招标的工程项目规定》（第 16 号令）。该规定明确了全部或部分使用国有资金投资或者国家融资的项目以及使用国际组织或者外国政府贷款、援助资金的项目范围。同时，由国务院发展改革部门会同国务院有关部门制定其他大型基础设施、公用事业等关系社会公共利益与安全项目招标的具体范围，并对必须招标的标准做出规定。

2018 年 7 月 31 日，为贯彻落实住房和城乡建设部同意上海、深圳市开展工程总承包企业编制施工图设计文件试点，同步开展建筑师负责制和全过程咨询试点，深圳建筑业协会组织召开了深圳市工程总承包企业编制施工图设计文件试点、建筑师负责制和全过程咨询试点工作高级座谈会。该座谈会的举办使深圳市工程总承包企业的高级管理层进一步学习和领会了有关政策精神，为后期深圳市开展相关工作奠定了良好的基础。

2018 年 8 月 1 日，为贯彻落实国务院关于深化“放管服”改革的部署要求，推动工程建设项目审批制度试点改革，根据《国务院办公厅关于开展工程建设项目审批制度改革试点的通知》，深圳市住建局发布了《关于取消深圳市建设工程合同备案的通知》（深建市场〔2018〕21 号）。该通知明确提出了取消深圳市建设工程合同备案事项，并停止受理该事项申请。

2. 加强建筑市场监管

2018 年 1 月 11 日，为进一步建立和维护公平竞争、规范有序的建筑市场秩序，提高行业管理水平，推进行业信用体系建设，保障建筑市场主体的合法权益，深圳市住建局发布了《关于进一步加强建筑市场监管工作的通知》（深建设〔2018〕5 号）。该通知要求实行信用信息登记、严格市场准入条件并对违法违规行为做出严肃处查，同时，加强招投标与施工现场监管以及调动社会组织力量参与市场管理。

2018 年 9 月 4 日，为进一步规范深圳市建筑市场秩序，营造公平竞争的市场环境，基于日常招投标中部分服务类招标项目排斥合伙制企业的实际问题，深圳市住建局发布了《关于建设工程服务类招标项目投标资格条件设置有关事宜的通知》（深建市场〔2018〕29 号）。该通知延续了健全统一开放、竞争有序的建筑市场体系的基本精神，要求服务类招标项目不得排斥除具有独立法人资格之外的其他投标人，凡符合项目所需国家资质或资格要求的，均可参与投标。

2018 年 11 月 30 日，为加强对评标专家的管理，进一步提高评标专家评标工作质量，保证评标结果公平公正，保护招投标人的合法权益，深圳市住建局发布了《深圳市建设工程评标专家库管理办法》（深建规〔2018〕12 号）。该办法明确了评标专家库的组建方式，并对专家库实行分类管理，同时增加了对专家屏蔽、不良行为公示及暂停评标的动态管理方式等内容，并提出对评标专家实行人性化管理、建立评标专家异议复核及申诉制度。2018 年深圳市招投标举措详见表 2-1。

2018 年深圳市招投标举措一览表　　**表 2-1**

时间	举措	文号	来源
2018.01.09	发布《关于调整招标工程履约保证金额度的通知》	深建市场〔2018〕1 号	深圳市住建局
2018.01.11	发布《关于进一步加强建筑市场监管工作的通知》	深建设〔2018〕5 号	深圳市住建局
2018.03.22	印发《提升建设工程招标质量和效率工作指引》	深建市场〔2018〕8 号	深圳市住建局
2018.05.07	发布《关于明确建设工程招标相关事宜的通知》	深建规〔2018〕3 号	深圳市住建局
2018.06.26	公开征求《关于进一步优化建设工程招标投标制度的有关规定》（征求意见稿）	/	深圳市住建局
2018.06.26	发布《关于明确建设工程发包涉及股份性质认定标准的通知》（征求意见稿）	/	深圳市住建局
2018.07.26	转发《必须招标的工程项目规定》	深建市场〔2018〕19 号	深圳市住建局
2018.07.31	召开深圳市工程总承包企业编制施工图设计文件试点、建筑师负责制和全过程咨询试点工作高级座谈会	/	深圳建筑业协会

续表

时间	举措	文号	来源
2018.08.01	发布《关于取消深圳市建设工程合同备案的通知》	深建市场〔2018〕21 号	深圳市住建局
2018.09.04	发布《关于建设工程服务类招标项目投标资格条件设置有关事宜的通知》	深建市场〔2018〕29 号	深圳市住建局
2018.11.30	发布《深圳市建设工程评标专家库管理办法》	深建规〔2018〕12 号	深圳市住建局

（二）问题和挑战

1. 招投标制度的问题和挑战

（1）转包挂靠问题

大型优质企业存在比较明显的边际成本，当工程标的额较小时，不足以摊销大型优质企业的管理成本，往往会转移到实力较差的中小企业中，这就产生了转包挂靠的现象。常规手段难以彻底解决转包挂靠问题，因此需要转变思路，进行顶层制度设计，只有战略性地转变工程招标方式，才能遏制转包挂靠问题的发生。

（2）定标权规范性问题

深圳市人民政府颁布的《关于建设工程招标投标改革的若干规定》（深府〔2015〕73号）赋予了招标人自主定标权。在实践过程中，部分招标人通过制定内部工作规则对其定标权进行有效规范，较好地实现了招投标择优和竞价目的，但也有部分招标人并未制定相应内控机制，定标委员投票时存在一定随意性，定标权未能得到有效监督和管理。

（3）低价中标问题

过多投标人淘汰环节多采用抽签法或价格法，由于这两种方法未考虑择优因素，导致参与投标的优质企业受到大量劣质企业的排挤。同时，2018 年 10 月 19 日发布的《关于调整政府采购系统综合评分法计算方法的通知》中规定“新的综合评分法采用低价优先法计算，不存在对价格进行下浮，删除系统中‘平均价格下浮比例’的功能”。该规定变相推动了“最低价中标”，导致产品和工程质量下降；引发偷工减料，甚至埋下安全隐患；挤压企业效益，影响创新研发积极性。从而出现“劣币驱逐良币”“饿死同行、累死自己、坑死业主”的现象。

（4）招投标效率问题

深圳市住建局对建设工程进行招投标后评估时发现，尽管部分招标项目的招投标程序合法合规，但招标结果不尽合理，存在不择优或不竞价的情况，以及其他影响招标效率低下的因素，例如招标人为避免产生争议，凡与其存在利害关系的投标人，均按不接受其投标处理。目前，深圳市大部分项目采用的资格后审，既要求各投标人相互之间不发生意思联络，又要求其不得参加同一标段或项目的投标，导致部分招标人在实际操作中对于应当遵守的公开招标限额标准较为模糊，不利于招标工作的开展。

2. 建筑市场的问题和挑战

（1）审查信息不足

在资格预审或评标阶段，对投标企业的资质、信用等状况的深入审查目前只依靠投标企业提供的资格预审文件或投标文件来进行评判，但不能保证信息的真实性。同时，在评标或定标时，由于缺乏企业的历史交易行为、企业之间的关系以及企业的业绩、信用、诉讼、评价等信息，因此无法保证企业是否存在异常风险。

（2）市场违法违规行为

目前，招投标市场还存在一些违法违规行为，例如建设单位不按合同约定及时支付工程款；施工单位转包挂靠、违法分包、转让、出借资质证书或者以其他方式允许他人以本单位名义承揽工程；监理单位不按监理规范规定和合同约定配备监理人员、疏于履职；注册人员出租出借资格证书、出卖印章、人证分离、重复注册、不按规定在项目管理岗位上履职等。

（三）探索和创新

1. 招投标制度的探索和创新

（1）提升招标质量和效率，实现招投标择优与竞价

为提升招标质量和效率，应选择科学合理的招标方法。在过多投标人淘汰环节，应优先采用票决法，在票决时以择优为主。在定标环节，招标人应在竞价的基础上，择优确定中标人，同时应设置施工招标项目入围定标的价格切线。招标人在施工招标报价时，应在主要材料设备进行充分市场询价基础上，根据企业实际情况进行组价。

（2）落实“招标人负责制”，有效规范定标权

为将“招标人负责制”落到实处，引导招标人用好定标权，应重申招投标的价值取向，引导招标人先立规矩后做事，按照施工、货物、服务三种类型细化“择优与竞价相结合”的定标原则。同时，建设单位应定期对承包人在人员履职、质量控制、安全管理、进度控制、造价控制、合同管理等方面进行履约评价。

（3）建立委托人责任机制，优化招投标制度

政府有关部门应建立政府工程委派建设单位的责任机制，避免让工程管理能力和管理经验不足的单位承担政府工程。同时，应按照“谁委托谁负责”的原则，当建设单位或代建单位在廉政、工程质量、安全、投资、进度等方面管理不善时，委托其履行建设管理权限的单位或部门的主要决策人应承担行政过错责任，以促进委托人自觉加强建设单位的甄别与遴选，为干好政府工程创造必要的前提条件。

（4）转变招标方式，遏制转包挂靠

为了有效地遏制转包挂靠，应结合工程概算及发包方式的不同，设置不同标段划分标准，引导招标人实行大标段招标。招标单位可自主将建设时序相近的同类招标项目进行捆绑招标，不同招标单位之间可自主联合进行捆绑招标和预选招标。此外，应扩大预选招标范围，并明确施工项目的单项合同金额。同时，应实行法定代表人亲自签署不转包、挂靠的自营承诺，加重法定代表人在经营管理中的个人责任，改变以往集体责任虚无化的局面，引起有关企业负责人的重视。

（5）建立方案设计委托制度，创新方案设计管理方式

应建立建筑方案设计直接委托制度，对于重要地区公共工程、地标性建筑、重大公共工程的方案设计任务，可以直接委托给由中国工程院院士、全国工程勘察设计大师、梁思成建筑奖或普利兹克奖获得者等资深设计专家领衔的团队。同时，适当放宽评标委员会的评审权，在定性评审的基础上，可在合格投标人中进一步择优，充分发挥评标专家作用，

为定标提供更有价值的意见。此外，应设置落标补偿制度，招标人应对设计方案评价较好的未中标投标人给予合理的落标补偿。

（6）奖励优质工程，明确奖励方式

对于建设工程获得中国建筑工程鲁班奖、詹天佑奖的优质工程奖励的承包单位，应给予工程奖励或其他奖励。然而，考虑到直接给予工程奖励，可能涉及利益过大，容易产生争议和廉政风险，可采取现金奖励或者给予提高中标概率的方式实施。

（7）加强信息化管理，提高招投标工作效率

为进一步提高招投标效率，应发挥电子化在招投标管理方面的优势。建设行政主管部门应采用智能化、信息化手段加强对建设工程招投标活动的监管，并与纪检监察部门、财政部门、审计部门实现联动。建设工程交易服务中心应为建设工程招投标活动提供电子化、智能化服务，招标人与投标人应充分利用电子招标投标平台，提高招投标工作效率。

（8）认定投资股份性质，清晰是否符合招标规定

为准确判断建设工程是否符合直接发包或邀请招标的规定，应明确建设单位中存在多层级股东及建设工程存在多个建设单位股份的认定规则，分别制定国有资金投资的认定标准、集体资金投资的认定标准、外商投资的认定标准以及私人投资的认定标准，并计算建设工程投资的股份比例时间，可以以直接发包申请递交前一个工作日的股份比例为准，上市公司可以以前一个交易日收市时的股份比例为准。

（9）开放设计施工一体化，采用招标预审方式

为提升招标质量，同时节约招投标成本，对于要求投标人自带设计方案投标的 EPC 工程总承包招标项目，由于其投标成本相对较高，不利于吸引优质企业参与竞标，应允许部分设计施工一体化工程在采取足够措施防止围串行为、确保公平公正的前提下，采用资格预审方式进行审查，有条件的放开对满足要求的设计施工一体化工程的限制。

2. 招投标市场的探索和创新

（1）核查招标人信用信息，落实招标人主体责任

为落实招标人主体责任，应全面核查招标人信用信息。对于政府投资建设工程，招标人应当在招标文件中设置信用信息应用条款，招标人或者招投标管理机构应通过信用管理平台查验企业信用信息。对于依法直接发包的工程，发包人应通过信用管理平台查验相关信息。此外，企业参加工程投标的各类注册人员、管理人员、专职安全员、小型项目负责人等相关人员，应在信用管理平台登记的人员中选取。

（2）严格核查履约能力，加强招投标监管

招标人应在定标环节严格核查投标企业在深圳的办公场地、主要管理人员、自有施工机械等情况，并根据实际情况综合核查该企业的履约能力。此外，招标人还应要求企业如实提交反映上述情况的证明材料，任何存在弄虚作假行为的投标均应视为无效投标。招标人未尽职责导致招标结果不合理的，行政主管部门应将相关情况报送纪检监察部门。

（3）加强招投标后评估，全面核查投标承诺情况

应加强招投标活动事后监管，定期开展招投标情况后评估工作，以招标结果是否合理作为导向，重点评估评定分离项目的招标结果是否满足“择优和竞价”的要求。同时，还应加强施工现场监督检查，结合信用登记信息、信用记录、合同备案信息、招投标信息、实名制管理信息等，全面核查企业履行投标承诺情况。此外，还应检查现场履约企业与信

用信息登记企业是否一致，现场管理人员与信用信息登记人员、投标人员是否一致，关键岗位人员是否具有从业资格、是否按规定在岗等。

（4）合理资源配置，扶持本地企业

2018年以来，随着深圳建筑业市场开放和透明力度的不断加大，本地企业呈现出规模逐渐缩小、业务逐渐萎缩的趋势。为此，鼓励国有资产管理部门和本地企业整合建筑设计、施工、采购等资源，打造全链条建筑企业集团，国有投资和政府投资项目的建设单位定标时可对其予以倾斜。此外，对于招标金额较小工程，应要求招标人重点考核投标人在深圳是否具有自行履约的能力，以及是否具有足够的常驻项目管理人员和办公场地，以此在资源配置上适度倾斜，从而促进本地企业做强做优。

（5）加强评标专家管理，确保招投标活动公平公正

应加强对评标专家的管理，提高评标质量，确保招投标活动公平公正。首先，应对专家库实行分类管理，提升评标专家入库门槛，确保专家的专业与品行并重。其次，应明确评标专家的继续教育与培训，规定专家入库后需参加专家库组建单位组织的培训和考试，从而保证专家的专业性。同时，应建立评标专家异议复核及申诉制度，完善申诉途径，保障评标专家的权益。

二、工程质量

（一）年度举措

1. 提升建设工程质量水平

2018年1月7日，为深入推进建设领域供给侧结构性改革，提升建设工程质量水平，按照“世界眼光，国际标准，中国特色，高点定位”要求，弘扬“设计之都”文化，打造“深圳建造”品牌，深圳市住建局发布了《关于提升建设工程质量水平打造城市建设精品的若干措施》（深建规〔2017〕14号）。该措施要求坚持高标准指引，繁荣设计创作，并突出工程建设的关键环节。同时，强化工程质量监督并对建设模式进行创新。

2018年8月3日，为加强工程勘察质量管理，进一步提高深圳市勘察质量水平，确保建设工程质量安全，根据《建设工程质量管理条例》、《建设工程勘察质量管理办法》等有关法律法规，深圳市住建局发布了《关于加强工程勘察质量管理的通知（征求意见稿）》（深建设〔2018〕37号）。该通知要求增强工程勘察的质量意识，明确勘察项目人员的责任，并落实勘察现场的核查制度。同时，应加强勘察单位和勘察现场的监督检查。

2018年8月31日，为深入贯彻深圳市委市政府“质量强市”战略，根据广东省住建厅、深圳市质量强市办关于开展2018年“质量月”活动的部署，深圳市住建局发布了《深圳市房屋建筑及市政工程2018年“质量月”活动方案》（深建质安〔2018〕227号）。组织开展优质工程观摩、装配式建筑观摩、深圳质量指数建设、专项检查和整治、市政工程质量问题在线访谈等活动，在全行业、全社会普及“向质量要效益，以质量求发展”和“质量就是生产力，质量就是竞争力”的质量文化，进一步提升市民群众对工程质量的满意度。

2018年9月6日，根据《广东省住房和城乡建设厅关于组织开展2018年“质量月”

系列活动的通知》、《深圳市住房和建设局关于印发〈深圳市房屋建筑及市政工程 2018 年“质量月”活动方案〉的通知》文件要求，深圳市住建局举办房屋建筑及市政工程质量省示范项目观摩活动暨 2018 年深圳市建设工程“质量月”启动仪式，发布了《深圳市住房和建设局关于举办房屋建筑及市政工程省示范项目观摩活动暨 2018 年深圳市建设工程“质量月”启动仪式的通知》（深建质安〔2018〕239 号），观摩学习深圳市示范工程。

2018 年 9 月 25 日，为进一步推进深圳市绿色建筑工作，规范绿色建筑工程验收技术标准，提升绿色建筑工程质量，深圳市住建局公开征求《深圳市绿色建筑工程验收规范》（征求意见稿）。该规范适用于深圳市范围内新建绿色民用建筑工程验收、改建或扩建的绿色民用建筑工程。要求绿色建筑工程中采用的工程技术文件、承包合同文件等对工程质量的要求不得低于该规范的规定。同时，验收也应符合国家、广东省和深圳市现行有关标准的规定。

2. 加强建设工程质量监管

2018 年 4 月 28 日，为进一步加强深圳市建设工程质量监督管理，深圳市住建局开展专项检查并发布了《关于开展 2018 年上半年建设工程结构质量专项检查的通知》（深建质安〔2018〕107 号）。此次检查范围包括在监的主体结构已施工完成 3 层以上，且尚未封顶的建筑工程，以及在监的正在进行主体结构施工的市政工程。同时，检查内容包括施工单位质量行为和结构实体质量两部分。

2018 年 5 月 18 日，为加强工程勘察设计管理，提升勘察设计质量水平，从源头保障建设工程质量安全，根据《房屋建筑和市政基础设施施工图设计文件审查管理办法》《建设工程勘察设计管理条例》《广东省建设工程勘察设计管理条例》等法律法规的规定，深圳市住建局开展专项检查，发布了《关于开展 2018 年第二季度全市工程勘察设计质量专项检查的通知》（深建设〔2018〕25 号）。检查内容包括房屋建筑勘察、建筑、结构等专业检查和规章制度落实及标准执行情况。

2018 年 6 月 11 日，为推进深圳市装配式建筑的健康发展，保障装配式建筑工程的质量和安全，根据《建设工程质量管理条例》《建设工程安全生产管理条例》《深圳市住房和建设局关于加快推进装配式建筑的通知》等文件规定，深圳市住建局公开征求了《深圳市装配式建筑工程质量安全管理工作指引（征求意见稿）》（深建质安〔2018〕148 号）。该指引对深圳市行政区域内装配式建筑工程项目的新建、改建、扩建等有关活动及监督管理提出了明确的要求，以落实各单位质量的安全责任。

2018 年 7 月 25 日，为强化工程质量安全监管，推进工程检测信息化建设，根据《建设工程质量检测管理办法》《广东省建设工程质量管理条例》和《关于进一步规范建设工程质量检测管理的通知》，深圳市住建局发布了《关于启动深圳市建设工程检测监管服务平台的通知》。启动该平台的目的在于形成对全市检测机构资质、人员、设备和检测活动等的统一监管，从而达到预防和查处超资质范围承接业务、资质挂靠、人员挂靠、出具虚假检测报告等各种违法违规行为。

2018 年 8 月 8 日，为改进工程建设组织方式，加快完善工程总承包相关的招标投标、施工图设计审查、施工许可、竣工验收等制度规定，实施工程总承包企业负总责，推动建筑业高质量发展，深圳市住建局发布了《关于开展工程总承包企业编制施工图设计文件试点等改革工作的通知》。该通知要求工程总承包试点企业要完善设计人员配置及变更信息，确保施工图设计文件质量，并对施工图进行严格审查。同时，推进全过程工程咨询并试行建筑工程项目的建筑师负责制。

2018 年 8 月 10 日，为保障主体结构工程总体质量稳定可控，深圳市住建局按照《关于开展 2018 年上半年建设工程结构质量专项检查的通知》（深建质安〔2018〕107 号）的要求，组织开展了 2018 年上半年建设工程结构质量专项检查工作，发布了《关于 2018 年上半年建设工程结构质量专项检查的通报》（深建质安〔2018〕208 号）。此次专项检查较全面掌握了在监工程结构质量总体情况，同时对目前存在的问题做出了总结，并提出了下一步的工作措施。

2018 年 11 月 2 日，为进一步加强对深圳市建设工程检测质量的监管，满足新形势下对工程检测质量的要求，以提高建设工程质量水平，深圳市住建局发布了《关于开展建设工程检测质量专项检查的通知》（深建质安〔2018〕293 号）。检查内容包括检测报告、人员资格与能力、仪器设备、见证取样送检、已检试件的留置情况、机构是否已接入深圳市建设工程质量检测监管平台、档案管理以及有无其他违法违规检测行为。采取的检查方式包括不预先告知和随机检查。2018 年深圳市工程质量举措详见表 2-2。

2018 年深圳市工程质量举措一览表 **表 2-2**

时间	举措	文号	来源
2018.01.07	发布《关于提升建设工程质量水平打造城市建设精品的若干措施》	深建规〔2017〕14 号	深圳市住建局
2018.04.28	发布《关于开展 2018 年上半年建设工程结构质量专项检查的通知》	深建质安〔2018〕107 号	深圳市住建局
2018.05.18	发布《关于开展 2018 年第二季度全市工程勘察设计质量专项检查的通知》	深建设〔2018〕25 号	深圳市住建局
2018.06.11	公开征求《深圳市装配式建筑工程质量安全管理工作指引（征求意见稿）》	深建质安〔2018〕148 号	深圳市住建局
2018.07.25	发布《关于启动深圳市建设工程检测监管服务平台的通知》	/	深圳市住建局
2018.08.03	公开征求《关于加强工程勘察质量管理的通知（征求意见稿）》	深建设〔2018〕37 号	深圳市住建局
2018.08.08	发布《关于开展工程总承包企业编制施工图设计文件试点等改革工作的通知》	深建市场〔2018〕23 号	深圳市住建局
2018.08.10	发布《关于 2018 年上半年建设工程结构质量专项检查的通报》	深建质安〔2018〕208 号	深圳市住建局
2018.08.31	发布《深圳市房屋建筑及市政工程 2018 年“质量月”活动方案》	深建质安〔2018〕227 号	深圳市住建局
2018.09.06	发布《关于举办房屋建筑及市政工程省示范项目观摩活动暨 2018 年深圳市建设工程“质量月”启动仪式的通知》	深建质安〔2018〕239 号	深圳市住建局
2018.09.25	公开征求《深圳市绿色建筑工程验收规范（征求意见稿）》	/	深圳市住建局
2018.11.02	发布《关于开展建设工程检测质量专项检查的通知》	深建质安〔2018〕293 号	深圳市住建局

（二）问题和挑战

1. 过程落实不到位

在对深圳市建筑施工企业进行工程质量检查时，还存在诸多问题。第一，施工单位质量管理制度和工程质量检验制度没有形成正式文件装订成册，项目制定管理制度未根据实际情况编写，且无针对性，同时工程引用和执行过期标准规范。第二，项目经理、项目技术负责人以及总监现场履职情况较差，部分工程技术资料中签字盖章和日期信息不全、注册章过期。第三，质量缺陷、事故处理台账，混凝土质量实体检验未按工程进度分段验收。第四，技术质量管理人员配备不够齐全，质量岗位责任制未明确到个人签字确认手续，项目质量员、专业工长存在使用签名章现象。

2. 资料不齐全

部分项目存在设计深度不够、安全隐患较大以及设计变更文件手续不齐全的问题。此外，还存在原材料、预制构件出厂合格证或进场复验报告不齐全，检验批、分项、分部工程验收记录不全、填写不准确以及项目结构实体无检验方案的情况。同时，部分项目质量管理机构未明确项目经理、技术负责人等的质量岗位责任，部分项目缺少质量缺陷处理方案，无缺陷处理及验收记录。

3. 建筑实体观感差

目前，由于部分项目的混凝土工程存在跑模、露筋、蜂窝、孔洞、夹渣、疏松、裂缝等缺陷，以及施工缝处理未凿毛、未清除浮浆、后浇带钢筋保护层偏大等问题，导致建筑实体观感差。此外，对于砌体工程而言，存在表面平整度差、砂浆局部不饱满、预留洞槽不规范、砌筑斜顶砖随砌随顶、未按规范要求施工，以及砌筑灰缝宽窄不一、混凝土柱浇捣不密实、柱根胀模和高标号混凝土未浇捣到位的现象。

（三）探索和创新

1. 坚持标准引领，强化质量优先

应系统梳理现行工程建设技术标准，加快制订技术规范、编制设计图集，逐步建立工程建设技术标准体系。同时，科学、合理地确定建设工程项目相关指标，修订和完善公共建筑及市政基础设施的工程建设和选材用材标准。此外，继续深化“评定分离、定性评审、过程公开、票决定标”的招投标制度改革，推动招投标由“拼价格”向“拼质量”转变。

2. 加强工程勘察质量管理，确保工程质量安全

应明确勘察项目人员责任，强化工程勘察过程管理，落实勘察现场核查制度，提高勘察文件审查质量。在开展工程勘察前，应明确勘察文件审查机构，对于甲级工程勘察工程项目，审查机构应到作业现场进行核查。此外，应动态核查勘察单位、飞行检查勘察现场，定期对已通过审查机构审查的勘察报告进行质量抽查。同时，作业质量和现场管理不符合技术规范及勘察方案要求的，应根据有关法律法规进行处罚或者作不良行为记录。

3. 启用检测监管服务平台，强化工程质量安全监管

为预防和查处超资质范围承接业务、资质挂靠、人员挂靠、出具虚假检测报告等各种违法违规行为，应继续启用深圳市建设工程质量检测监管平台，形成对全市检测机构资质、人员、设备、检测活动等的统一监管，以进一步规范深圳市房屋建筑和市政基础设施工程检测行为。此外，凡在深圳市范围内注册并依法取得建设工程检测资质的检测机构，均应与深圳市建设工程质量检测监管平台数据对接。

4. 加强质量监管，完善体系制度

应继续加强质量监督管理工作，严格压实工程建设各方主体责任、项目负责人责任以及注册执业人员的质量责任。针对工程建设中存在的质量管理问题，应倒逼责任单位完善项目管理体系和制度。对于违反有关法律法规的企业，应视情节轻重采取约谈警示、挂牌督办、媒体曝光、“两法”衔接等措施。同时，进一步推行质量管理标准化，实施“样板引路”，开展质量观摩交流。

5. 开展专项检查整治，提升工程质量意识

应开展建设工程结构质量专项检查、工程质量检测机构和检测行为专项整治，打击工程质量检测弄虚作假行为，并规范建设工程质量检测及相关单位在检测活动中的行为，以净化工程质量检测市场。同时，应开展对建筑原材料的专项检查以加强建筑原材料的质量管理，严厉打击质量违法行为以消除由质量问题造成的安全隐患。此外，应强化源头治理，建立健全建筑原材料长效管理机制，从而保证工程质量。

6. 保证试点 EPC 工程质量，推动建筑业高质量发展

对于申请开展自行编制施工图设计文件的试点项目，工程总承包企业应同时具备施工总承包特级资质和拥有自行编制施工图设计文件所需的注册执业人员与专业技术人员。一方面，试点工程总承包企业应在施工图设计过程中应始终落实设计方案及初步设计要求，以保证工程质量。另一方面，试点工程总承包企业应充分发挥设计与施工深度融合的优势，增进两阶段的沟通配合，减少协调成本，提高工程建造质量和效益，并保证施工图审查机构按照相关规定，对施工图的内容进行严格审查。

三、施工机械

随着城市建筑向高、大、深的新颖结构拓展，建筑施工机械化水平不断提高，建筑施工机械的需求逐年加大，特别是在大型建筑施工领域，许多新技术、新工法的应用都以新设备为依托，施工机械在大型、高层、重点、市政工程中发挥着决定性的作用。然而，近年来，多种因素引起的机械设备安全事故屡屡发生。据住房和城乡建设部统计，2014 年至 2018 年全国共发生房屋市政工程生产安全较大及以上事故 93 起、死亡 457 人，与建筑起重机械相关的事故约 35 起、死亡 121 人，分别占较大及以上事故总数的 37.63%和 26.48%，以上数据表明建筑起重机械事故多发，强化建筑起重机械管理处于刻不容缓的地步。起重机械一直是特种设备领域的事故高发地带，深圳市自 2001 年起将起重机械列入特种设备作为重点监督对象，每年开展起重机械的专项检查。

（一）年度举措

1. 开展专项整治活动

2018 年 1 月 5 日，为深化和巩固 2017 年全市建设工程落实企业安全生产主体责任百日大整治“亮剑”行动成效，进一步促进全市施工安全生产形势持续稳定好转，深圳市住建局发布关于印发《2018年全市建设工程施工安全整治系列行动工作方案》的通知（深建质安〔2018〕8号），以建筑起重机械等为专项内容，兼顾季节特点、安全形势和重点工作安排，每季度确定2～3个重点整治专项并作为该季度执法检查及督查核查的基本内容。每季度均按照自查自纠、执法检查、督查核查和通报公示的程序开展整治工作。在年底，对整治工作进行全面总结，评估行动成果，找出突出问题，提出合理化建议，制定针对性措施，推动安全生产管理长效机制的建立。

2018年7月9日，为落实《2018年全市建设工程施工安全整治系列行动工作方案》（深建质安〔2018〕8号）的工作安排，深圳市住建局发布了《关于开展2018年三季度施工安全整治行动的通知》（深建质安〔2018〕181号）。其中，将建筑起重机械作为该季度的重点整治专项，重点完成三项目标：首先完成对塔吊、门式起重机、施工升降机等起重机械的全面安全性检测，对不合格设备予以拆除；其次，针对台风等恶劣气候，做好防御准备；最后，进一步规范吊装作业管理。

2018年10月10日，深圳市住建局发布了《关于开展2018年四季度施工安全整治行动的通知》（深建质安〔2018〕271号）。其中，建筑起重机械专项整治要求进一步强化工地起重机械安全管理，督促起重机械使用单位全面开展建筑起重机械检测评估和隐患整改工作，重点整治以下内容：安拆、顶升或附墙安装过程中未落实作业令制度的；施工电梯防坠器超过标定期限或未定期进行防坠落试验的；存在工人在吊物下方或起吊位置附近作业、不同种类（长度）物料混合捆扎吊装、歪拉斜吊或捆绑不牢进行吊装作业的；散料吊装未采用专用容器或容器内装的物品过满的；吊装区未设立警戒区，无专人值守的；特种作业人员未取得特种作业资格、未进行安全技术交底的；未按规定办理安装告知、使用登记（含续期）手续的；未经检测和验收合格投入使用的。

2. 提升安全文明施工标准

2018年5月17日，为贯彻“创新、协调、绿色、开放、共享”五大发展理念，进一步提升深圳市建设工程安全文明施工标准，打造与现代化国际化创新型城市相匹配的建设工地，深圳市住建局、深圳市交通运输委员会、深圳市水务局发布关于印发《关于加强建设工程安全文明施工标准化管理的若干规定》的通知（深建规〔2018〕5号），该规定就起重机械的安全防护、危险源监测提出相关要求，要求充分利用现代化、信息化科技手段和数据分析成果，完善预警指标体系，例如起重机械吊臂回转半径内的安全通道和加工棚应设置双层硬质防护。

3. 开展宣传教育活动

2018年5月17日，为大力弘扬“生命至上、安全发展”理念，加强安全生产宣传教育工作，提升全民安全素质，推动城市安全发展，根据国务院安委办、省安委办有关“安全生产月”和“安全生产万里行”活动的通知要求，深圳市安委办发布关于印发《深圳市2018年安全生产月和安全生产万里行活动方案》的通知（深安办〔2018〕145号）。该文件以提升公众安全素质、遏制重特大安全事故为目标，以强化安全红线意识、落实安全责任、推进依法治理、深化专项整治、深化改革创新等为重点内容，通过开展政治性、专业性、文艺性、新闻性有机结合、富有实效的宣传教育活动，切实推动安全文化进企业、进学校、进机关、进社区、进家庭、进公共场所，促进安全生产形势持续稳定好转。

4. 开展安全知识培训

2018 年 11 月 23 日，为了提高塔吊司机、施工电梯司机和信号司索工等一线操作人员的安全生产意识和整体操作技能，有效降低安全生产事故，深圳市建筑工程质量安全监督站委托深圳建筑业协会组织对全市在建项目的 1500 多名起重机械信号司索工进行专项安全知识培训。11 月 23 日上午，全市建筑起重机械信号司索工安全知识培训班在鲁班大厦正式开课，190 多人参加了第一期培训。

5. 召开租赁信息研讨会

2018 年 9 月 12 日，为拓展《深圳建设工程价格信息》样本数据采集渠道，增强价格信息发布数据的代表性，共同推动深圳市建筑机械租赁、市场劳务行业健康持续发展，深圳建筑业协会联合建筑施工机械管理与租赁分会行业专家和深圳市建设工程造价管理站于 9 月 12 日开展专项工作研讨会，启动新一轮机械租赁价格信息发布模板梳理调整工作，力求发布更加贴近市场实际的机械租赁及市场劳务价格信息。会上，机械租赁行业相关专家积极出谋划策，就土石方施工机械、起重机械、垂直运输机械价格信息发布工作提出众多建设性建议。2018 年深圳市施工机械管理举措详见表 2-3。

深圳市施工机械管理举措一览表　　**表 2-3**

时间	举措	文号	来源
2018.01.05	印发《2018 年全市建设工程施工安全整治系列行动工作方案》	深建质安〔2018〕8 号	深圳市住建局
2018.05.17	印发《关于加强建设工程安全文明施工标准化管理的若干规定》	深建规〔2018〕5 号	深圳市住建局、深圳市交通运输委员会、深圳市水务局
2018.05.17	印发《深圳市 2018 年安全生产月和安全生产万里行活动方案》	深安办〔2018〕145 号	深圳市安委办
2018.07.09	印发《关于开展 2018 年三季度施工安全整治行动的通知》	深建质安〔2018〕181 号	深圳市住建局
2018.09.12	召开机械租赁及市场劳务价格信息工作研讨会	/	深圳建筑业协会、深圳市造价站
2018.10.10	印发《关于开展 2018 年四季度施工安全整治行动的通知》	深建质安〔2018〕271 号	深圳市住建局
2018.11.23	开展全市建筑起重机械信号司索工安全知识培训	/	深圳建筑业协会、深圳市建筑工程质量安全监督站

（二）问题和挑战

2018 年，深圳建筑业安全生产形势整体稳定，施工机械造成的安全事故数量与死亡人数总量下降，但施工机械管理还存在以下问题和挑战：

1. 施工现场机械管理

（1）安全生产主体责任落实仍不到位

第一，部分施工、监理企业未认真落实安全生产主体责任，未及时开展施工现场建筑起重机械和脚手架设施安全隐患排查工作。例如，项目施工企业未按要求开展自查自纠工作，项目部日常安全检查发现的安全隐患未及时整改；监理企业履职不力，未督促施工企业落实整改施工现场存在的安全隐患。第二，部分施工、监理企业组织架构不健全，未能保障安全管理工作效能。例如，监理企业项目部专职安全管理人员配备不足，未任命专职安全监理员；专职安全监理员岗位职责不明确，同时还兼顾合同监理职责。第三，个别项目安全生产技术管理文件制定不完善，安全监理实施细则未反映工程实际。例如，监理企业编制的危险性较大分部分项工程安全监理实施细则的针对性、可操作性不强，或未能覆盖施工现场全部危险性较大分部分项工程。

（2）建筑起重机械安全管理仍不到位

第一，未做好安全动态管理工作。例如，未建立安全自查的安全隐患和问题台账。第二，部分建筑起重机械定期检查、维修保养工作不到位。例如，塔吊塔身标准节连接螺栓明显松动，断相及错相保护装置失效；施工电梯部分安全限位缺失或失效；产品标牌无出厂日期和出厂编号等关键信息。第三，部分建筑起重机械安装不规范。例如，塔机顶部附着固定在墙体上，且未能提供墙体承载力验算资料；施工电梯栏杆固定不稳，导轨架体顶部未安装顶节。

2. 建筑施工机械行业

（1）行业确认的推进力度不足

深圳建筑业协会建筑施工机械管理与租赁分会于2003年在广东省内率先制定行业确认相关制度并开展行业确认工作。分会秉承“宁缺毋滥”的原则，严格按照《深圳建筑施工机械租赁行业管理办法》和《深圳建筑施工机械租赁行业管理办法实施细则》推进行业确认工作。根据企业申请和考察情况，由分会组织评审委员会进行评审，对符合条件者颁发行业确认书，并将行业确认结果进行公示。但是，至今参与申报的企业不多，这与分会推进行业确认工作力度不够、企业和建设行政主管部门对行业确认的重视、支持力度不足有一定的关系。

（2）建筑施工机械保险推进力度不足

近年来，建筑起重机械行业安全事故频发，行业安全管理面临异常严峻的形势，行业安全生产工作受到全社会的广泛关注。然而，深圳建筑施工机械租赁市场广大，企业规模不等，信用情况参差不齐，设备生产厂家众多，质量状况难以保证。因此，积极引入建筑施工机械保险，分摊行业风险，是提高行业管理水平、促进行业健康发展的有效途径。但是，由于建筑施工机械保险推进力度不足等，设备因生产安全事故、自然灾害、意外事故造成的作业人员死亡及财物损失、第三者人身伤亡及财产损失、设备自身损失并未得到保障，造成目前行业内购买设备保险的企业为数不多。

（3）建筑施工机械行业过于分散

多年来，深圳市建筑施工机械租赁市场完全放开，行政主管部门对市属本地企业及外地驻深企业的建筑施工机械设备未设任何地域、数量和种类限制，导致市场出现“200多台设备属于100多家租赁公司”的情况。尽管市场上已形成骨干企业和非主流企业层次分明的局面，但骨干企业对市场的影响有限，无法充分引导市场发展，导致施工机械租赁市场未形成足够合理的结构，且难以避免业内形势的恶化。同时，施工机械企业分散的另一表现是，企业规模小，普遍感到资金、技术、人才匮乏，包括骨干企业在内。

（4）亟待加强建筑施工机械行业职业教育工作

2018年，深圳市各区组织实施了建设工程起重机械专项检查，合格率较2017年略有提高，如宝安区2018年度起重机械合格率为73%，2017年合格率为71.3%。但是经专项检查发现，其中大部分不合格设备的备案、评审、安装等手续齐全，操作人员证件有效，程序也合法，但质量不合格。因此，建筑施工机械行业职业教育工作亟待加强。

（三）探索和创新

1. 政府的探索和创新

（1）开展专项整治活动，消除安全隐患

深圳市住建局深刻吸取多起建筑安全生产事故的教训，坚持问题导向，认真研究总结，全面反思梳理，认真部署未督查地区和项目的建筑起重机械和脚手架设施安全隐患排查工作，因地制宜、因时制宜地开展起重机械专项整治，每季度按照自查自纠、执法检查、督查核查和通报公示的程序开展整治工作，采取切实有效措施，消除安全隐患，坚决遏制建筑施工群死群伤事故的发生。在年底，对整治工作进行全面总结，评估行动成果，针对突出问题研究针对性措施，提出合理化建议，推动安全生产管理长效机制的建立和完善。

（2）加强安全知识宣传，提高全民安全素质

在2018年“安全生产月”和“安全生产万里行”活动中，安全生产月活动举办了“安全生产月”活动启动仪式、宣传咨询日系列活动、主题宣讲活动及行业特色主题安全宣传周活动、全民安全素养提升活动。其中，在行业特色主题安全宣传周活动中，特设“建筑物管安全周”和“特种设备安全周”活动。在“建筑物管安全周”活动期间，主要加大对房屋建筑工程等在建工地人员的安全宣教，督促物管加大监管力度；在“特种设备安全周”活动期间，重点针对起重机械等的专项整治及特种设备的安全知识进行普及。

（3）进行安全知识培训，降低安全事故发生

2018年11月，全市建筑起重机械信号司索工安全知识培训班在鲁班大厦正式开课，190多人参加了第一期培训。本次培训由深圳市建筑工程质量安全监督站委托深圳建筑业协会组织举办，由深圳市建筑工程质量安全监督站监督的、在建项目中的1500多名信号司索工全部参加安全知识培训。安全知识培训采用集中报名、分批授课、统一考试的形式进行，并对考试合格者登记备案及颁发培训证明。

（4）严格落实主体责任，加大督查力度

2018年，工程各方责任主体单位认真履行安全生产主体责任，不断完善安全生产管理制度体系，严格按照有关规定落实安全生产管理责任，高度重视重大危险源管控，加强建筑起重机械（塔吊、施工电梯等）等危险性较大分部分项工程和重点部位、环节的施工安全管理，认真落实作业工人三级安全教育、安全技术交底、风险告知及应急管理。深圳市住建局每季度持续开展系列专项整治、公布安全生产红黑榜，执法处罚力度持续增强，始终保持安全监管高压态势，各建设、施工、监理单位安全生产主体责任进一步落实，行动成效明显。

（5）提升安全文明施工标准，加强危险源管控

《关于加强建设工程安全文明施工标准化管理的若干规定》中要求起重机械吊臂回转半径内的安全通道和加工棚应设置双层硬质防护，在吊装作业时，应在吊臂回转半径内设立临时安全警戒区。同时，在大型起重设备使用过程中，应对超重、超载、限位装置、防坠装置、非持证上岗等关键指标信息进行监测。另外，建设、设计、施工、监理、第三方监测等单位应共同明确大型起重设备的主要监测指标，各方的监测数据均应实时上传，实现及时、自动预警。在现场技术条件许可的情况下，应优先采用监测数据自动化采集设备。

2. 协会的探索和创新

（1）开展行业确认工作，促进租赁行业自律

分会秉承“宁缺毋滥”的原则，严格按照《深圳建筑施工机械租赁行业管理办法》和《深圳建筑施工机械租赁行业管理办法实施细则》继续推进开展行业确认工作。根据企业申请和考察情况，由分会组织评审委员会按照建筑施工机械租赁企业申报行业确认应当具备的基本条件进行评审，对符合条件者颁发行业确认书，并将行业确认结果进行公示。

（2）发挥协会职能，承接相关部门委托的服务

分会充分发挥行业协会的优势，组织行业内专家先后参与并承接了光明新区、宝安区、大鹏新区、坪山区等区级建设行政主管部门委托的多批次建筑起重机械设备质量安全检查，获得了相关部门和被检项目的一致好评，同时协助政府主管部门制定和完善建筑机械租赁管理的法律、法规。

（3）开展技术服务，完善论证评审工作

分会根据国家建设部相关文件精神，结合深圳市建筑施工机械行业市场实际情况，开展了多批次建筑施工机械专家论证工作，主要涉及钢梁吊装、塔式起重机、施工升降机、门式起重机的安装拆卸、顶升加节、群塔防碰撞、防台风等专项措施方案，有效地解决了企业技术难题。论证、评审工作不仅得到施工、监理等单位的好评，还得到了安全监督机构的高度认可。

（4）开展梳理工作，推动租赁行业健康发展

为紧跟机械设备规格型号更新的步伐，发布更加贴近市场实际的机械设备租赁价格参考信息，推动建设工程机械租赁行业健康有序发展，2018年9月12日，市造价站联合深圳建筑业协会建筑施工机械管理与租赁分会行业专家开展专项工作研讨会，启动新一轮机械租赁价格信息发布模板梳理调整工作。此外，市造价站将与深圳市机械租赁企业建立常态化信息反馈沟通机制，及时采集整理机械设备品种更新信息及机械设备租赁市场成交价格信息，动态调整机械租赁价格信息发布条目，紧跟市场，发布与市场实际更加贴合的机械租赁市场参考价格信息，服务好建设各方主体。

四、建筑劳务

（一）年度举措

“打造粤港澳大湾区，建设世界级城市群”是国家在新时期做出的重大战略部署，这

不仅是粤港澳地区自身加快经济社会转型、实现可持续发展的迫切需要，也为深圳成就高质量发展高地提供了更为广阔的空间。2018 年深圳市建筑施工企业共完成建筑业总产值 5250 亿元，同比增长 18%，达到新的历史高点。在建筑劳务管理方面，深圳市不断探索创新，对建筑劳务工人始终保持包容、开放和保护的态度，使得建筑业从业人数和劳动生产率稳步上升。2018 年，为了切实保障建筑业劳务工人的合法权益，深圳市相继出台了多项政策法规，主要聚焦于劳务用工实名制管理、劳务工人的安全素养与技能培训、劳务工人健康、劳务工人工资拖欠处理、市场违法违规行为治理等方面。

1. 强化劳务用工实名制管理

2018 年 4 月 3 日，为贯彻落实国务院办公厅和广东省住建厅相继印发的《保障农民工工资支付考核办法》（国办法〔2017〕96 号）和《广东省住房和城乡建设厅关于房屋建筑和市政基础设施工程用工实名管理暂行办法》（粤建规〔2018〕1 号）等相关文件，深圳市住建局结合全市实际，发布了《深圳市住房和建设局关于进一步全面规范工程建设领域开展劳务工实名制和分账制管理工作的通知》（深建设〔2018〕18 号）。该通知明确要求，一是要进一步推动“两制”工作在各项目的开展，切实将“两制”工作落地；二是要进一步规范劳务工工资专户的设置；三是要进一步规范“两制”相关资料和台账；四是要进一步规范“两制”维权信息告知；五是要进一步加强检查督促和执法。该通知基于以上要求进一步规范并开展了“两制”工作，切实保障了深圳市建筑业劳务工人工资的支付问题。

2018 年 7 月 30 日，为加强建设工程项目管理，提升工程质量安全水平，推动建筑市场信用体系建设，保障从业人员合法权益，深圳市住建局发布了《深圳市建设工程项目人员实名制管理办法》（深建规〔2018〕7 号）。该办法明确了深圳市建筑工程项目各主体的具体责任，一是建设单位应对本单位投资建设工程的实名制情况进行统筹管理，落实经费保障；二是施工单位应对所承包工程的实名制工作负总责；三是施工总承包单位依法将建设工程分包给其他单位的，分包单位的用工管理应纳入总承包单位的用工管理范畴；四是监理单位应负责对施工现场各参建单位的实名制管理工作进行监理；五是建设工程项目人员应当积极配合建设单位、施工单位落实实名制管理工作。该办法通过明确各方责任，进一步强化了劳务用工实名制的管理工作。

2. 注重劳务工人的安全素养与教育培训

2018 年 6 月 5 日，为提升建设领域劳务工人队伍的安全意识和职业素养，深圳市住建局按照《中共中央国务院关于推进安全生产领域改革发展的意见》（中发〔2016〕32 号）和《国务院办公厅关于促进建筑业持续健康发展的意见》（国办发〔2017〕19 号）的相关要求，并结合本地企业优秀做法，决定在全市房屋建筑和市政工程领域开展安全行为激励活动，发布了《深圳市住房和建设局关于大力推广开展劳务工人安全行为激励活动的通知》（深建质安〔2018〕142 号）。该通知提出了深圳市建筑业各生产单位应建立健全面向坚持遵章守纪、保证安全行为并能够起到安全示范作用的一线劳务工人的激励机制，同时在制定激励措施时要明确奖励细则，注重精神鼓励与物质奖励并重，充分调动劳务工人安全施工的积极性。

2018 年 7 月 19 日，为深入贯彻习近平总书记关于安全生产工作系列指示精神以及党中央国务院、省委省政府、市委市政府关于安全生产工作的决策部署，深圳市住建局发布了《深圳市住房和建设局关于试行建筑从业人员安全教育数字化教材强化实名制安全教育培训的通知》（深建设〔2018〕34 号）。该通知要求在建项目各单位应组织、动员全体建筑劳务工人通过数字化教育培训平台接受安全教育培训、考核，以此帮助提升深圳市建筑业劳务工人的安全意识，做好源头预防以及遏制施工安全事故发生的工作。

3. 关注劳务工人健康

2018 年 10 月 17 日，根据深圳市爱卫会印发的《关于加大工地灭蚊防控登革热疫情工作的函》（深爱卫会函〔2018〕19 号），深圳市住建局发布了《深圳市住房和建设局和深圳市城市管理局关于联合印发进一步加强建筑工地防控登革热疫情工作的通知》（深建质安〔2018〕276 号）。该通知指出各建筑工地及用人单位要密切关注工人的健康状况，加强对施工工人的健康监管。该通知的发布能够在提高防控登革热疫情工作监管力度的同时，使得劳务工人的健康得到切实有效的保障。

4. 处理劳务工人工资拖欠问题

2018 年 11 月 28 日，为了保障深圳市建筑业工人工资的及时支付，预防化解欠薪问题，深圳市人力资源保障局、住建局、交通运输委和水务局联合印发了《深圳市工程建设领域工资保证金管理办法（试行）》（深人社规〔2018〕17 号）。该办法是贯彻落实《国务院办公厅关于全面治理拖欠农民工工资问题的意见》（国办发〔2016〕1 号）、《广东省人民政府办公厅关于全面治理拖欠异地务工人员工资问题的实施意见》（粤府办〔2016〕111 号）等国家、省级重要文件精神的一项重要举措。在建筑工程领域，由于行业的特殊性，目前仍不同程度地存在因拖欠工程款、非法转包分包等经济纠纷而引发的拖欠劳务工人工资的情况，该办法的发布能够进一步加大深圳市建筑业劳务工人工资支付的保障力度，以有效解决建筑劳务工人工资拖欠问题。

5. 治理市场违法违规行为

2018 年 5 月 4 日，为认真落实深圳市政府“城市质量提升年”的工作部署，根据《广东省住房和城乡建设厅关于 2018 年度开展建设工程项目执法监察工作的通知》（粤建执函〔2018〕600 号）的有关要求，深圳市住建局发布了《深圳市住房和建设局关于开展 2018 年建筑业企业资质动态核查和建筑市场违法行为专项检查工作的通知》（深建设〔2018〕23 号）。该通知明确了专项检查工作的工作目标、组织领导、检查依据以及检查范围与内容。通过对建筑企业资质进行动态核查，以及对建筑市场违法行为进行专项检查，能够严厉打击建筑工程施工违法发包、转包、分包等行为，切实规范行业管理，进一步促进深圳市建筑业的持续健康发展。

2018 年 9 月 28 日，根据住建部安委办《关于开展房地产企业落实安全责任专项检查的通知》（建安办函〔2018〕18 号）和《广东省建筑工程施工发包与承包违法违规行为专项治理行动方案》（粤建市〔2018〕155 号）等文件要求，深圳市住建局发布了《2018 年深圳市建筑工程施工发包与承包违法违规行为专项治理行动工作方案》（深建设〔2018〕53 号）。该方案提出应适时对市住建局监管的房建市政项目和各区住建局监管的项目进行抽查，重点检查发生过质量安全事故的项目，发生过违法发包转包、违法分包、挂靠等被投诉的项目以及因拖欠农民工工资被投诉的在建项目。对检查过程中发现的涉嫌违法违规问题，应严格按照住建部发布的《建筑工程施工转包违法分包等违法行为认定查处管理办法（试行）》（建市〔2014〕118 号）进行调查认定，并依法予以处罚。2018 年深圳市建筑劳务相关举措详见表 2-4。

2018 年深圳市建筑劳务相关举措一览表　　表 2-4

时间	举措	文号	来源
2018.04.03	发布《深圳市住房和建设局关于进一步全面规范工程建设领域开展劳务工实名制和分账制管理工作的通知》	深建设〔2018〕18 号	深圳市住建局
2018.05.04	发布《深圳市住房和建设局关于开展 2018 年建筑业企业资质动态核查和建筑市场违法行为专项检查工作的通知》	深建设〔2018〕23 号	深圳市住建局
2018.06.05	发布《深圳市住房和建设局关于大力推广开展劳务工人安全行为激励活动的通知》	深建质安〔2018〕142 号	深圳市住建局
2018.07.19	发布《深圳市住房和建设局关于试行建筑从业人员安全教育数字化教材强化实名制安全教育培训的通知》	深建设〔2018〕34 号	深圳市住建局
2018.07.30	发布《深圳市建设工程项目人员实名制管理办法》	深建规〔2018〕7 号	深圳市住建局
2018.09.28	发布《2018 年深圳市建筑工程施工发包与承包违法违规行为专项治理行动工作方案》	深建设〔2018〕53 号	深圳市住建局
2018.10.17	发布《深圳市住房和建设局和深圳市城市管理局关于联合印发进一步加强建筑工地防控登革热疫情工作的通知》	深建质安〔2018〕276 号	深圳市住建局、城市管理局
2018.11.28	印发《深圳市工程建设领域工资保证金管理办法(试行)》	深人社规〔2018〕17 号	深圳市人力资源保障局、住建局、交通运输委、水务局

（二）问题和挑战

1. 制度方面的问题和挑战

（1）贯彻落实“两制”管理方面的问题

“两制”管理既是产业队伍发展和劳务工人权益保障的基础，又是提升建筑工程质量安全的重要抓手，更是规范建筑市场秩序的迫切需要，各施工单位应以抓安全、抓质量的态度来落实“两制”管理。但目前，深圳市建筑业现场工人实名制管理仍存在一卡多刷、代刷以及代领、代签月考勤表和工资表等行为。此外，现阶段深圳市建筑劳务工人对实名制管理的积极性较低。劳务实名制管理以来，工人提交信息流程繁琐，文化程度较低的工人对此更是抵触，权利意识淡薄，配合度低，极大程度上阻碍了深圳市建筑业实名制管理工作的落实。

（2）相关规章制度方面的问题

虽然深圳市近年来经济发展迅速，但在法律规章的制定上尚需进一步跟进，尤其在建筑劳务方面，现阶段的规章制度还不够完善，难以满足当下建筑劳务企业的需要。同时，建筑劳务企业内部规章制度的缺乏也是值得重视的问题。良好的规章制度能够保证建筑劳务企业在施工过程中，保持规范操作，杜绝不轨行为的出现。尽管深圳市部分建筑企业管理者已意识到规章制度的重要性，但大多并没有将其落实，这就导致内部的规章制度流于形式，不利于自身的可持续发展。

2. 建筑企业面临的挑战

（1）建筑企业管理成本高

建筑业是劳动密集型行业，劳动力成本作为企业的重要成本之一，在企业管理成本方面占比较大。受人口红利消失的影响，近几年人工单价逐年上涨，且由于人工费定额标准与市场实际工资差距较大，导致深圳市建筑业人工成本越来越高，劳务分包企业利润越来越低，企业的管理成本也随之增大。“营改增”的全面实施在一定程度上也使得深圳市建筑劳务企业的劳动成本大幅上升。另外，许多企业内部层级繁多、决策链条长、决策速度慢，无形中增加了内部交易成本。同时，随着市场经济的发展，社会分工逐渐明细，各企业对用工要求逐步提高，员工关系管理面临着新一轮的挑战，也使得深圳市建筑企业管理成本在不断增加。

（2）建筑企业管理水平低

全面“营改增”后，深圳市建筑企业的劳务工人存在不同的用工形式，尽管合同的形式繁多，但大部分合同流于形式，难以真正起到约束双方的作用。企业管理脱节，劳务分包企业“空壳化”倾向日趋严重，难以形成稳定的、高素质的新型建筑产业工人队伍。因此，多数劳务企业缺乏相应的企业管理和技术人才，也不注重对建筑劳务工人的培训、安全教育和管理。部分劳务企业只有少数管理人员，在承接到劳务分包任务后，临时拼凑农民工队伍，造成施工队伍职业技能和整体素质较低，难以保证建设工程质量和施工安全。此外，部分总包企业不能有效构建自己的劳务资源库和信用评价体系，未对劳务资源进行分级管理，导致资源管理层级混乱。

3. 建筑劳务工人的现状

（1）工人供给不足

目前，危险性较高、工作环境较为恶劣的建筑工作让很多工人不愿意投入到建筑行业中，深圳市建筑队伍进一步缩水。随着时代变化、生活水平提高，大多年轻人都有条件接受良好的教育，择业观念发生巨大变化，更加愿意从事新兴行业的工作，80、90后建筑工人的比例一直难以增长，而60、70后建筑工人正逐步老去，老一代的建筑工人也在逐步脱离建筑工地，因此导致目前深圳市用工老龄化严重、供给不足，进而导致了劳动力价格的上涨。

（2）建筑劳务工人整体流动性较大

当前深圳市建筑劳务市场普遍采取劳务分包的方式，将各专业口施工任务分包给具有相应资质的各劳务企业。随着施工进度的推进，劳务队伍也随着施工工序的改变而不断更换，造成建筑行业工人流动性大、难于管理的局面。另外，由于建筑业劳务人员流动性较大，大部分总承包和专业承包企业不愿意承担对劳务人员的技能培训，多数劳务企业也没有实力对劳务人员进行技能培训，因此导致高水平的技术工人匮乏，存在安全生产事故隐患。

（3）劳务工人个体素质低

深圳市建筑劳务工人中农民工占比较大，这类劳动群体大多出生于二十世纪六七十年代，且大多没有经过正规的业务培训和思想教育，平均文化水平偏低，安全意识相对淡薄。在进场前完成安全教育的基础上，不戴安全帽、不系帽带等不按规定佩戴安全用品和现场随处抽烟等现象仍屡禁不止。同时，部分劳务企业并不注重工人职业培训和安全教育，使得深圳市建筑行业劳务队伍素质良莠不齐，整体素质较低，缺乏能同时具有多项技能的技术工人。

（4）劳务工人未受到足够重视

由于劳务资质缺失、劳务人员松散，深圳市有较多建筑劳务工人与用工单位没有签订劳动合同，即使有合同，也只是为了应付检查和资质申报。对于建筑劳务工人的工资支付、伤害赔偿等均没有具体落实到合同条款中。有的建筑劳务工人并不完全知晓自己享有的合法权益和义务，劳动报酬不能按时足额发放。绝大多数建筑劳务工人随工地流动，以工地为家，生活环境艰苦，工作强度大，缺少必要的劳动保护和卫生条件。此外，部分总包企业对劳务分包企业不够重视，往往未能根据业主合同和工程特点选择劳务公司，使得部分低资质、实力弱的劳务企业混入，加之管理的脱节，导致建筑劳务工人的权益无法得到实质性保障。

（三）探索和创新

1. 政府探索

为响应粤港澳大湾区发展计划和可持续发展要求，深圳市政府始终以饱满的热情率先实现制度变革、质量变革和效率变革，推动广东省高质量发展走在前列，对建筑劳务问题保持高度关注，积极迎接挑战，并相继出台了各项政策，在“两制”工作落实、市场违规行为整治、建筑劳务人员培训、推进高质量评价体系等方面进行了深入探索。

（1）进一步落实“两制”工作

2018年，深圳市继续贯彻落实“两制”工作（即建筑劳务工实名制和工资分账制），重视“两制”每周通报，并积极开展专项检查活动。在深圳住建局的直接领导下，“两制”工作得到了广大建筑从业人员和建筑单位的热烈拥护和积极响应。基于领先的信息化技术，人脸数据信息被纳入统一的监管系统，以保证能够真实有效地记录工人每天的工作情况。同时，深圳市各区对于“两制”工作的落实也采取了积极的措施。另一方面，为保障工资分账制度的有效实施，深圳市组织建立在线专用账户，将已支付的工程款中劳务工人的工资纳入专用账户中，经确认后由建筑总包企业统一发放，并建立复核、备案制度，避免薪资纠纷，保障各方合法权益。

（2）开展市场整治工作

为规范房屋建筑和市政基础设施工程施工承发包活动，维护建筑市场秩序和建设工程主要参与方的合法权益，深圳市于2018年对各类市场违规行为展开了各项查处整治工作。此外，按照“有黑扫黑、无黑除恶、无恶治乱”的要求，深圳市有效制定了有关建筑工程施工发包与承包违法违规行为专项治理行动的工作方案。市、区两级建设行政主管部门联合开展了建筑业企业资质动态核查和建筑市场违法行为的专项检查行动，并提出进一步审核要求。

（3）加强对建筑劳务企业与工人的培训

随着建筑劳务市场的逐渐壮大，深圳市政府已进一步完善了建筑劳务工人劳动技能培训、技能鉴定、施工队伍管理、劳动监察、咨询服务、分包交易、信息发布、投诉监管等功能。同时，建议各级行政主管部门做好培训资金的筹措、培训人员的召集以及培训合格的劳务人员的安置等工作，各培训机构应做好师资、场地和教材的准备工作，被培训的建筑劳务工人也应端正思想，积极主动地参加培训。目前，深圳市在劳务工人教育培训方面已采取了一系列积极措施，如通过夜校开展岗位技能培训、组织工人参加内部和外部各类劳动技能竞赛、各项目结合劳务管理实名制开展“安全行为之星”评选活动等。但由于现阶段很多建筑劳务工人在建筑业上的理论知识远低于自己的实践动手能力，而相对于文化知识基础薄弱的工人而言，在短时间之内吸收并且运用大量的理论知识较为困难，因此在增加培训的同时，还建议降低考试拿证的门槛，推进重实践操作能力和经验的鉴定机制的设立。

（4）扎实推进高质量发展的工作评价体系

2018年，深圳市努力建立健全高质量发展的工作评价体系，落实中央关于高质量发展的意见，制定实施方案，重点围绕发展综合质量效益、新发展理念、群众主观感受，突出体现高质量发展在供给、需求、投入产出、分配、宏观经济等方面的指标特征。在优化绩效评价体系方面，深圳市积极推动各地区、各部门实行差别化、分级分类评价考核，鼓励地方在推动高质量发展中结合实际探索完善现有政策体系和评价体系。

2. 企业实践

为响应各项相关政策号召，深圳市劳务企业在落实“两制”工作，为劳务工人提供技能培训、保障工人权益方面做出了积极实践，为解决目前存在的劳务管理相关问题做出了贡献。

（1）积极实行“两制”制度

保障劳务工人工资支付工作是国务院对省级政府的一项重要考核任务，“两制”工作落实到位不仅是保障劳务工人工资支付工作的长效机制，而且是事关保护劳务工人合法权益、维护社会稳定、促进工程质量安全的重要工作。建议建设、施工、监理、劳务等单位充分认识“两制”工作的重要性和必要性，把“两制”工作作为当前最重要的工作来开展。具体而言，建议对所有进场工人进行登记，设立门禁系统，由系统生成人员花名册，由项目部设立门禁授权，规范项目日常管理。此外，鼓励建筑用工企业规范用工管理，及时采集并上传施工现场建筑工人实名制基本信息。同时，鼓励利用动态二维码、人脸识别等智能方式对工人日常出勤进行管理，避免劳资纠纷。

（2）提高劳务人员待遇，加强安全和技能培训教育

建议提高工人福利待遇和鼓励建筑工人积极参加培训，以提升劳务工人技能专业程度和薪资水平，完善薪资发放制度。同时，希望企业树立以人为本的理念，制定行之有效的措施，切实保证广大劳务工在工资福利以及生产生活条件等应享有的合法权益上不受到侵害和歧视，减轻建筑劳务工人的工作量。此外，建议各企业通过“两制”管理平台等信息化手段，依托项目举办农民工夜校，加强劳务工人在法律、技术、技能和安全质量等方面的教育和培训，并选取有资质的劳务企业，入职前对人员进行培训教育，入职后定时安排培训，以提高建筑业劳务工人的综合素质。

（3）建立建筑劳务工人权益保障制度

建议深圳市各建筑企业能够建立保障劳务工人权益的相关制度，鼓励企业主动与建筑劳务工人签订劳动合同，并为其办理工伤、医疗或综合保险等社会保险。同时，建议强化劳务资质的制度管理，注重技术人才的配备，特别是监管注册资金的到位情况。此外，鼓

励各企业用制度规范市场行为，主动提高企业领导层及员工的合规意识，加强对《建筑业企业资质管理规定（住房城乡建设部第 22 号令）》《建筑工程施工转包违法分包等违法行为认定查处管理办法（试行）（建市〔2014〕118 号）》的内部宣传和学习，建立对企业内部合规行为的监督和评估体系，自觉抵制资质造假、围标、串标、转包、违法分包、挂靠等行为，以完善建筑劳务工人合法权益的长效保护机制。

（4）建立劳务企业诚信体系

期望完善诚信体系建设，对有劣迹的劳务企业及法人代表进行曝光并拉入黑名单，甚至取缔其公司并禁入相关行业。同时，建议强化企业内部管理，总包企业应根据业主合同和工程特点选择劳务公司，着力履约管理，建立内部信用平台。此外，鼓励总包企业建立相应的供应商评价制度，在优质劳务企业力所能及的情况下给予更多合作，对于不合格队伍持清退态度。

五、原材料供应与土方管理

（一）年度举措

1. 原材料供应年度举措

2018 年 1 月 9 日，为切实保护有价值的旧建筑材料，做好对有价值旧建筑材料的利用工作，深圳市住建局转发了《关于做好村庄“清拆”整治过程中可利用建筑材料保护工作》（深建质安〔2018〕12 号）的紧急通知，要求各相关组织加强督导检查，确保工作落到实处，有效地促进“三清三拆三整治”后续工作的开展，积极推广保护与传承传统文化的工作。

2018 年 9 月 7 日，为合理降低工程建设材料价格异常波动带来的风险，切实维护发承包双方的合法权益，深圳市住建局转发了《广东省住房和城乡建设厅关于加强建筑工程材料价格风险管控的指导意见》（深建设〔2018〕46 号）。该意见对建筑材料的风险管理提出若干要求，并根据部分主要材料市场行情，整理发布了部分主要建筑材料市场价格监测数据。

2018 年 12 月 20 日，为继续深化价格信息的共建共治共享，深圳市造价站举办了 2018 年度深圳建设工程价格信息交流会。深圳市造价站围绕价格信息发布的时效性，积极扩大信息采集渠道，创新业务工作机制。同时，开展了深入、广泛的走访调研，收集市场第一手信息，发布了建筑材料价格异常波动预警，引导建设各方主体在招标、投标等环节充分考虑市场风险，主动作为、共同应对砂石原材料波动引起的建筑材料市场波动。2018 年深圳市原材料供应举措详见表 2-5。

2. 土方管理年度举措

2018 年 4 月 21 日，为持续提升大气质量，保持“深圳蓝”的亮丽城市名片，打赢建设“美丽深圳”和国家可持续发展议程创新示范区，深圳市人民政府同意并予以印发《2018 年“深圳蓝”可持续行动计划》（深府办规〔2018〕6 号）。该计划针对工地扬尘污染防治项目、工地扬尘管理信息化平台建设项目、泥头车更新项目、裸土全覆盖项目等进行工作任务的细化，对责任单位、人员和完成节点进行了全面且具体的确定。

2018 年深圳市原材料供应举措一览表 **表 2-5**

时间	举措	文号	来源
2018.01.09	转发《关于做好村庄“清拆”整治过程中可利用建筑材料保护工作》	深建质安〔2018〕12 号	深圳市住建局
2018.09.07	转发《广东省住房和城乡建设厅关于加强建筑工程材料价格风险管控的指导意见》	深建设〔2018〕46 号	深圳市住建局
2018.12.20	举办 2018 年度深圳建设工程价格信息交流会	/	深圳市造价站

2018 年 7 月 26 日，为畅通信息渠道，推动供需平衡，促进土方和建筑废弃物综合利用产品生产销售，深圳市住建局发布了关于“深圳市土方交换与建筑废弃物综合利用产品信息发布平台”上线运行的通知。深圳市各建设工程相关单位及建筑废弃物综合利用企业可通过该平台实时发布和查询土方、综合利用产品的供需信息。

2018 年 7 月 26 日，为加快推进深圳市余泥渣土受纳场规划建设工作，深圳市住建局印发了《深圳市 2018 年度余泥渣土受纳场实施规划》的通知，规划近期拟重点建设余泥渣土受纳场 8 座，其中龙华区 1 座、光明新区 1 座、大鹏新区 1 座、坪山区 1 座、龙岗区 3 座以及南山区 1 座，分别为白花受纳场、犁头山受纳场、三溪受纳场、碧岭受纳场、六联受纳场、大元坑受纳场、坪地高桥受纳场和下围岭受纳场。

2018 年 8 月 24 日，为深化深圳市泥头车安全管理专项整治工作，提高环保排放标准，加强施工扬尘治理，深圳市住建局、交通运输委、人居环境委三部门联合发布了《深圳市泥头车、搅拌车和非道路移动工程机械更新改造工作方案》（深建废管〔2018〕23 号）。该方案给出了一次性淘汰深圳全部在用传统泥头车的具体时间，自 2019 年 6 月 1 日起，全市范围内所有工地必须使用新型泥头车，禁止使用和通行传统泥头车。

2018 年 9 月 6 日，为规范新型全密闭式智能泥头车土石方运输计价行为，根据《深圳市泥头车、搅拌车和非道路移动工程机械更新改造工作方案》（深建废管〔2018〕23 号）和《全密闭式智能重型自卸车技术规范》（编号：SZDB/Z284—2017）的相关规定，结合深圳市实际情况，深圳市建设工程造价管理站发布了《新型全密闭式智能泥头车土石方运输子目（试行）》（深建价〔2018〕35 号）的通知，补充了新型全密闭式智能泥头车土石方运输子目。

2018 年 11 月 13 日，为推动纯电动泥头车在深圳市工程运输领域的使用，进一步改善大气环境，根据《关于 2018 年“深圳蓝”可持续行动计划》（深府办规〔2018〕6 号）和《深圳市泥头车、搅拌车和非道路移动工程机械更新改造工作方案》（深建废管〔2018〕23 号）等相关要求，深圳市发改委、交通运输委、市财政委制定并发布了《深圳市纯电动泥头车超额减排奖励实施办法》（深发改规〔2018〕4 号）。该办法对奖励对象、奖励条件、奖励标准、奖励资金来源、奖励资金申请、审核和拨付以及考核机制进行了明确的规定。

2018 年 11 月 19 日，为全面提升泥头车安全管理水平、改善大气环境质量，加快深圳市新型全密闭式智能泥头车的推广应用，根据《关于 2018 年“深圳蓝”可持续行动计划》（深府办规〔2018〕6 号）和《深圳市泥头车、搅拌车和非道路移动工程机械更新改造工作方案》（深建废管〔2018〕23 号）等相关要求，深圳市交通运输委制定并发布了《深圳市传统泥头车淘汰补贴办法》（深交规〔2018〕11 号）。该办法对补贴范围和标准、申请时间和程序、职责分工以及监督管理进行了明确的规定。2018 年深圳市土方管理举措详见表 2-6。

2018 年深圳市土方管理举措一览表　　表 2-6

时间	举措	文号	来源
2018.04.21	印发《2018 年"深圳蓝"可持续行动计划》	深府办规〔2018〕6 号	深圳市人民政府办公厅
2018.07.26	开发"深圳市土方交换与建筑废弃物综合利用产品信息发布平台"	/	深圳市住建局
2018.07.26	印发《深圳市 2018 年度余泥渣土受纳场实施规划》	/	深圳市住建局
2018.08.24	印发《深圳市泥头车、搅拌车和非道路移动工程机械更新改造工作方案》	深建废管〔2018〕23 号	深圳市住建局、交通运输委、人居环境委
2018.09.06	发布《新型全密闭式智能泥头车土石方运输子目》	深建价〔2018〕35 号	深圳市建设工程造价管理站
2018.11.13	发布《深圳市纯电动泥头车超额减排奖励实施办法》	深发改规〔2018〕4 号	深圳市发改委、交通运输委、市财政委
2018.11.19	发布《深圳市传统泥头车淘汰补贴办法》	深交规〔2018〕11 号	深圳市交通运输委

（二）问题和挑战

1. 原材料供应的问题和挑战

（1）市场价格波动异常

受建筑行业去产能、环境治理等因素的多重影响，全国建筑材料价格普遍上涨。深圳市由于矿产资源严重匮乏，砂、石等原材料主要靠周边省市供给，受上游市场影响较大，导致砂石、混凝土价格涨幅较大，超出发承包双方所能预见的范围和承担的风险，由此造成的工程质量和安全隐患问题增多。

（2）旧建筑材料未能充分利用

在深圳市大规模城市更新项目拆除重建中，由于未能对拟拆除建筑进行实地勘察，掌握可利用建筑材料情况，忽视有利用价值建筑材料的保护、收集和利用过程，造成了建筑材料的浪费与损坏，加大了环境治理难度。

（3）材料采购环节不规范

建筑企业在采购施工材料前，相应的预算工作和详细全面的规划工作未落实到位。材料管理人员往往只是依照相关的图纸和招投标文件确定材料采购数量，未能和技术人员核对、落实，材料价格也未进行较为全面的摸查，导致预算成本和实际成本偏差较大。此外，部分企业没有做好材料采购合同的签订工作，疏忽材料的验收环节，导致材料数量和质量与实际不符。

（4）材料质量参差不齐

深圳市住建局在房屋建筑及市政工程结构质量专项检查的通报中指出，部分项目存在原材料、预制构件出厂合格证或进场复验报告不齐全的问题。同时，还存在进场材料报审的批次、数量记录不完整等不良情况。此外，由深圳市建筑工务署关于2018年四个季度建筑材料抽检情况统计以及深圳市住建局关于2018年各季度主要建筑材料监督抽检合格率公示可知，产品的合格率存在较大波动，建筑材料的质量和安全存在潜在风险。

2. 土方管理的问题和挑战

（1）余泥渣土受纳场数量相对不足

随着深圳市经济的快速发展，城市化进程的加快，每年都有大批开发项目立项或开工。根据预测，2017～2020年深圳市全市政府投资项目弃土约6450万m^3，社会投资项目弃土约2700万m^3。截至《深圳市2018年度余泥渣土受纳场实施规划》印发之日，深圳市全市在用的余泥渣土受纳场仅有新屋围受纳场一座，剩余库容仅为330万m^3，可见现有受纳场库容已远远不能承载城市发展建设产生的余泥渣土量。现阶段深圳市余泥渣土的处置极大程度上依赖于异地处置，由于缺乏规划和实施计划，且其具有高度不可控的特点，一旦出现某些经济上的纠纷或行政、法律上的问题，就会导致深圳市大规模余泥渣土无处可去。

（2）规划、设计、施工缺乏土石方挖填平衡理念

长期以来，深圳市部分施工场地挖填土方量并不能很好地实现在施工范围内的挖填方平衡，其主要表现在规划、设计、施工三个方面。深圳市早期的总体规划忽视了对土石方挖填平衡理念的思考，习惯性地采用“三通一平”思路进行片区规划，大范围挖山、场平，因此在源头上就产生了大量弃土。在各类工程设计过程中，部分设计单位缺乏土石方挖填平衡理念的贯彻，造成大开挖破坏的同时忽略了工程平衡的问题，导致弃土量较大，从而增加了余泥渣土受纳场的负荷。在项目施工过程中，施工单位不严格按照相关规范，无序取土，施工组织不合理，使得实际弃土量大于设计弃土量。

（3）土方施工过程造成扬尘、噪音污染

在土方开挖和填埋过程中，由于部分项目不合理的开挖规划及在工作过程中未按要求采取洒水、围挡等防扬尘措施，出现了大量扬尘情况，对施工现场和周边环境造成了恶劣的影响。在土方运输过程中，深圳市长期以来使用的传统泥头车具有不密闭、污染物排放量较大的缺点，加之余泥渣土受纳场分布的不合理导致运输距离的增加，使得土方运输过程中环境污染问题不断加重。与扬尘问题相似，土方施工过程中由于施工方法不合理、施工机械落后、施工时间违反规定等，导致了大量施工噪音的产生，对周围居民的生活质量造成了严重的影响。

（三）探索和创新

1. 原材料供应的探索和创新

（1）加强原材料价格风险管控

工程建设成本的变动与原材料价格的波动有着密切联系，对建设工程原材料价格进行合理有效的风险管控，可有效节约工程建设成本。加强原材料价格风险管控，第一，应高度关注建材价格异常变化，积极调节市场供需平衡，主动会同水利、国土资源、环境保护等部门建立砂、石等建材管理的动态协作工作机制。第二，应强化建材价格信息的动态发布，引导市场主体正确研判建材价格走势，加强对市场价格走势的监测、预研、预警，动

态调整发布周期，及时发布主要材料价格以及各类造价指标指数。第三，应提高发承包双方的风险意识，合理确定建材价格，建设各方主体应充分考虑建材价格波动存在的风险因素。

（2）积极使用可循环利用的材料

深圳市由于大量的房地产项目开发和市政工程建设，建筑废弃物数量大幅增加。应积极响应“十三五”国家科技创新规划要求以及贯彻绿色发展理念，提倡优先使用可循环利用的材料，以提升施工现场环境保护标准，同时对建筑废弃物的产生和综合利用进行有效管控，对可利用的瓦片、砖石、木料门框门扇、窗柜窗扇等进行收集、归类和再利用，避免对有利用价值的旧建筑材料造成破坏，提高建筑废弃物资源化水平，助力工程高质量发展以及生态文明建设。

（3）提升原材料信息化应用水平

根据时代发展要求并结合当前材料价格信息服务的新形势，信息化建设成为行业进步的有效措施，应积极提升工程建设原材料信息化应用水平，进一步规范材料设备的现场使用。此外，应充分运用信息化管理手段提升原材料检验检测技术服务水平，开发建筑原材料检测管理系统、检测网上委托信息平台等信息化系统，进一步推动原材料价格信息服务向电子化、多样化转型，促进建设工程原材料价格信息工作迈上新台阶。

（4）深入原材料质量专项检查

对建设工程原材料质量的严格把控是工程主体建设的基本要求，执行建筑原材料质量的专项检查可有效防治建筑工程质量通病。应加强对影响工程质量的专项施工方案的专项检查，重点抽查涉及主体结构安全和重要使用功能的主要建筑原材料，如钢筋、防水、电缆等，以及加强对建筑构配件、结构实体检测项目和数量等的专项检查，并定期向社会公布监督抽检情况，保障在监项目建筑原材料和主体工程质量可控。

2. 土方管理的探索和创新

（1）增建余泥渣土受纳场

随着轨道交通三期续建工程、城市更新改造等众多工程的实施，现有受纳场容量仍存在较大缺口。与此同时，地铁建设四期规划项目已经启动，国铁、跨境铁路、城际铁路等工程也将在近年开工建设，将产生巨量的余泥渣土。为保障重大工程余泥渣土受纳需求，解决深圳市余泥渣土受纳问题，应加快推进余泥渣土受纳场规划建设工作，再筛选出一批建设条件较为成熟的受纳场。此外，应结合市场价格，出台土石方指导价格，正确引导建设单位定价，形成与市场紧密挂钩的长效调价机制。

（2）严格规范泥头车使用

由于传统泥头车存在重大安全隐患，不满足环保排放标准，不利于深圳市建筑业高质量可持续发展，因此应严格规范泥头车使用。政府部门应从推动部门联动、强化科技监管等方面入手，重点理顺整治管理框架、落实泥头车更新改造、加强“两点一线”全流程智能监管、增大科技监管力度，并进一步明晰整治工作统筹思路，持续规范行业经营秩序。此外，在大力推行科技管安全的同时，应做好全市全面启用新型泥头车准备，在企业管理上实施分类分级管理，通过开展示范企业、示范教育建设帮扶企业做大做强。同时，应加强车企资质应用，实施更加精细化的行业管理，加大纯电动泥头车推广力度。

（3）加强扬尘、噪音污染防治管理

应强化扬尘污染防治和严控施工噪声扰民。施工单位应强化落实现场扬尘污染防治措施，尤其是水泥、腻子粉、石膏粉等易起尘物料以及砂、石等散料，应使用合格防尘网100%覆盖。对于燥易起尘施工作业面，应洒水维持表面湿润，现场进行清理、剔凿、切割、铣刨、钻孔作业以及物料装卸等易产生扬尘作业时，应采用洒水喷淋等湿式作业法进行施工，防止碎屑、纤维飘散和扬尘，降低施工期间扬尘污染。此外，市政工程施工期间，施工单位应根据项目的规模、施工现场条件、施工所用机械、作业时间等情况，采取安装噪声监测设备、采用低噪音低震动机具、设置隔音屏障等有效的噪声污染防治措施。

六、安全生产与文明施工

（一）年度举措

2018年深圳市安全生产形势稳中向好。深圳市住建系统持续开展安全生产“亮剑行动”，全面落实“铁十条”，坚持“零容忍、三个一律”的严格执法标准，对每季度“红黑榜”工地进行公示，得到市领导批示表扬。房屋、市政工程领域安全事故数量和死亡人数分别下降22.7%和25.0%，未发生较大及以上安全事故。成功防御深圳市35年来最强台风“山竹”，及时转移安置15万余人，加固处置塔吊1353台，全市工地实现“零伤亡”。2018年度安全生产与文明施工的重要举措如下：

1. 提高安全整治力度

2018年1月4日，深圳市住建局组织召开了动员部署会，并印发了《2018年全市建设工程施工安全整治系列行动工作方案》（深建质安〔2018〕8号），指出要按季度性开展安全整治行动，并对全年整治行动进行了全面部署和动员。深圳市前三季度，市、区住建部门共出动检查人数63514人次，检查项目21293项次，排查整改隐患33667项，做出行政处罚352宗，罚款金额达2565.4万元，发出责令停工文书1283份，责令整改文书7418份，发出省动态扣分3985份，约谈企业322家，发出事故红色警示130份，且各季度整治力度不断加强，各季度安全整治情况如图2-1所示。第四季度严抓专项整治，共开展预防高坠、起重机械、深基坑等38项专项整治，实施“6个100%”地下管线保护，大力开展“7个100%”扬尘防治，定期组织建筑废弃物受纳场安全隐患排查治理工作。

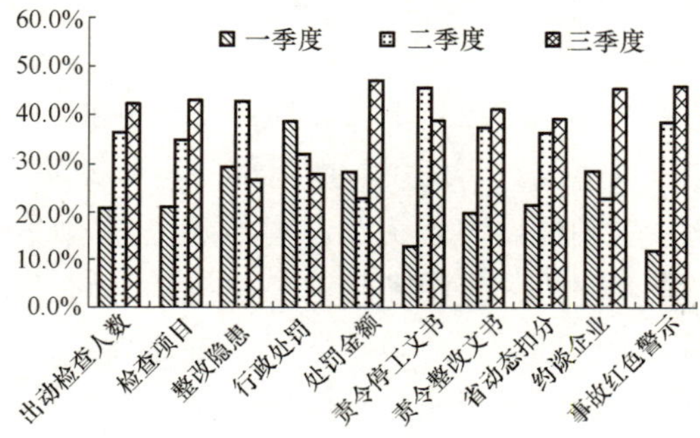

图2-1　前3季度安全整治情况

2. 完善政策法规体系

2018 年 5 月 3 日，为提升安全文明施工标准，深圳市住建局发布了《深圳市建设工程安全文明施工标准》(SJG-46-2018)。同年 5 月 17 日，印发了《关于加强建设工程安全文明施工标准化管理的若干规定》(深建规〔2018〕5 号)。该规定提高了安全文明施工费率标准，不仅得到了市领导高度肯定，广东省住建厅也专门发文表扬并向全省推广。

2018 年 7 月 18 日，深圳市住建局发布了《关于举办全市实名制安全教育培训启动仪式的通知》，并于次日发布《关于试行建筑从业人员安全教育数字化教材强化实名制安全教育培训的通知》(深建设〔2018〕34 号)，要求实施从业人员实名制安全教育培训，编制数字化教材，启动线上培训考核平台，实现全市建设领域实名制安全教育培训全覆盖。

此外，深圳市住建局还细化完善安全管理规范，出台建筑施工等领域技术规范和标准指引共 9 项；健全应急体系，规范各类突发事件、恶劣天气应急处置措施，组建 42 支应急抢险队伍，建立 18 处物资储备点，开展安全应急演练活动。

3. 强化企业主体责任

2018 年 6 月 14 日，深圳市建筑工程质量安全监督总站联合深圳市市政工程质量安全监督总站，印发了《强化企业安全生产责任落实十项规定》。该规定指出，要落实企业关键岗位人员履职和一把手带班检查值守制度，严格实行“三层三级”安全生产联检制度，督促企业将主体责任落到实处。此外，要夯实主管部门监管责任，将安全生产作为“一把手”工程来抓，在局党组会、局长办公会反复强调和重点部署，局班子成员以“分区包干”形式开展专项督查督办活动，并每月召开安全形势分析会，制定监管清单，签订工作责任书。

4. 推进智能化平台建设

积极推进智能监管平台建设，在 600 余个市管项目全面应用质量安全智能监管平台，实现人工智能应用、大数据管理、电子化执法。地铁沿线监测预警系统已汇集 59 万余项监测数据，实现对地铁工程沿线及周边建（构）筑物实时监控、即时预警。同时启用深基坑安全预警自动化检测系统，开展高支模自动化实时监测研究。

5. 健全小散工程管理体系

2018 年 9 月 28 日，为全面加强小散工程和零星作业安全生产管理，规范小散工程和零星作业安全生产，深圳市人民政府办公厅印发了《深圳市小散工程和零星作业安全生产纳管暂行办法》，建立小散工程安全纳管体制机制。深圳市人民政府办公厅出台了小散工程安全生产、巡查、核查、执法等四个指引，充分发挥各区和街道的作用，组织开展专项整治行动。全市累计受理小散工程备案 8 万余项，培训教育从业人员 2.6 万余人次，初步形成小散工程安全纳管新局面。

6. 推广劳务工人安全行为激励活动

2018 年 6 月 5 日，深圳市住建局发布了《深圳市住房和建设局关于大力推广开展劳务工人安全行为激励活动的通知》(深建质安〔2018〕142 号)，建立了生产单位要高度重视、行业协会须充分协调、监督机构督促指导的格局，指出要建立健全对坚持遵章守纪、保证安全行为并能够起到安全示范作用的一线作业人员的激励机制，鼓励作业人员主动接受安全教育，遵守安全操作制度，保障个人安全的同时指出、纠正、制止他人的违章行为，保障他人安全。在此基础上，消除作业场所安全隐患，保障作业环境安全，对能改善提升班组或生产单位安全管理水平、积极有效参与应急救援与处置、对安全管理有较大贡献等其他行为进行奖励。

7. 严查承发包违纪行为

2018 年 9 月 28 日，深圳市住建局印发了《2018 年深圳市建筑工程施工发包与承包违法违规行为专项治理行动工作方案》（深建设〔2018〕53 号），对市住建局监管的房屋、市政项目按不少于 5%的比例检查，对各区住建局监管的项目按每区 2 个项目的标准进行抽查。重点检查发生质量安全事故、违法发包转包、违法分包挂靠、拖欠农民工工资等项目，对检查过程中发现的涉嫌违法违规问题，严格按照住建部《建筑工程施工转包违法分包等违法行为认定查处管理办法（试行）》进行调查认定，并依法予以处罚。2018 年深圳市安全生产与文明施工举措详见表 2-7。

2018 年深圳市安全生产与文明施工举措一览表 **表 2-7**

时间	举措	文号	来源
2018.01.04	印发《2018 年全市建设工程施工安全整治系列行动工作方案》	深建质安〔2018〕8 号	深圳市住建局
2018.04.03	发布《关于 2018 年一季度全市建设工程施工安全整治行动有关情况的通报》	深建质安〔2018〕79 号	深圳市住建局
2018.05.03	发布《深圳市建设工程安全文明施工标准》	SJG-46-2018	深圳市住建局
2018.05.17	印发《关于加强建设工程安全文明施工标准化管理的若干规定》	深建规〔2018〕5 号	深圳市住建局
2018.06.05	发布《深圳市住房和建设局关于大力推广开展劳务工人安全行为激励活动的通知》	深建质安〔2018〕142 号	深圳市住建局
2018.06.14	印发《强化企业安全生产责任落实十项规定》	/	深圳市建筑工程质量安全监督总站、深圳市市政工程质量安全监督总站
2018.07.10	发布《关于 2018 年第二季度全市建设工程施工安全整治行动有关情况的通报》	深建质安〔2018〕182 号	深圳市住建局
2018.07.18	发布《关于举办全市实名制安全教育培训启动仪式的通知》	/	深圳市住建局
2018.07.19	发布《关于试行建筑从业人员安全教育数字化教材强化实名制安全教育培训的通知》	深建设〔2018〕34 号	深圳市住建局
2018.09.28	印发《深圳市小散工程和零星作业安全生产纳管暂行办法》	/	深圳市人民政府办公厅
2018.09.28	印发《2018 年深圳市建筑工程施工发包与承包违法违规行为专项治理行动工作方案》	深建设〔2018〕53 号	深圳市住建局
2018.10.08	发布《关于 2018 年第三季度施工安全整治行动有关情况的通报》	深建质安〔2018〕267 号	深圳市住建局
2018.10.11	发布《关于开展 2018 年四季度施工安全整治行动的通知》	深建质安〔2018〕271 号	深圳市住建局

（二）问题和挑战

1. 追求经济效益，忽视安全生产

作为市场经济的主体，企业优先考虑经济效益无可厚非，但部分企业为了追求经济效益最大化，不顾现有条件，一味加大生产强度、加快施工进度，导致劳务人员身心疲惫，操作失误增加；机械设备故障频发，安全隐患陡增。此外，为降低生产成本，部分企业有意减少安全生产投入，既不积极改善作业环境、配发劳保用品，也不及时开展职工安全培训教育。还有少数企业故意违法违规生产，并想尽办法逃避安全生产检查。如何在发展的同时确保安全、在考虑效益的同时优先保证安全文明施工，成为当下重点关注和亟需解决的问题。

2. 建筑规模增大，事故处理难度加大

由于深圳市建筑施工规模庞大、生产作业工种和参与人员众多，导致建筑业成为生产工人群死群伤的多发行业，且造成重大伤亡的安全事故往往事发突然，应急救援工作面临严峻考验。此外，现代化信息技术、互联网等新兴媒体迅猛发展，公众获取和传播信息的方式变得简单且快速，社会关注度不断提高，政府和企业的生产安全事故处理工作面临着新的难题。每一起安全事故不论大小，若不及时妥善处理，很容易被新闻媒体特别是网上舆论炒作利用，造成简单事件复杂化、负面影响扩大化、社会危害严重化。

3. 建筑企业增多，安全监管体制有待完善

深圳市建筑企业众多，且仍有大量企业计划入驻深圳，建筑生产经营实体的不断增多，对安全生产监管体制提出了新要求。随着市场化的推进，安全生产监管的环境和条件发生了巨大变化，需要在体制上做出调整和完善。目前，在安全生产领域，中央政府与地方政府之间、地方政府与监管部门之间以及综合监管部门与专门监管部门之间，都有不少关系有待理顺，分工不明、职能交叉、重复执法、相互干扰、错管漏管等问题尤为突出，亟须加以解决。同时，随着市场化所催生的各类生产经营实体急剧增多，安全生产监管对象数量也大幅增加，对政府职能部门的队伍建设也提出了更高的要求。

（三）探索和创新

1. 抓紧安全生命线，强化安全防控措施

（1）持续开展安全生产专项整治

结合安全生产客观规律和深圳市实际情况，因时制宜、因地制宜地开展季度性施工安全系列专项整治，重点针对深基坑、塔吊、施工电梯、高支模、附着式脚手架等重大风险源，做到控大风险、排大隐患和防大事故。同时实施第三方安全巡查和检测，对全市在建建筑工程高支模、深基坑（地下工程）等开展第三方安全巡查，并对起重机械全面实施第三方检测。

（2）完善安全管理体系

加强对重点环节、部位的监督管理力度，突出危大工程的分类分级管理。同时大力推广项目经理、项目总监亲自参加深基坑、起重机械、地下暗挖等危险性较大分部分项工程的方案评审、安全措施检查、关键工序验收工作，并对该类隐患实行包案处理。梳理研究各类脚手架，适时出台有关扣件式脚手架、承插式脚手架、爬架等的技术指引、标准或管理办法，试点推行高支模自动监测系统。

（3）加强安全监督管理

强化项目主要管理人员、特种作业人员等关键岗位人员的培训教育，落实工人实名制入场，组织开展工程质量安全监管人员业务培训，提高一线监督执法人员业务能力、统一监督执法标准及规范监督执法流程。对施工现场安全防护用品进行监督管理，重点突出对施工现场安全帽、安全网、安全带等的检测管理，委托具备相应资质的机构对安全防护用品进行检测检验，严防假冒伪劣安全防护用品在施工现场使用，提高安全防护用品质量。

2. 着力落实安全生产主体责任，强化安全监管责任

（1）严格落实建筑企业主体责任

深入贯彻落实《关于严厉惩处建设工程安全生产违法违规行为若干措施》及《关于进一步加强企业安全生产主体责任的通知》，保持安全生产高压态势，建立项目安全纠察队、企业巡查队制度，贯彻落实“三层三级”联检制度，强化企业主体的自查、自纠、自治能力。进一步完善建筑行业信用管理，将企业信用等级与招投标挂钩，加强建筑市场和施工现场联动管理。

（2）强化主管部门和监督机构监管责任

市、区建设主管部门和各级质量安全监督机构要按照“党政同责、一岗双责、失职追责”的原则，加强组织建设，建立层级监督和考核机制，有效履行监管执法责任，强化安全监管。建立安全管理指数评价体系，通过第三方监管机构的监督，对各区住建局、各工程监督机构以及企业的安全生产监管工作进行督查评估，并适时发布安全管理指数。

3. 健全安全生产体制，全面提升安全文明施工水平

（1）健全施工标准化体系

全面实施《关于加强建设工程安全文明施工标准化管理的若干规定》和《深圳市建设工程安全文明施工标准》，逐步将线性市政工程、小散工程等规模较小的工程安全文明施工标准纳入其中。选择部分项目多、实力强的企业，推动其在《深圳市建设工程安全文明施工标准》的基础上编制《深圳市企业安全文明施工标准》。在招标文件示范文本、建设施工合同示范文本中完善有关安全文明施工标准的要求和相应条款。

（2）健全应急管理机制

督促企业建立健全应急管理体系，完善应急预案，加强应急救援队伍建设，保障应急救援物资，认真开展应急救援演练，提高应急救援的实战能力。加强企业应急防范和安全预警的能力，及时发布安全生产预警信息，发布安全生产防范工作指引，督促企业做好在台风、暴雨、高温等特殊气候和重要节假日期间的安全生产工作。

4. 全面实施质量安全智能监管，推进智慧工地建设

（1）优化智能监管平台功能

进一步完善、优化工程质量安全智能监管平台的模块设计及功能应用，持续完善平台功能模块，加大人工智能、大数据分析等功能的研究和应用。制定出台智慧工地实施暂行办法以及相关工作指引，明确各方落实智慧工地相关要求的责任、义务以及实施标准和程序要求，完善项目上线纳管流程和机制，启动智慧工地地方标准建设。

（2）实现智能监管全覆盖

市质监站、市政站应规范工程质量安全智能监管平台日常使用及维护工作，全面应用

APP 开展日常监督执法工作，常态化开展远程电子执法，并督促工程责任主体完善硬件设备配置、加强日常维护和数据录入。各区建设主管部门和质量安全监督机构要加快推进质量安全智能监管平台的应用，加紧督促在建工地安装视频监控、智能监测等智能化、信息化的设备和系统，实现在建工地智能监管全覆盖。

(3) 加大智慧工地推广力度

工程建设各方主体，特别是施工总承包企业要主动适应并积极配合工程质量安全智能监管平台的实施，着力完善管理体系，落实智慧工地的建设。要在施工现场建设视频监控系统、现场门禁管理系统、安全监测预警系统，强化对深基坑、高支模、起重机械、地下暗挖等危险性较大分部分项工程及关键工序、工艺的过程控制，做到第一时间发现问题，第一时间处置险情。并通过与质量安全智能监管平台的联通，实现质量安全风险预测预警、排查整改、监督核查等工作体系的闭合式管理。

3

第三部分　特色专题

一、新技术应用

（一）建筑业 10 项新技术概述

《建筑业 10 项新技术》以国家发展战略为主导，紧扣建筑业创新管理，结合国内外新技术发展，引领行业技术进步，是面向行业、带动施工企业技术升级换代的第一个建筑行业纲领性技术政策文件，也是关于推广建筑业新技术应用的第一份正式文件，为建筑施工技术人员、建筑工程设计人员、科研人员及建筑工程管理人员提供了参考。我国《建筑业 10 项新技术》发展历程如图 3-1 所示。

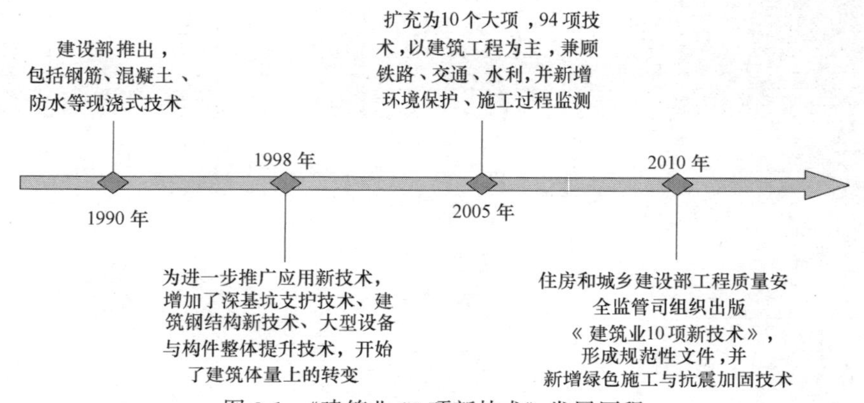

图 3-1 《建筑业 10 项新技术》发展历程

为适应快速发展的城市经济，加快建筑业技术的进步，促进建筑业转型升级，建筑业新技术在应用过程中不断改进创新，同时一大批新的技术创新成果涌入，建筑工业化、建筑节能、建筑信息化等成为建筑业新的发展方向。因此，住房和城乡建设部工程质量安全监管司组织国内建筑行业百余位专家，对 2010 版建筑业 10 项新技术进行修订，主要差别为新增装配式混凝土结构技术，同时着重突出 10 项新技术应用的通用性与行业覆盖面，总体以建筑工程应用为主，适当考虑交通、市政等其他领域需求。所推广的 10 项新技术将全面反映现阶段我国建筑业技术发展的最新成就，同时强调每项技术的先进性、适用性、成熟性与可推广性。2017 版建筑业 10 项新技术主要内容详见表 3-1。

建筑业 10 项新技术一览表（2017 版） **表 3-1**

建筑业 10 项新技术			
一、地基基础和地下空间工程技术			
1.1	灌注桩后注浆技术	1.2	长螺旋钻孔压灌桩技术
1.3	水泥土复合桩技术(新增)	1.4	混凝土桩复合地基技术
1.5	真空预压法组合加固软基技术	1.6	装配式支护结构施工技术
1.7	型钢水泥土复合搅拌桩支护结构技术	1.8	地下连续墙施工技术(新增)
1.9	逆作法施工技术	1.10	超浅埋暗挖施工技术(新增)
1.11	复杂盾构法施工技术	1.12	非开挖埋管施工技术
1.13	综合管廊施工技术(新增)		

续表

二、钢筋与混凝土技术			
2.1	高耐久性混凝土技术	2.2	高强高性能混凝土技术
2.3	自密实混凝土技术	2.4	自密实混凝土技术
2.5	混凝土裂缝控制技术	2.6	超高泵送混凝土技术
2.7	高强钢筋应用技术	2.8	高强钢筋直螺纹连接技术
2.9	钢筋焊接网应用技术	2.10	预应力技术(新增)
2.11	建筑用成型钢筋制品加工与配送技术	2.12	钢筋机械锚固技术
三、模板脚手架技术			
3.1	销键型脚手架及支撑架(合并新增)	3.2	集成附着式升降脚手架技术
3.3	电动桥式脚手架技术	3.4	智能液压爬升模板技术
3.5	智能整体顶升平台技术	3.6	组合铝合金模板施工技术(新增)
3.7	组合式带肋塑料模板技术	3.8	清水混凝土模板技术
3.9	预制节段箱梁模板技术(新增)	3.10	管廊模板技术(新增)
3.11	3D 打印装饰造型模板技术(新增)		
四、装配式混凝土结构技术			
4.1	装配式混凝土剪力墙结构技术(新增)	4.2	装配式混凝土框架结构技术(新增)
4.3	混凝土叠合楼板技术(新增)	4.4	预制混凝土外墙挂板技术(新增)
4.5	夹心保温墙板技术(新增)	4.6	叠合剪力墙结构技术(新增)
4.7	预制预应力混凝土构件技术(新增)	4.8	钢筋套筒灌浆连接技术(新增)
4.9	装配式混凝土结构建筑信息模型应用技术(新增)	4.10	预制构件工厂化生产加工技术(新增)
五、钢结构技术			
5.1	高性能钢材应用技术	5.2	钢结构深化设计与物联网应用技术(新增)
5.3	钢结构智能测量技术(新增)	5.4	钢结构虚拟预拼装技术(新增)
5.5	钢结构高效焊接技术	5.6	钢结构滑移、顶(提)升施工技术
5.7	钢结构防腐防火技术(新增)	5.8	钢与混凝土组合结构应用技术
5.9	索结构应用技术(新增)	5.10	钢结构住宅应用技术
六、机电安装工程技术			
6.1	基于 BIM 的管线综合技术	6.2	导线连接器应用技术(新增)
6.3	可弯曲金属导管安装技术(新增)	6.4	工业化成品支吊架技术(新增)
6.5	机电管线及设备工厂化预制技术	6.6	薄壁金属管道新型连接安装施工技术
6.7	内保温金属风管施工技术(新增)	6.8	金属风管预制安装施工技术
6.9	超高层垂直高压电缆敷设技术	6.10	机电消声减振综合施工技术(新增)
6.11	建筑机电系统全过程调试技术(新增)		
七、绿色施工技术			
7.1	封闭降水及水收集综合利用技术(新增)	7.2	建筑垃圾减量化与资源化利用技术
7.3	施工现场太阳能、空气能利用技术(新增)	7.4	施工扬尘控制技术(新增)
7.5	施工噪声控制技术(新增)	7.6	绿色施工在线监测评价技术(新增)
7.7	工具式定型化临时设施技术(新增)	7.8	垃圾管道垂直运输技术(新增)
7.9	透水混凝土与植生混凝土应用技术(新增)	7.10	混凝土楼地面一次成型技术(新增)
7.11	建筑物墙体免抹灰技术(新增)		

续表

八、防水技术与围护结构节能			
8.1	防水卷材机械固定施工技术	8.2	地下工程预铺反粘防水技术
8.3	预备注浆系统施工技术	8.4	丙烯酸盐灌浆液防渗施工技术
8.5	种植屋面防水施工技术(新增)	8.6	装配式建筑密封防水应用技术(新增)
8.7	高性能外墙保温技术(新增)	8.8	高效外墙自保温技术
8.9	高性能门窗技术	8.10	一体化遮阳窗
九、抗震、加固与监测技术			
9.1	消能减震技术	9.2	建筑隔震技术
9.3	结构构件加固技术(新增)	9.4	建筑移位技术(新增)
9.5	结构无损性拆除技术	9.6	深基坑施工监测技术
9.7	大型复杂结构施工安全性监测技术	9.8	爆破工程监测技术
9.9	受周边施工影响的建(构)筑物检测、监测技术(新增)	9.10	隧道安全监测技术
十、信息化技术			
10.1	基于BIM的现场施工管理信息技术	10.2	基于大数据的项目成本分析与控制信息技术(新增)
10.3	基于云计算的电子商务采购技术(新增)	10.4	基于互联网的项目多方协同管理技术
10.5	基于移动互联网的项目动态管理信息技术	10.6	基于物联网的工程总承包项目物资全过程监管技术(新增)
10.7	基于物联网的劳务管理信息技术(新增)	10.8	基于GIS和物联网的建筑垃圾监管技术(新增)
10.9	基于智能化的装配式建筑产品生产与施工管理信息技术		

建筑业10项新技术的修订除对传统建筑业技术进行更新外，还对绿色建筑、产业化、信息化、防灾等“十三五”重点领域技术进行了升级更新。在编制过程中着力突出了“新、推、用”的特点，将为“十三五”甚至是未来一段时间建筑业的发展提供指引。

深圳市建筑业新技术应用计划除上述10项新技术外，还包括深圳市住建局发布其他应用计划技术，主要有建筑节能与新能源开发利用技术、节地与地下空间开发利用技术、节水与水资源开发利用技术、节材与材料资源合理利用技术、城镇环境保持技术、新型建筑结构、施工技术与施工、质量安全技术、信息化应用技术、其他与建设行业相关的技术。2018年深圳市建筑业建筑工程新技术认证目录如表3-2所示。

2018年深圳市建筑工程新技术认证目录 **表3-2**

序号	新技术名称	申报单位	新技术认证有效期
1	涂灵-喷涂速凝橡胶沥青防水涂料	大禹伟业(北京)国际科技有限公司	2017年3月29日-2019年3月29日
2	纳米硅橡胶密封防水剂(涂料)	深圳市中美高格环保科技有限公司	2017年4月25日-2019年4月25日
3	纤维增强塑料混凝土复合管	深圳市吉凌复合材料科技股份有限公司	2017年5月22日-2019年5月22日
4	摩盾牌环保节能机喷石膏砂浆	深圳摩盾环保新材料有限公司	2017年7月24日-2019年7月24日

续表

序号	新技术名称	申报单位	新技术认证有效期
5	高效净化型吸油烟机	深圳厨之道环保高科有限公司	2017 年 7 月 24 日-2019 年 7 月 24 日
6	立体绿化新技术研发与产业化应用	深圳市铁汉一方环境科技有限公司	2017 年 7 月 24 日-2019 年 7 月 24 日
7	建筑隔墙用轻质墙板	深圳市胜盈新型建材有限公司	2017 年 12 月 29 日-2019 年 12 月 29 日

（二）发展动态

创新是民族进步之魂，是引领发展的第一动力。当前，深圳市建筑业科技创新正从“跟跑”向“领跑”转变。2018 年，深圳市新技术成果丰硕，关于新技术的推广政策主要分为三大部分：一是加强新技术推广力度；二是表彰新技术示范工程；三是组织新技术观摩培训。

1. 加强新技术推广力度

2016 年 10 月 31 日，深圳市住建局联同深圳市发改委印发了《深圳市建设事业发展“十三五”规划》，该规划明确指出，要进一步健全新技术产品推广应用机制，加强和支持企业创新能力建设，在“十三五”期间，完成国家、省或市建筑业新技术示范工程 50 个。此外，实行政府工程与社会工程分类管理，推动建立专业化、规模化的政府工程管理机构，并将其作为新技术推广的重要平台。

2018 年 4 月 17 日，深圳市住建局、深圳市规划和国土资源委员会、深圳市发改委联合印发《关于提升建设工程质量水平打造城市建设精品的若干措施》（深建规〔2017〕14 号）的通知，该措施指出要定期发布重点专项领域新技术目录，加大建筑业 10 项新技术推广力度，鼓励应用先进、成熟、适用的新技术、新材料、新工艺和新设备。

2. 表彰新技术示范工程

为规范新技术在建设工程的推广应用，推动建设科技进步，保证建设工程质量，根据国家建设部《建设部建筑业新技术应用示范工程管理办法》（建质〔2002〕173 号），结合深圳市实际情况，深圳建筑业协会于 2017 年 7 月 10 日制定了《深圳市建筑业新技术应用示范工程管理办法》（深建协〔2017〕54 号）。该办法指出新技术示范项目评选时间为每年 8～9 月，并对立项条件、评审程序等进行详细说明，对通过评审验收的示范工程，将授予“深圳市建筑业新技术应用示范工程”称号，对获奖的企业，深圳建筑业协会将发文表彰，同时授予奖牌、证书。

2018 年 8 月 6 日，为促进建筑领域节能减排和绿色创新发展，深圳市住建局和深圳市财政委联合印发了《深圳市建筑节能发展专项资金管理办法》，该办法对新技术应用示范项目进行奖励，奖励标准为获得国际重要奖项的奖励上限为 40 万元，获得国家重要奖项的奖励上限为 30 万元，获得省级重要奖项的奖励上限为 20 万元。

3. 组织新技术观摩培训

2017 年 12 月 12 日，深圳市住建局转发广东省住建厅关于做好《建筑业 10 项新技术（2017 版）》推广应用的通知，要求深圳市的新技术应用示范工程必须按 2017 版进行申报，同时要求各部门认真做好《建筑业 10 项新技术（2017 版）》宣贯培训工作。为响应该通知，同时积极响应十九大报告提出加快建设创新型国家的战略，深圳市于 2018 年 8 月 29 日举办了首次建筑业 10 项新技术（2017 版）宣贯培训暨现场观摩交流活动，旨在加快促进深圳建筑业产业升级、增强企业建造创新能力、推广和应用新技术、提高深圳建筑从业人员的新技术应用能力。2018 年深圳市关于新技术推广举措详见表 3-3。

2018 年深圳市新技术推广举措一览表 **表 3-3**

时间	举措	文号	来源
2018.04.17	印发《关于提升建设工程质量水平打造城市建设精品的若干措施》	深建规〔2017〕14 号	深圳市住建局、深圳市规划和国土资源委员会、深圳市发改委
2017.07.10	制定《深圳市建筑业新技术应用示范工程管理办法》	深建协〔2017〕54 号	深圳市建筑业协会
2018.08.06	印发《深圳市建筑节能发展专项资金管理办法》	/	深圳市住建局、深圳市财政委
2018.08.29	举办建筑业新技术培训暨观摩活动	/	南方都市报
2016.10.31	印发《深圳市建设事业发展"十三五"规划》	/	深圳市住建局、深圳市发改委
2017.12.12	转发广东省住建厅关于做好《建筑业 10 项新技术(2017 版)》推广应用的通知	/	深圳市住建局

（三）应用成果

深圳市自推广新技术应用以来，取得了较为丰硕的成果。深圳市住建局共发布新技术应用示范工程新技术应用计划 9 大项，总计 168 小项。2018 年通过新技术认证的共有 7 项，新技术示范项目立项审核通过的多达 59 项，验收通过的多达 216 项，获得 2018 年度深圳市建筑业新技术示范工程认证的共有 20 项，且 75%的项目已达到深圳地区先进水平，如表 3-4 所示。其中，领航城领誉华府、深圳市第十一高级中学、能源大厦、宝利来花园酒店、星河雅宝高科创新园、宝能中心、中国资本市场学院建设工程新技术应用水平已达到深圳地区领先水平。

新技术示范工程认证项目 **表 3-4**

序号	工程名称	执行单位	建筑面积（万 m^2）	新技术应用情况
1	领航城领誉华府（A116-0370 宗地）施工总承包工程	中建二局第一建筑工程有限公司	9.31	该工程推广应用了"深圳市建筑业新技术应用示范工程新技术应用计划(2014 版)"中的 9 大项、20 小项，以及其他新技术 16 项，其中"施工过程水回收利用施工技术"、"建筑用成型钢筋制品加工与配送施工技术"应用效果较好，新技术的应用整体水平达到深圳地区领先水平
2	沙浦工业区片区更新单元（一期）A408-1100 号宗地项目总承包工程	中国建筑第二工程局有限公司	21.02	该工程推广应用了"深圳市建筑业新技术应用示范工程新技术应用计划(2014 版)"中的 9 大项、27 小项，以及其他新技术 3 项，其中"太阳能-空气能热泵供热水系统"、"高强钢筋应用施工技术"应用效果较好，新技术的应用整体水平达到深圳地区先进水平

续表

序号	工程名称	执行单位	建筑面积（万 m^2）	新技术应用情况
3	深圳书城宝安城工程	深圳市越众（集团）股份有限公司	3.80	该工程推广应用了“深圳市建筑业新技术应用示范工程新技术应用计划（2014 版）”中的 7 大项、9 小项，以及其他新技术 1 项，其中“绿色施工智能化监测监控管理系统施工技术”应用效果较好，新技术的应用整体水平达到深圳地区先进水平
4	艺展天地展示中心	江苏省华建建设股份有限公司	21.41	该工程推广应用了“深圳市建筑业新技术应用示范工程新技术应用计划（2014 版）”中的 10 大项、25 小项，新技术的应用整体水平达到深圳地区先进水平
5	中粮紫云项目施工总承包工程	中国建筑第二工程局有限公司	22	该工程推广应用了“深圳市建筑业新技术应用示范工程新技术应用计划（2014 版）”中的 8 大项、19 小项，以及其他新技术 5 项，其中“施工过程水回收利用技术”、“卫生间定型钢模施工技术”应用效果较好，新技术的应用整体水平达到深圳地区先进水平
6	家天下花园（一期）主体工程	江苏省华建建设股份有限公司	6.4	该工程推广应用了“深圳市建筑业新技术应用示范工程新技术应用计划（2014 版）”中的 9 大项、17 小项，新技术的应用整体水平达到深圳地区先进水平
7	深圳市第十一高级中学	中国建筑第二工程局有限公司	6.75	该工程推广应用了“深圳市建筑业新技术应用示范工程新技术应用计划（2014 版）”中的 8 大项、18 小项，其中“管线综合布置技术”和“金属矩形风管薄钢板法兰连接技术”应用效果较好，新技术的应用整体水平达到深圳地区领先水平
8	能源大厦施工总承包工程	中国建筑第二工程局有限公司	14.3	该工程推广应用了“深圳市建筑业新技术应用示范工程新技术应用计划（2014 版）”中的 9 大项、30 小项，以及其他新技术 9 项，其中“破碎带地质条件下人孔桩施工技术”、“特殊建筑外形及架空层部位爬架施工技术”应用效果较好，新技术的应用整体水平达到深圳地区领先水平
9	兰江山第花园二期	江苏省华建建设股份有限公司	12.35	该工程推广应用了“深圳市建筑业新技术应用示范工程新技术应用计划（2014 版）”中的 8 大项、14 小项，新技术的应用整体水平达到深圳地区先进水平
10	基金大厦	中国华西企业有限公司	10.97	该工程推广应用了“深圳市建筑业新技术应用示范工程新技术应用计划（2014 版）”中的 9 大项、31 小项，新技术的应用整体水平达到深圳地区先进水平
11	宝利来花园酒店	中国建筑第二工程局深圳分公司	18.67	该工程推广应用了“深圳市建筑业新技术应用示范工程新技术应用计划（2014 版）”中的 8 大项、19 小项，其中“钢与混凝土组合结构技术”和“变风量空调技术”应用效果较好，新技术的应用整体水平达到深圳地区领先水平
12	光明中学高中部扩建工程	深圳市越众（集团）股份有限公司	2.43	该工程推广应用了“深圳市建筑业新技术应用示范工程新技术应用计划（2014 版）”中的 7 大项、10 小项，其中“混凝土裂缝控制施工技术”应用效果较好，新技术的应用整体水平达到深圳地区先进水平

续表

序号	工程名称	执行单位	建筑面积（万 m^2）	新技术应用情况
13	证通电子产业园（二期）工程	深圳市旭生骏鹏建筑工程有限公司	5.3	该工程推广应用了“深圳市建筑业新技术应用示范工程新技术应用计划（2014 版）”中的 8 大项、10 小项，其中“混凝土裂缝控制技术”应用效果较好，新技术的应用整体水平达到深圳地区先进水平
14	尚峰花园	中建二局第三建筑工程有限公司	27.37	该工程推广应用了“深圳市建筑业新技术应用示范工程新技术应用计划（2014 版）”中的 8 大项、10 小项，其中“高强钢筋应用技术”应用效果较好，新技术的应用整体水平达到深圳地区先进水平
15	星河雅宝高科创新园五号地块（G03609-0388）施工总承包工程	深圳市建工集团股份有限公司	15.45	该工程推广应用了“深圳市建筑业新技术应用示范工程新技术应用计划（2014 版）”中的 9 大项、21 小项，以及其他新技术 5 项，其中“屋面钢梁高空安装玻璃幕墙施工技术”应用效果较好，新技术的应用整体水平达到深圳地区领先水平
16	呈祥花园二期 1 栋、2 栋、3 栋	中国建筑一局（集团）有限公司	20.6	该工程推广应用了“深圳市建筑业新技术应用示范工程新技术应用计划（2014 版）”中的 7 大项、14 小项，新技术的应用整体水平达到深圳地区先进水平
17	宝能中心（12-04）施工总承包工程	中建二局第三建筑工程有限公司	22.67	该工程推广应用了“深圳市建筑业新技术应用示范工程新技术应用计划（2014 版）”中的 10 大项、22 小项，其中“钢与混凝土组合结构技术”和“液压爬升模板技术”应用效果较好，新技术的应用整体水平达到深圳地区领先水平
18	哈尔滨工业大学深圳校区扩建工程Ⅲ标段	中国华西企业有限公司	5.28	该工程推广应用了“深圳市建筑业新技术应用示范工程新技术应用计划（2014 版）”中的 10 大项、25 小项，新技术的应用整体水平达到深圳地区先进水平
19	南山区外国语学校高中部	中国建筑第二工程局有限公司	5.37	该工程推广应用了“深圳市建筑业新技术应用示范工程新技术应用计划（2014 版）”中的 9 大项、22 小项，其中“工程量自动计算技术”和“建设工程资源计划管理技术”应用效果较好，新技术的应用整体水平达到深圳地区先进水平
20	塘朗城广场（西区）	中国建筑第二工程局有限公司	27.64	该工程推广应用了“深圳市建筑业新技术应用示范工程新技术应用计划（2014 版）”中的 7 大项、18 小项，其中“钢与混凝土组合结构技术”和“工程量自动计算技术”应用效果较好，新技术的应用整体水平达到深圳地区先进水平
21	香山里花园五期（二标段）	江苏省江建集团有限公司	6.8	该工程推广应用了“深圳市建筑业新技术应用示范工程新技术应用计划（2014 版）”中的 9 大项、26 小项，新技术的应用整体水平达到深圳地区先进水平
22	中国资本市场学院建设工程	中国建筑第八工程局有限公司	11	该工程推广应用了“深圳市建筑业新技术应用示范工程新技术应用计划（2014 版）”中的 8 大项、25 小项，新技术的应用整体水平达到深圳地区领先水平
23	前海诚进大厦	深圳市建工集团股份有限公司	3.8	该工程推广应用了“深圳市建筑业新技术应用示范工程新技术应用计划（2014 版）”中的 6 大项、11 小项，其中“高强钢筋应用技术”和“工程量自动计算技术”应用效果较好，新技术的应用整体水平达到深圳地区先进水平

（四）典型项目

1. 平安金融中心新技术应用实例

（1）工程概况

深圳平安金融中心是以甲级写字楼为主的综合性大型超高层建筑，占地面积 1.89 万 m^2，总建筑面积 45.92 万 m^2，设计高度 600m。超高层办公塔楼 118 层，地下 5 层，裙房 11 层，采用“巨型框架-核心筒-外伸臂”的抗侧力体系，外框由 8 根巨型钢骨混凝土柱和巨型斜撑、桁架构成，核心筒为九宫格布局的内置钢骨劲性混凝土筒，内外筒之间通过伸臂桁架相连。

（2）项目特点与重难点

第一，项目周边高楼林立，市政道路下管线密集，主塔楼最深开挖深度达 33.4m，保障地铁及周边建筑稳定是基坑开挖工程的重难点。第二，人工挖孔桩桩径达 8.0m，巨型桩开挖成孔难度大，且存在裙桩开挖的相互影响。第三，该工程底板东西向长度为 119.2m，南北向长度为 170.7m，厚度为 4.5m，温升控制及防止裂缝难度较大。第四，钢结构设计复杂，如何控制安装精度与焊接质量是该工程的重点。第五，由于高度原因，塔楼混凝土泵送、起重机械使用、垂直运输工程、安全防护工程都成为该项目的重难点。

（3）新技术应用与技术创新

该工程共推广应用 2010 版建筑业 10 项新技术中的 10 大项、49 小项，以及 8 项创新技术，详见表 3-5。

平安金融中心新技术应用情况　　表 3-5

一、10 项新技术	
1. 地基基础与地下空间工程技术	1.8 工具式组合内支撑技术；1.11 高边坡防护技术
2. 混凝土技术	2.1 高耐久性混凝土；2.2 高强高性能混凝土；2.3 自密实混凝土技术；2.4 轻骨料混凝土；2.6 混凝土裂缝控制技术；2.7 超高泵送混凝土技术
3. 钢筋及预应力技术	3.1 高强钢筋应用技术；3.2 钢筋焊接网应用技术；3.3 大直径钢筋直螺纹连接技术
4. 模板及脚手架技术	4.4 组拼式大模板技术；4.5 早拆模板施工技术；4.6 液压爬升模板技术；4.9 插接式钢管脚手架及支撑架技术
5. 钢结构技术	5.1 深化设计技术；5.2 厚钢板焊接技术；5.5 钢与混凝土组合结构技术；5.7 高强度钢材应用技术
6. 机电安装工程技术	6.1 管线综合布置技术；6.2 金属矩形风管薄钢板法兰连接技术；6.3 变风量空调系统技术；6.5 大管道闭式循环冲洗技术；6.6 薄壁不锈钢管道新型连接技术；6.7 管道工厂化预制技术；6.8 超高层高压垂吊式电缆敷设技术
7. 绿色施工技术	7.1 基坑施工封闭降水技术；7.2 基坑施工降水回收利用技术；7.3 预拌砂浆技术；7.4 外墙自保温体系施工技术；7.8 工业废渣及（空心）砌块应用技术；7.9 铝合金窗断桥技术
8. 防水技术	8.4 遇水膨胀止水胶施工技术；8.7 聚氨酯防水涂料施工技术
9. 抗震、加固与改造技术	9.1 消能减震技术；9.2 建筑隔震技术；9.3 混凝土构件粘贴碳纤维、粘钢和外包钢加固技术；9.5 结构无损拆除技术；9.8 结构安全性监测（控）技术；9.9 开挖爆破监测技术；9.11 一机多天线 GPS 变形监测技术

续表

一、10项新技术	
10.信息化应用技术	10.1虚拟仿真施工技术；10.2高精度自动测量控制技术；10.3施工现场远程监控管理及工程远程验收技术；10.4工程量自动计算技术；10.5工程项目管理信息化实施集成应用及基础信息规范分类编码技术；10.6建设项目资源计划管理技术；10.7项目多方协同管理信息化技术；10.8塔式起重机安全监控管理系统应用技术
二、创新技术	
1.超深基坑设计与施工技术	基坑支护采用护坡桩＋四道钢筋混凝土内支撑＋两道锚索，结合高压摆喷墙/旋喷桩及袖阀管注浆组合式止水帷幕并形成专利，鉴定为整体国际先进水平
2.超大直径人工挖孔嵌岩桩施工技术	采用超大直径嵌岩端承桩，人工挖孔结合爆破工艺，鉴定为整体国际先进水平
3.大体积混凝土底板施工技术	采用连续无缝浇筑施工工法，鉴定为国际领先水平，该工法获得2014年国家级工法
4.多点小吨位液压爬升模架体系	鉴定为整体国际先进水平
5.大型动臂塔吊安装及爬升技术	采用超高层结构动臂塔吊外挂施工工法，并获得2014年北京市市级工法
6.超高层大型钢结构安装技术	鉴定为整体国际先进水平，局部国际领先水平
7.轨道附着式超高架体钢骨混凝土巨柱爬模施工技术	获得发明专利，超高层倾斜变截面钢骨混凝土巨柱爬模施工工法获得2015年国家级工法
8. C70自密实混凝土超高泵送施工技术	鉴定为整体国际领先水平

此外，该项目还应用了计算机辅助模拟预拼装技术，由于该工程架构件的结构形式较为复杂，存在较多的对接口且精度要求较高，在预拼装工作中采用以计算机辅助模拟预拼装为主，结合实体预拼装作为检验手段，进行优势互补，在保障质量的前提下，缩短了工期并节约了费用。同时，BIM技术得以全生命周期综合应用，在管理协同方面，主要有BIM运行架构、BIM模型标准、数据流向等BIM管理模式；在BIM创新应用方面，主要有基于BIM的全专业深化设计、碰撞检查、虚拟仿真技术等典型创新应用。

（4）工程技术成果

该项目通过应用创新技术，取得的经济效益约占合同额的2.74%。良好的项目形象及工程质量得到了行业和社会的高度认可，也获得了广东省建设工程优质结构奖、广东省建设工程金匠奖、深圳市优质结构工程奖、中建总公司科学技术一等奖等荣誉。此外，该项目还取得了较为丰硕的学术成果，截至目前，共发表论文24篇、获批工法23项以及申请专利26项。

2. 领航城领誉华府

领航城领誉华府施工总承包工程位于深圳市宝安区，工程包括5栋住宅，地下室一层，局部两层，建筑高度56.4～95.4m，建设用地2.17万m^2，建筑面积9.31万m^2。该工程推广应用了“深圳市建筑业新技术应用示范工程新技术应用计划（2014版）”中的9大项、20小项，以及其他新技术16项。其中“施工过程水回收利用施工技术”、“建筑用成型钢筋制品加工与配送施工技术”应用效果较好。

施工过程水回收利用施工技术：该工程根据地处环境情况，收集地下水、雨水等，通过处理后将其利用，以满足生产、消防、降尘等工程及生活所需，有效实现了节水。同时，水资源的回收再利用，不仅对水资源的节约具有重要意义，还降低了工程管理费用，达到了绿色施工的目的，为绿色施工的节水措施提供了技术支持和参考。

建筑用成型钢筋制品加工与配送施工技术：该项技术通过对信息化生产管理技术、钢筋专业化加工技术、成型钢筋制品自动化加工技术以及商品化配送技术的研究，解决了当前钢筋制品加工效率低、质量差、管理难及污染重等问题，还具有加工效率高、信息化程度高、钢筋制品加工自动化、智能化、绿色环保、生产安全性高等优点。

3. 宝利来花园酒店

该工程位于广东省深圳市光明高新区，按照国家绿色建筑二星级标准设计，由于深圳地区年降雨量接近 2000mm，降水资源丰富，因此项目在设计初期就确立了将其打造为符合海绵城市建设标准的目标。该工程由 1 栋酒店和 12 栋商务办公楼组成，占地面积 5 万 m^2，总建筑面积 18.6 万 m^2，地下 4 层，地上 20 层，建筑高度为 85.7m。

该工程推广应用了“深圳市建筑业新技术应用示范工程新技术应用计划（2014 版）”中的 8 大项、19 小项，并总结多项工法与实用型专利，其中“钢与混凝土组合结构技术”和“变风量空调技术”应用效果较好。钢与混凝土组合结构是在混凝土内配置型钢和钢筋，这种结构能将型钢和混凝土的优点在工程建筑上充分发挥出来，具有结构承载力大、抗震性能好等特点。变风量空调技术根据室内负荷变化，采用改变送风量的方式来维持室内温度平衡，具有节能、灵活性好、噪声低等优点。

（五）机遇和挑战

1. 机遇

（1）贯彻落实新发展理念，优化升级建筑业发展需要

增强科技创新能力，既是建筑业转变发展方式，推进工程技术领域进入并跑、领跑阶段的关键核心，也是推动工程建设领域向高质量发展的重要支撑。20 多年来，《建筑业 10 项新技术》在业内已形成品牌效应，覆盖面不断扩大，在提高工程质量、降低能耗、加快新技术普及应用等方面发挥了显著作用，已成为建筑业技术进步的重要标志。同时，《建筑业 10 项新技术》的不断完善既是贯彻实施《国务院办公厅关于促进建筑业持续健康发展的意见》的具体举措，也是增强建筑业科技创新力、加快产业技术进步的重要抓手。

（2）顺应工程技术发展趋势，破解区域不平衡发展需要

加快促进建筑业结构升级和可持续发展的关键技术推广应用，引导建筑企业采用先进适用、成熟可靠的新技术，提高工程科技含量，保证工程质量和安全生产。我国工程技术领域取得突破性发展的同时，存在各地区技术发展水平不均衡、中小建筑企业技术能力差距明显、工程整体技术含量偏低等诸多发展不平衡状况，在一定程度上制约了建筑产业整体竞争力。《建筑业 10 项新技术》经过应用实践的积累，亟须改进升级，吸纳最新技术创新成果，以保持其先进性、权威性和前瞻性。

2. 挑战

（1）缺乏新技术推广体系

改革开放以来，在建立市场经济体制和政府转变职能的过程中，建筑业原有研发机构实行企业化经营，逐步丧失了为建筑业提供关键性技术和基础技术的功能，从而造成政府职能的弱化和对创新链结构的不利影响。此外，科研机构的选题与生产实际、市场需求普遍脱节，导致建筑业生产中迫切需要的成果供给短缺，且建筑业科技链与产业链脱节，造

成科技成果难以推广。

（2）不平衡的市场竞争

由于建筑业供给总量严重过剩，企业往往陷入价格战的恶性循环，行业生产能力过剩、市场竞争加剧，使得行业的平均利润率长期维持在较低水平，大量长期亏损和难以生存的企业因不能顺利退出而滞留在行业内，由此引发企业间的非理性化竞争行为，从而破坏了有效竞争的市场结构和行为规则，导致市场失灵。在利益的驱动下，不按基本建设程序办事制约了建筑业科技成果的推广工作。

（3）建筑特性限制新技术的通用性

从产业角度分析建筑业新技术推广应用的障碍因素发现，建设项目具有单件性，即每个建筑都是由多技术系统集成，而建筑企业在空间上处于离散的状态，因此建筑业不像一般的制造业那样享有区域范围经济和规模经济的优势。建筑业设施和材料的复杂性及耐久性也极大地影响了建筑业科技成果的创新推广。此外，每个建设项目都具有自身的独特性，在很大程度上限制了建筑业创新和科技成果的应用推广。

（4）人才队伍缺乏

在研发和推广科技成果的过程中，科技人员至关重要。目前，还没有建立完整科学的考评制度，从事建筑业科技成果研究以及推广的科技人员数量不足，无法为建筑业科技成果推广提供优质、高效的全程化服务。此外，现有建筑业科技成果研发和推广人才队伍结构不合理、知识老化、缺乏创新精神和创新能力，使建筑业科技成果推广失去了应有的智力支撑。

（5）缺乏信息传递机制

建筑业科研、推广机构与企业之间的沟通渠道仍未建立，推广机构和科技信息持有者之间、科技成果创造者和传递者之间，也未根据市场经济条件，建立有效的沟通和传递机制，从而造成大多数建筑业科技成果始终没有以适合建筑业生产需求的形式产生，致使建筑业科技成果无法与生产实际相衔接，无法运用于生产实际。

二、BIM 技术应用

（一）发展动态

BIM 作为服务于建筑全生命周期建设和管理的信息化技术，正在给建筑行业带来重大变革。一系列政策的出台旨在加快 BIM 应用的普及和推广，规范 BIM 应用行为和方向，推动建筑业转型升级，实现深圳市新型智慧城市建设目标。《深圳市建设事业发展“十三五”规划》中也指出，要加强 BIM 的行业应用与推广。

1. 健全 BIM 应用标准体系

为加快推进深圳市 BIM 应用工作，提高建设工程领域信息化水平，2018 年 11 月 26 日，深圳市住建局公开征求《关于加快推进建筑信息模型技术（BIM）应用的实施意见（征求意见稿）》，该稿中指出要用 3～5 年时间建立起较为完善的 BIM 应用政策和技术标准体系，形成较为成熟的 BIM 应用市场环境。同时提出对具有我国自主知识产权的 BIM 技术应用软件、经认定符合条件的 BIM 研发中心、重点实验室和公共技术平台，都将给予资金支持。

2018年4月17日，深圳市住建局、深圳市规划和国土资源委员会、深圳市发改委联合印发的《关于提升建设工程质量水平打造城市建设精品的若干措施》（深建规〔2017〕14号）中指出将重点完善BIM应用领域的工程建设技术标准。健全BIM应用标准体系，以此强化BIM的示范引领作用，促进BIM在建设项目全过程中的应用，为智慧城市化建设提供强有力的基础。

2. 加大BIM创新扶持力度

2018年6月1日，深圳市住建局发布《深圳市人民政府关于加强棚户区改造工作的实施意见》（深府规〔2018〕8号）中指出棚户区改造项目应通过推进建筑工业化和BIM应用，以此提升项目工程质量。2018年8月6日，深圳市住建局发布的2018年度《深圳市建筑节能发展专项资金实施细则》中指出BIM技术可作为申报绿色建筑、装配式建筑、新技术等示范项目的重要加分项。深圳市住建局于2018年11月5日发布的《关于做好装配式建筑项目实施有关工作的通知》（深建规〔2018〕13号）中明确规定对于政府投资的装配式建筑项目，建设单位应全过程应用BIM技术。

3. 开展BIM应用创新互动

为加快推进BIM应用，鼓励行业协会整合建筑业资源，开展BIM应用课题研究、学术交流、培训宣传等工作，支持组织BIM设计、建模、应用竞赛等，建立健全市级BIM应用专家库以及满足深圳市BIM应用的学历教育、职业培训等多层次教育培训体系。

2018年5月17日，深圳市建筑工务署在深圳北理莫斯科大学项目现场，举办政府工程智慧建造公众开放日活动，向公众展示了政府工程BIM＋智慧建造体系的建设成果。2018年5月21日，第二届中国BIM经理高峰论坛在深圳会展中心举行，共探BIM在智慧建造、智慧城市、建筑互联网等领域的应用与实践。此外，为提高深圳市建筑业从业人员BIM技术相关技能，深圳建筑业协会于2018年8月16日发布《关于举办2018年深圳市建设工程建筑信息模型（BIM）技能应用大赛》（深建协〔2018〕49号）的通知，该大赛于2018年12月取得圆满成功并最终评选出41个获奖项目。2018年深圳市BIM技术推广举措详见表3-6。

2018年深圳市BIM技术应用推广举措一览表　　表3-6

时间	举措	文号	来源
2018.04.17	印发《关于提升建设工程质量水平打造城市建设精品的若干措施》	深建规〔2017〕14号	深圳市住建局、深圳市规划和国土资源委员会、深圳市发改委
2018.05.17	政府工程智慧建造公众开放日活动	/	深圳市建筑工务署
2018.05.21	第二届中国BIM经理高峰论坛	/	国家建筑信息模型（BIM）产业技术创新战略联盟、中国城市科学研究会建设互联网与BIM专业委员会、深圳建筑业协会
2018.06.01	发布《深圳市人民政府关于加强棚户区改造工作的实施意见》	深府规〔2018〕8号	深圳市住建局
2018.08.06	印发《深圳市建筑节能发展专项资金管理办法》	/	深圳市住建局

续表

时间	举措	文号	来源
2018.08.16	发布《关于举办2018年深圳市建设工程建筑信息模型(BIM)技能应用大赛》	深建协〔2018〕49号	深圳建筑业协会
2018.11.05	发布的《关于做好装配式建筑项目实施有关工作的通知》	深建规〔2018〕13号	深圳市住建局
2018.11.26	征求《关于加快推进建筑信息模型技术(BIM)应用的实施意见(征求意见稿)》	/	深圳市住建局

（二）典型项目

1. 华润深圳湾国际商业中心

华润深圳湾国际商业中心项目是由中建三局承建的超大型商业综合体，项目位于深圳湾畔后海经济核心区，包括1栋66层（400m）的华润大厦、1栋62层（264m）的瑞府酒店公寓、1栋28层（158m）的华润金融大厦、2栋45层（168m）的住宅和1栋商业中心——深圳湾万象城，项目地下5层，总用地面积8.5万m^2，总建筑面积77万m^2。

在该项目中，BIM集成了设计、施工、运维全生命周期的各相关信息，同时对运维管理过程进行可视化，并协助应急响应人员定位和识别潜在的突发事件。此外，基于BIM模型和物联网技术将建筑模型信息、设施设备信息、楼宇自控系统、安防系统、能耗管理系统、电梯系统、停车场系统等进行综合集成，利用大数据、云计算技术提高运行维护水平和综合服务水平，并构建了BIM运维管理平台。

2. 领航城领誉华府

领航城领誉华府工程位于深圳市宝安区，工程包括5栋住宅，地下室为一层，局部两层，建筑高度56.4～95.4m，建设用地2.17万m^2，建筑面积9.31万m^2，其中地下室建筑面积为2.59万m^2。

在项目建设过程中，BIM技术在深化设计与模型创建、现场管理、总包管理、成本管控、技术创新与互联网应用等方面都进行了深入的研究。在深化设计阶段，以三维模型为基础，利用BIM技术，快速、全面、准确地发现全专业的图纸问题，并对其进行分层分专业整理汇总。通过搭建各专业的BIM模型，发现设计中的碰撞冲突。利用BIM 5D移动端进行质量安全问题的记录追踪，并对项目资料进行信息化管理。利用模型、进度及商务数据生成资金、资源曲线，直观反映项目资金运作情况。

在经济效益方面，利用BIM技术提前优化设计，减少不必要的拆改，生成项目成本动态曲线，方便资金计划实时调整，同时利用BIM技术进行施工模拟并及时调整进度，优化施工方案，充分保障了工期节点的完成。在社会效益方面，利用BIM技术进行精细化管理，在提高现场质量的同时也提高了生产效率，加强了项目管理人员之间的沟通效率，进一步扩充了企业BIM资源，增加BIM族库内容，为后续其他项目BIM技术的推广提供了基础，带动了BIM技术在行业的应用。

3. 清华大学深圳研究生院创新基地

清华大学深圳研究生院创新基地（二期）项目获得第九届创新杯“BIM应用大赛”研究办公类BIM应用三等奖，其总建筑面积约5.15万m^2，为22层办公实验综合楼，高度约96.1m，地下室2层。一层至屋架层外墙、楼梯为PC预制构件，预制构件总量达

1846 块，预制率为 20.04%，该项目为深圳市第一个高层公共建筑产业化 PC 项目。由于该项目采用成品支吊架，管道综合、机电安装要求高，加之场地狭小、工序复杂、新技术应用多，导致其施工难度大。

BIM 应用主要目标：第一，BIM 相关工作要落地实用，解决现场具体问题，体现 BIM 价值；第二，通过 BIM 深度应用，加强项目管控力度，保障项目建设进度；第三，提高现场质量验收精细度、合理性、真实性和及时性；第四，探索 BIM 项目管理机制创新，提高项目管控效率。此外，该项目还制定了整套 BIM 管理体系文件，包括为项目 BIM 实施提供有效保障的战略层指导文件《BIM 实施总体方案》；保证 BIM 工作有序合理推进并提升项目整体效益的管理层指导文件《BIM 实施管理制度》；提高模型应用及质量管理，保证模型有效传递和使用，同时明确各应用点的主要流程、信息交换及职责分配的操作层指导文件《BIM 施工模型标准》及《BIM 实施管理细则》。

4. 上海黄金交易所深圳运营中心

上海黄金交易所深圳运营中心项目总投资 2.5 亿，建筑面积 2.7 万 m^2。主要包括地下黄金库、数据灾备中心及配套运营用房等。该项目位于福田中心区，紧邻购物公园，东侧距离地铁 3 号线仅 6m，项目周边多为已建和在建超高层项目。项目地下室 3 层，基坑开挖深度 15m，采用地下连续墙＋两道内支撑进行支护。此外，地铁监管严格、零场地施工、出土困难、周边工程支护结构侵入项目红线等问题为项目的组织实施和建设管理带来了诸多挑战。

为解决施工场地狭小问题，项目建设前期充分利用 BIM 技术可视化、协调性、模拟性等特点，在施工前对场地平面布置进行合理规划，制定科学的分区分流程施工作业方案。为保证项目建设工期，通过 BIM 技术对项目进行常态化动态模拟，直观评估不同阶段施工方案的合理性和可行性，并做出利弊分析，进而确定最佳方案，加快推进项目建设。另外，该项目还利用 BIM 技术建立虚拟工艺样板和安全体验馆。结合 VR 技术进行施工工艺和安全交底，进而指导现场施工。事前开展基坑施工过程模拟，提前预判施工安全风险，确保现场安全文明施工。

5. 深圳市医疗器械检测和生物医药安全评价中心

深圳市医疗器械检测和生物医药安全评价中心项目获得第九届创新杯“BIM 应用大赛”医疗类 BIM 应用二等奖，其总建筑面积为 4.57 万 m^2，总投资近 6 亿，建成后将成为全国药检系统中单体建筑面积最大的实验室。该项目是深圳市生物医药产业的重大基础设施。

该项目在前期编制了详细的 BIM 实施方案，在满足署级 BIM 标准的条件下，根据项目自身特点制定了项目级 BIM 实施总体方案，并在此基础上细化，形成了 BIM 实施管理制度和 BIM 实施管控细则，并组织施工单位编制了具体实施方案。BIM 主要用于该项目的设计和施工阶段，设计阶段 BIM 应用亮点在于气流模拟分析，该应用解决了医疗类项目设计中的难点；施工阶段 BIM 应用亮点在于工程量统计、高支模、塔吊吊装、内支模拆除等。

6. 深圳市建设工程质量监督和检测实验业务楼改造项目

该项目总建筑面积 7468m^2，由南北两栋楼组成。建筑建设年代久远，既有建筑已不满足安全使用要求，且存在消防设施、配电设备及线路老化，外墙渗水等问题。改造工程内容包括主体结构加固工程、防水及给排水工程、消防整改工程等，改造后将作为深圳市政府性办公楼使用，使用年限延长30年。该项目存在建筑年代久远、电子图档缺失、改建资料不全、原设计图纸丢失、归档资料版本众多且相互矛盾等问题，给改建工作带来很大困难。

针对工程改造内容及难点，该项目以设计与施工阶段BIM模型为基础，对模型进行轻量化处理。在运维阶段，BIM技术主要应用在设备管理、空间管理、能耗管理、应急预警等方面，并对其进行系统集成与集中控制。将工程大楼的空间、设备、使用者三方面数据信息汇聚到智慧运行维护平台，利用大数据对事件进行实时响应与预警，结合事件处理模型，主动进行事件干预，提高运维反应能力，同时为物业管理方提供温度控制、能源节省和智慧维护方案。此外，基于住户对环境的个性化要求，该项目通过易于部署的感知层通讯模组和应用软件提出一整套解决方案，极大提高建筑的可视化和可管理性，为业主、运维团队、建筑使用者降低运营成本的同时为居住者提供更人性化的体验。

（三）问题和挑战

1. 缺乏系统化、行之有效的BIM标准

目前，我国BIM应用缺乏一套系统的、行之有效的标准，这些标准包括数据交换标准、BIM应用能力评估准则、BIM项目实施规范流程等，它是BIM能否成功应用的关键。虽然P-BIM已制定了多项交互标准，但在行业内并不成熟，在实际应用过程中仍然存在诸多问题，信息孤岛也尚未有效解决。

2. BIM构件元素本土化缺失

BIM技术对构件元素具有一定依赖性，国内市场缺少与BIM相关的设计软件，而国外软件产品并不能完全适应我国的建筑发展。此外，大多数BIM软件仅针对建筑设计阶段，施工和运营阶段的软件相对匮乏，BIM集成应用程度低，软件商之间存在市场竞争与技术堡垒，各软件之间数据集成与交互成为最大难题，极大程度地限制了BIM的发展。

3. BIM人才缺乏

根据《中国建设行业施工BIM应用报告（2017）》调研显示，高达63.3%的施工企业认为实施BIM遇到的最大阻碍是BIM人才的缺乏。营造良好的发展环境、优化BIM人才结构、加强BIM人才队伍建设和完善人才发展机制是现阶段建筑企业应用与推广BIM的关键。

4. 缺乏完善的机制建设

BIM应用需要企业内部、企业之间以及企业和政府部门之间的密切协调，因此需建立横向、纵向的工作体系和联动机制，制定BIM应用规划，完善相关管理制度。企业需重视BIM应用在企业管理标准化过程中的引领和带动作用，有必要进一步优化和完善标准化管理制度，形成基于BIM技术的创新型管理模式。

（四）探索和创新

1. 强化BIM三维视觉体验

BIM技术具备多维展现、建造三维模型、信息共享等优点，是建筑业公认的未来发展趋势。然而，BIM技术缺乏用户主观感受及真实的交互体验感。虚拟现实（VR）技术凭借其多感知性、交互性、自主性逐渐应用于建筑业，建筑从业人员致力于将其运用到策划、设计、施工、运维等建筑全生命周期的各个阶段。VR 技术的应用可弥补 BIM 模型视觉表现真实度的短板，将数据信息以全新的形式呈现，从而使各参与方沟通更加便捷、高效和真实。BIM 与 VR 技术的集成不仅可以提高工作效率，还可以避免各环节的重复工作，在很大程度上提高了建筑施工质量。

2. 加强 BIM 计算存储能力

云技术强大的计算及存储能力可为 BIM 应用提供支撑。通过调用云计算服务，使现有的 BIM 专业软件能够获得更为灵活、高效、智能的数据处理能力。BIM 与云技术的集成优势可表现在以下三个方面：第一，利用云计算实现基于 BIM 的协同操作；第二，利用云计算实现基于 BIM 的复杂计算工作；第三，云计算提供的大规模数据存储和处理能力，可使 BIM 专业软件能够高效访问庞大且实时更新的数据库，从而提升 BIM 集成应用功能的准确性和智能性。

3. 提高 BIM 空间整合能力

GIS 技术以地理空间为基础，采用地理模型分析方法，实时提供多种空间和动态的地理信息，不仅可以有效地管理具有空间属性的各种资源环境信息，而且可以有效地对各个时期的资源环境状况及生产活动变化进行动态监测和分析比较，也可将数据收集、空间分析和决策过程综合为一个共同的信息流。开展 BIM 和 GIS 技术融合的应用技术研究，将建筑外部地理环境信息和建筑自身属性整合于一体，并将城市建设的规划、管理、空间分析等相结合，是智慧城市发展的必然要求。BIM 与 GIS 技术的集成应用将成为解决城市建设管理领域不同部门之间数据信息交互共享的核心技术之一。

4. 加强 BIM 施工监管能力

无线射频识别技术（RFID）可通过无线电讯号识别特定目标并读写相关数据，而无需识别系统与特定目标之间建立机械或光学接触。BIM 与 RFID 技术的结合可有效改变现场施工管理模式，有利于相关工作者及时收到反馈，并保障信息的可信度，从而提升总体效率。此外，通过 RFID 对施工现场人员进行定位，再与 BIM 相集成，可实现区域人员信息掌控及危险、敏感区域预警等功能。

三、装配式建筑

目前，深圳市装配式建筑发展已进入快速通道，相关政策配套文件较为齐全，深圳市住建局持续注重培育深圳市装配式建筑企业发展和强化自身竞争力，鼓励相关企业积极申报国家、省装配式建筑产业基地，进一步完善装配式建筑产业链布局，促进深圳市装配式建筑持续健康发展。同时，相关政策措施、管理机制、技术标准、企业品牌与专家经验等，在珠三角乃至全国多个城市得到复制、推广与输出。下一步，深圳市住建局将继续稳步推进装配式建筑各项工作，切实发挥装配式建筑示范城市、产业基地和示范项目的带动引领作用，为深圳建筑业高质量发展提供有力支撑。在首批认定示范城市中，深圳市成为唯一一个省示范城市，在 44 家产业基地和 17 个示范项目中，深圳市的认定数量均超过总数量的 40%，位列全省第一。不仅在数量上遥遥领先，质量上同样突出。其中，深圳市 18 家产业基地覆盖开发建设、设计、施工、部品部件生产、教育培训等全产业链条和基地类型。同时，万科、中建科技、华阳国际等 9 家企业为首批国家装配式建筑产业基地，引领示范效应明显。

（一）发展动态

1. 加大推广力度

2018 年 3 月 5 日，为大力推进广东省“四个坚持、三个支撑、两个走在前列”和深圳市建设现代化国际化创新型城市等各项重要工作部署，深圳市住建局、深圳市规土委、深圳市发改委联合发布关于印发《深圳市装配式建筑发展专项规划（2018-2020）》的通知（深建字〔2018〕27 号），提出重点优先发展混凝土结构、钢结构等结构体系的装配式建筑，健全适应装配式建筑发展的工程建设政策体系、规划体系、标准体系、技术体系、产品体系、人才体系和管理体系。《规划》主要从健全法规政策、统筹规划布局、强化技术支撑、推进一体化、创新建设模式、培育市场主体、建立人才体系、提升科技贡献等多方面提出工作要点和主要任务。同时，《规划》中提出到 2020 年，全市装配式建筑占新建建筑面积的比例达到 30％以上，其中政府投资工程装配式建筑面积占比达到 50％以上；到 2025 年，全市装配式建筑占新建建筑面积的比例达到 50％以上，装配式建筑成为深圳主要建设模式之一；到 2035 年，全市装配式建筑占新建建筑面积的比例力争达到 70％以上，建成国际水准、领跑全国的装配式建筑示范城市。

2018 年 11 月 1 日，为贯彻落实《国务院办公厅关于大力发展装配式建筑的指导意见》（国办发〔2016〕71 号）、《广东省人民政府办公厅关于大力发展装配式建筑的实施意见》（粤府办〔2017〕28 号）和《深圳市装配式建筑发展专项规划（2018-2020）》（深建字〔2018〕27 号）等相关文件要求，切实推进装配式建筑项目的实施，促进深圳市装配式建筑技术创新发展，深圳市住建局、深圳市规土委联合发布了《关于做好装配式建筑项目实施有关工作的通知》（深建规〔2018〕13 号），文件对实施装配式建筑项目的规划许可、设计、施工、竣工验收、质量监管等环节的参加主体、评分审查要求、备案材料等做出指示。

2018 年 11 月 30 日，深圳市住建局、深圳市交通运输委员会、深圳市水务局、深圳市城管局发布了《关于在市政基础设施中加快推广应用装配式技术的通知》（深建科工〔2018〕71 号），目的是为了充分发挥政府引导、市场主导的作用，加快拓展装配式技术的应用范围，提升市政基础设施工程质量水平，推进市政基础设施建设产业的转型升级，建立健全适合本市市政基础设施装配式技术推广应用的政策和标准体系，培育一批设计、施工、部品部件规模化生产企业，打造一批试点示范项目，基本实现本市市政基础设施“标准化设计、工厂化生产、装配化施工、信息化管理、智能化应用”的绿色发展目标。

2. 加强专项资金使用管理

2018 年 5 月 24 日，为促进建筑领域节能减排和绿色创新发展，加强建筑节能发展专项资金（以下简称专项资金）使用管理，提高资金使用效益，根据《中华人民共和国预算法》、《深圳经济特区建筑节能条例》、《深圳市绿色建筑促进办法》等有关规定，深圳市住建局、深圳市财政委发布关于印发《深圳市建筑节能发展专项资金管理办法》的通知（深建规〔2018〕6 号），《办法》中对符合国家、广东省和深圳市装配式建筑相关标准要求的装配式建筑项目的资助标准做出规定：装配式项目按建筑面积，每平方米最高资助 100

元，资助金额上限为500万元，且不超过申请项目建安工程费用的3%；国家级示范基地资助上限为100万元，广东省、深圳市级示范基地资助上限为50万元。

3. 规范装配式建筑专家管理

2018年8月21日，为加快深圳市装配式建筑的发展，充分发挥装配式建筑专家的智力支持和技术支撑作用，根据《国务院办公厅关于大力发展装配式建筑的指导意见》（国办发〔2016〕71号）、《广东省人民政府办公厅关于大力发展装配式建筑的实施意见》（粤府办〔2017〕28号）等文件要求，深圳市住建局发布关于印发《深圳市装配式建筑专家管理办法》的通知（深建规〔2018〕9号），《办法》要求装配式建筑专家实行分类管理。专家库由建设、设计、施工、质监检测、部品部件生产、装饰装修、建设经济、科研咨询等专业领域的专家组成，同时要求对纳入专家库的专家实行信息化管理，按照不同专业对专家进行分类编号、一人一档，记录其基本信息、工作质量情况等内容。

4. 加强装配式建筑产业基地建设工作

2018年8月21日，为贯彻《国务院办公厅关于大力发展装配式建筑的指导意见》（国办发〔2016〕71号）等文件要求，促进深圳市装配式建筑产业企业发展，加强深圳市装配式建筑产业基地建设和管理工作，深圳市住建局发布关于印发《深圳市装配式建筑产业基地管理办法》的通知（深建规〔2018〕10号），《办法》将装配式建筑产业列入先进制造业的范围，对装配式产业基地的申请、基本条件、证明材料、评审认定、评审内容、监督管理等环节做出明确规定，并且通过认定的市产业基地可作为重点扶持对象，享受相关扶持政策。

5. 加强交流探讨工作

2018年10月11日，深圳市住建局高尔剑副局长等一行在北京参加了2018年全国装配式建筑工作座谈会。住房和城乡建设部科技与产业化发展中心副主任文林峰对全国装配式建筑发展的总体情况进行了详细介绍，北京、上海、深圳等6个地区分别作了主题发言，分享各自做法与取得的成果、遇到的难题与对策，以探讨下一步工作思路。会上，高尔剑副局长从强化政府引导、探索适合深圳实际的技术路线、强化示范带动、强化监管服务、强化队伍建设、强化融合发展等六方面说明了深圳市装配式建筑的主要做法，同时指出深圳发展装配式建筑迫切需解决的四个问题，并向住房和城乡建设部提出需要支持的事项，希望住房和城乡建设部继续大力支持深圳装配式建筑的发展。2018年装配式建筑发展动态详见表3-7。

2018年装配式建筑发展动态一览表　　**表3-7**

时间	举措	文号	来源
2018.03.05	印发《深圳市装配式建筑发展专项规划（2018-2020）》	深建字〔2018〕27号	深圳市住建局、深圳市规土委、深圳市发改委
2018.05.24	印发《深圳市建筑节能发展专项资金管理办法》	深建规〔2018〕6号	深圳市住建局、深圳市财政委
2018.08.21	印发《深圳市装配式建筑专家管理办法》	深建规〔2018〕9号	深圳市住建局
2018.08.21	印发《深圳市装配式建筑产业基地管理办法》	深建规〔2018〕10号	深圳市住建局
2018.10.11	深圳市住建局高尔剑副局长等一行参加2018年全国装配式建筑工作座谈会	/	/

续表

时间	举措	文号	来源
2018.11.01	发布《关于做好装配式建筑项目实施有关工作的通知》	深建规〔2018〕13号	深圳市住建局、深圳市规土委
2018.11.30	发布《关于在市政基础设施中加快推广应用装配式技术的通知》	深建科工〔2018〕71号	深圳市住建局、深圳市水务局、深圳市城管局、深圳市交通运输委员会

（二）典型项目

1. 库马克大厦

库马克大厦项目位于深圳市光明新区技术产业园，东侧为高端人才房，南侧为空地，西侧为光电企业加速器，北侧为金新农大厦，距地铁6号线（在建）光明大街站2500m。本工程主体为全装配式钢结构，预制构件包括预制钢柱、预制钢梁、预制钢楼梯，其中钢柱为钢管混凝土柱，所有预制构件由工厂制作完成，现场统一装配，具有结构质量轻、整体性能好、材料绿色可持续等特点。楼板采用现浇钢筋桁架楼承板和预制钢筋桁架楼承板，其中预制楼板由工厂统一加工，现场装配，省去了混凝土楼板脚手架、模板搭设及拆除工作。室内外墙体采用装配式墙板，预制构件包括预制ALC轻质内外墙板，由专业厂家统一加工，现场装配，省去了传统砌体的砌筑及抹灰工序，且墙体材料为绿色可持续材料。

本项目先后获得2018年度广东省钢结构金奖“粤钢奖”、“装配式设计阶段认定书”、“装配式体系认定意见书”，是中国华南地区第一栋装配式钢结构高层建筑、广东省首批装配式建筑示范项目、深圳市第一个通过技术认定的装配式钢结构项目。

2. 华润城润府三期（5号、6号楼）

华润城润府三期项目位于深圳市南山区沙河西路大冲村内，项目用地范围为玉泉路、大涌二路、大涌六路、铜鼓路围合的地块。本项目共有7栋超高层建筑，1栋A座、1栋B座、2栋为35层超高层住宅，3栋为54层超高层公寓，4栋、5栋、6栋分别为52、53、53层超高层住宅。工程用地面积34954.61m^2，总建筑面积302879.52m^2。结构形式为地下室框架结构，塔楼为剪力墙结构。本工程6栋超高层住宅皆为装配式建筑，各栋标准层的预制率均超过15%，装配率超过56%。

该项目采用了标准化设计，包括户型模块标准化、预制构件标准化、装修机电一体化。建筑设计时，为充分发挥工业化优势，通过减少楼栋类型、减少户型种类、增加楼栋高度，尽可能使标准单元楼层数量增加。在户型标准化的基础上，项目的预制构件遵循标准化、系统化的原则，共包含预制外墙板、预制阳台、预制楼梯、预制叠合板和预制内隔墙条板五类预制构件。本项目采用全精装交楼，从项目策划之初就采用装修、机电一体化设计，装修提前介入，内外装修方案同步进行。

华润城润府三期顺利通过专家评审并获得市住建局正式批复，是目前深圳市最高的装配式住宅，该项目已成为深圳市装配式建筑的标杆范例。

3. 大磡福丽农场加固改造工程

大磡福丽农场加固改造工程占地总面积约为25900m^2。位于农场内的大磡小学按30

班规模进行规划建设，总建筑面积为8112.07m^2，包括3栋教学综合楼、1栋教师食堂、1栋器械设施房及配电房，校内配置200米标准运动跑道及羽毛球、网球运动场，荔枝林改造为生态植物园。项目总投资约为9700万元。

中建钢构有限公司负责该项目的设计施工EPC总承包，充分发挥央企担当和技术优势，利用装配式建筑技术，为深圳打好污染防治攻坚战提供“绿色方案”。大磡小学作为深圳市政府重点关注项目，是中建钢构重点打造的A级装配式项目。中建钢构通过认真探索学校装配式建筑模式，充分发挥装配式钢结构建筑轻、快、好、省的优势，通过在设计、采购、建造全过程中应用智慧工地管理系统、BIM技术信息化手段，使项目工期从传统建筑所需要的一年时间缩短到138天，完成了近25000m^{2}的园林景观施工和8200m^{2}的建筑施工。

项目建设工期短、效率高、质量优，且环保效果好，环境优美。自2018年8月30日竣工交付使用以来，广受好评，多次接待省内外观摩活动。该工程荣获广东省住建厅颁发的“2019年广东省装配式建筑示范项目”荣誉称号。

4. 坪山高新区综合服务中心

坪山高新区综合服务中心项目位于深圳市坪山区燕子湖片区，总建筑面积约13.3万m^2，包括会展中心、会议中心、国际星级酒店三部分，其中，会展中心装配率88.3%，酒店区域装配率83.0%。该项目采用BIM+装配式全钢结构技术体系，其中，1.7万t钢结构的连接节点均选用标准化、定型化的节点，生产及装配更加高效。机电部分采用BIM技术进行协同设计、虚拟建造，解决错漏碰缺等问题，实现工厂精准下料和精细化生产，减少了现场切割和动火作业。同时，机电部分采用装配式集成支吊架、装配式法兰连接、装配式制冷机房等技术进行装配施工。墙板、天花、地面等施工采用地面架空、墙面干挂、集成吊顶等技术，实现“干作业、免抹灰”，避免了传统大面积湿作业带来的弊端，所有材料提前定尺、下料，现场装配，快速环保。外围护采用超大单元玻璃幕墙及GRC挂板体系，施工时先在地面拼接成钢框架，再将玻璃安装到钢框架上并固定，最后利用吊车挂装，省时省力。

项目管理模式的创新和众多科技的应用，赢得政府及业界专家的肯定，累计接待各类观摩团队40余次，先后获得省市双优工地、省市优质结构、市绿色施工、省市装配式示范项目等多项荣誉，成为中建集团以绿色建造引领行业发展的典型案例。

5. 中建钢构大厦

中建钢构大厦位于深圳市南山区后海中心区内，是集科研设计、办公、商业、地下车库及配套设施为一体的综合性建筑。建筑占地面积2723.9m^2，总建筑面积56052.19m^2，其中地上44699.23m^2、地下11352.96m^2，结构形式为全钢结构框架-中心支撑体系。地上26层，地下4层，建筑高度148.5m，建筑总高度166.75m。该项目位于商业区，周围无堆场，屋顶悬挑结构最重节点达11.8t，安装精度要求高、难度大，因此对现场进度计划与协调要求较高。

大厦采用装配式钢结构体系，为AA级装配式项目。该项目融合了绿色建筑理念、技术与互联网、物联网、云计算、大数据等新技术，全面实现节能减排，提升绿建质量，使建筑更加生态化、人性化。在建设阶段，该项目已取得美国LEED-CS金级、国家绿色建筑三星级设计标识、深圳绿色建筑金级设计标识等荣誉。正式运营后，该项目又取得了国家绿色建筑三星运营标识、深圳市绿色建筑创新奖，已基本集齐了绿色建筑领域内全部顶级荣誉。

（三）问题和挑战

1. 政策和体制机制有待健全

深圳市在装配式建筑发展初期，出现了发展方向不清晰、体制机制不健全、市场产业不完善等问题。为此，深圳市出台了《深圳市装配式建筑发展专项规划（2018-2020）》等一系列政策文件，为加快发展装配式建筑提供了有力的政策支撑。然而，深圳市在推进装配式建筑工作上只有部门的规范性文件作为依据，尚未建立全市推进装配式建筑发展的统筹工作机制，难以调动各方的积极性共同推进工作。在项目立项、规划、招标、许可、监管、计价等环节的建设管理制度方面仍与装配式建筑的发展不相适应，不利于装配式建筑的全面推广。

2. 规划统筹力度有待强化

深圳市各项规划大部分是由各相关部门分别编制与组织实施，由于缺乏统一的指导和有效的协调机制，各项规划难以有效衔接。装配式建筑的项目落地和部品部件生产的布局与土地利用规划、住房建设规划、城市更新规划等密切相关，然而，目前深圳市只有招拍挂新出让的住宅用地、人才房和保障性住房要求实施装配式建筑，而面大量广的城市更新项目和政府投资公共工程项目仍没有从项目前期明确装配式建筑要求。因此，需要进一步从用地供应源头抓起，确保不同建筑类型按要求分阶段实施装配式建筑。

3. 技术标准体系有待完善

当前深圳市装配式建筑的基础性、通用性标准规范基本齐全，不影响当前装配式建筑的推广，但技术标准体系方面仍然有待完善。首先，与国际装配式建筑的标准相比，深圳市装配式建筑标准化和模数化程度低，不利于规模化发展及成本控制。其次，装配式建筑技术体系仍以混凝土结构体系为主，对钢结构、钢-混组合结构等体系的开发应用和重视程度不足。最后，装配式建筑设计、生产、施工、装修到质量验收的全产业链关键技术系统集成度低，相衔接的标准、图集、工法等尚未建立，既不利于整个产业链的形成，也制约了装配式建筑标准化发展。

4. 建设实施范围有待拓宽

在建筑类型方面，深圳市目前采用装配式建筑技术的项目主要是住宅建筑，对于公共建筑、工业建筑等涉及较少；在结构类型方面，以混凝土结构为主，钢结构、钢-混组合结构较少；在系统集成方面，以主体结构装配式施工为主，缺少建筑-结构-机电-内装的系统集成化设计和施工；在应用领域方面，城市基础设施领域装配化施工有待进一步推广。

5. 工程建设管理模式有待创新

当前，装配式建设项目采用的管理模式大多数为传统模式，业主在整个建设项目中，会与多个单位签订合同，如设计单位、施工单位以及采购单位，同时需要专业的监理团队监管施工过程，这加大了管理和组织工作的难度。因此，在装配式建筑中，传统的管理模式并不适用，很难实现各个阶段的协调工作，使装配式建筑的优势不能得到发挥。同时，在推广工程总承包过程中，建设各方尚未转变观念，没有根据装配式建筑的特点调整内部管理流程，建设模式的创新滞后于当前装配式建筑发展的需求，工程管理能力有待提高。

6. 市场发展环境有待改善

推广装配式建筑初期，由于缺少优质优价、质优者胜的市场竞争机制，企业之间存在价格恶性竞争的现象，容易造成设计、施工、部品部件生产等环节出现质量参差不齐的问题。当前装配式建筑市场没有形成完善的设计、施工质量和部品部件质量保障体系，诚信机制尚不健全，严重影响装配式建筑的良性发展。在成本导向的市场环境下，市场各方主体还未形成统一认识和行动自觉，需要政府加大引导和扶持。

7. 人才队伍能力有待提高

在深圳市建筑企业和专业技术人员中，从事过装配式建筑设计、施工、生产、管理的单位和人员只占小部分，且各层次专业人才队伍缺乏、人才培育机制尚未健全、专业培训力度不足。装配式建筑的现场工种已发生了变化，吊装、灌浆、装配模板拆装等工作增加，造成传统施工工人不能适应装配式建筑生产方式。然而，目前深圳市建筑业管理观念尚未转变，没有根据装配式建筑工业化生产的特点针对性地加大装配式建筑各专业人才的培养力度，造成熟练的产业工人严重匮乏，这一定程度上阻碍了装配式建筑的发展。

(四) 探索和创新

1. 加强组织领导

为使装配式建筑得到良性发展，深圳市政府应加强组织领导，建立相应的工作协调机制，强化宏观指导和政策引导作用，完善配套政策，组织具体实施，确保各项任务落到实处。各区政府、新区管委会应落实职责和推进机构，各有关部门要加大指导、协调和支持力度，及时研究解决发展中的问题，围绕装配式建筑发展的总目标，制订各区的实施方案，提出各区装配式建筑发展的目标、重点任务、保障措施等。同时，有关部门应建立规划动态调整机制，根据装配式建筑发展中出现的新情况、新问题及时调整，提高规划的科学性和可操作性。

2. 强化质量监督

深圳市政府应将发展装配式建筑作为贯彻落实中央城市工作会议精神的重要工作，列入城市规划建设管理工作监督考核指标体系，从工作机制、能力建设、项目实施、人才培训等多方面进行综合考核，按年度对各相关部门和各区政府、新区管委会进行考核与评估，定期通报考核结果。将装配式建筑建设情况纳入全市建筑节能和绿色建筑检查工作内容，及时跟踪各区项目实施情况，组织全市项目巡查工作，建立定期通报协调机制，将项目不良行为纳入诚信记录。按照国家、省装配式建筑相关规范规程要求，建立装配式建筑质量追溯体系，强化企业质量安全主体责任和质量终身责任。推行装配式建筑工程质量担保和保险制度，完善工程质量追责赔偿机制。

3. 优化政府服务

相关行政主管部门应参照重点工程报建流程将装配式建筑项目纳入工程审批绿色通道，在办理工程建设项目立项、建设用地规划许可、建设工程规划许可、环境影响评价、施工许可、商品房预售许可等相关审批手续时，对装配式建筑项目给予优先办理；对符合条件的优秀装配式建筑项目，相关部门按有关规定优先推荐申报鲁班奖、优质工程、示范项目等。

4. 加大政策扶持

政府部门应进一步落实促进装配式建筑发展的各项优惠政策，除招拍挂出让住宅用地项目外，其他按要求应实施装配式建筑的项目可享受建筑面积奖励政策，并扩大建筑面积奖励和提前预售实施范围，优化奖励政策流程；在建筑节能发展专项资金中加大对于装配式建筑发展的支持力度，将装配式建筑产业纳入招商引资重点行业，对符合条件的企业给予享受绿色金融的相关政策；对符合条件的装配式建筑企业经认定为高新技术企业的可享受相关优惠政策，符合新型墙体材料目录的部品部件生产企业可享受增值税即征即退优惠政策；鼓励行业协会开展装配式建筑先进企业和个人的评比活动，并定期在行业网站上进行通报表扬。

5. 强化技术支持

深圳市政府应将装配式建筑纳入深圳市绿色建筑科技发展相关专项，加大装配式建筑在深圳市科技创新项目的占比，将抗震结构、预制构件、一体化设计、信息化应用、智能建造等装配式技术列为市科技创新体系重点计划；对标国际领先地区，加强适应深圳地区建筑特性的装配式建筑技术体系研究，扶持龙头企业以加快装配式建筑技术的研发应用，大力支持装配式建筑产业关键共性技术攻关，以及国家重点实验室、企业技术中心、博士工作站等研发设计和公共技术服务平台建设，鼓励企业和事业单位申报装配式建筑技术课题研究；增强装配式建筑专家队伍作用，根据发展需要增补专家入库，组织专家开展技术认定、项目技术服务、新技术和新工艺论证等相关工作，参与研究和制订装配式建筑政策、发展规划以及重大科技项目的选题论证。

6. 加强宣传推广

深圳市政府应建立装配式建筑体验中心和宣传教育基地，让公众亲身体验装配式建筑对提升建筑品质、人居环境质量的作用，引导企业和市民树立良好的节能意识以及正确的建筑质量观念；鼓励行业协会建立装配式建筑信息化服务平台，实时更新技术规范、工程案例、相关培训、供应商名单等；充分利用电视、广播、报刊、网络等媒体，通过多种形式深入宣传发展装配式建筑的经济社会效益，广泛宣传装配式建筑基本知识和支持政策，提高公众对装配式建筑的认知度，营造各方共同关注、支持装配式建筑发展的良好氛围，提高社会认知度；通过博览会、研讨会、观摩学习等活动，促进企业之间相互交流，为推进装配式建筑营造良好的市场环境。

7. 强化人才队伍建设

深圳市政府应加大装配式建筑专业技术人才以及产业工人引进培养力度，优化完善人才引进政策，对具备相应专业技能的人才，在入户政策、人才公寓等人才保障政策上给予一定的倾斜；鼓励高等院校、专科院校开设装配式建筑相关专业课程，推动校企合作办班，为装配式建筑产业发展提供人才支撑；鼓励培训机构以及设计、施工和部品部件生产单位广泛开展装配式建筑相关的专业培训，在建筑行业专业技术人员继续教育中增加装配式建筑相关内容，推进建筑产业工人队伍建设，加大职业技能培训资金投入，建立培训基地，加强岗位技能提升培训，尽快培养一批与装配式建筑产业相适应的产业工人；加快研究适合装配式建筑的用工管理制度，建立产业化技术工种分类，形成规模化、专业化的建筑产业工人队伍。

四、综合管廊与海绵城市

（一）发展动态

1. 综合管廊发展动态

随着粤港澳大湾区规划的提出，深圳市在城市核心定位日益提升的同时，也面临着地下空间资源紧张、未来市政需求量剧增等严峻的城市矛盾。综合管廊作为城市道路地下空间开发利用的重要部分，在保障城市供应、解决城市规划与市政管线发展变化之间的矛盾、提升城市品位等方面发挥着尤为重要的作用。基于综合管廊建设的区位分析，深圳市全市被分为综合管廊宜建区、优先建设区和慎建区三类，同时提出了综合管廊十大优先建设区，包括三大中心区、三大新城、三个商业区和一个填海区。

作为深圳市市政“里子”工程，综合管廊在 2018 年建设迅速，成就颇丰。截至 2018 年年底，深圳市累计建成综合管廊 14.6km、投入运营 12.5km。同年，在强力推进已开工的 46km 综合管廊项目建设的基础上，深圳市综合管廊新增开工 27.6km，其中，新开工沙河东、大小梅沙等综合管廊项目共 22km，已超额完成深圳市住建局于年初所制定的工作计划。

此外，2018 年深圳市综合管廊的建设紧抓轨道交通四期工程新一轮轨道建设的有利时机，总共推进 87km 共建管廊的同步建设，并结合新开发区建设、道路新改扩建、高压线下地等契机，努力推进约 200km 的项目建设。同时，深圳市各区出台了区级详细规划，以指导综合管廊项目的工程实践，并完成了管廊运营补贴相关政策的联合制定和运营应急预案的组织编制。

为了强化对城市综合管廊建设发展的标准引领和过程管控，深圳市政府在《城市综合管廊工程技术规范》（GB 50838—2015）的指导下，除了严格执行 2017 年发布的《深圳市地下综合管廊工程技术规程》《深圳市地下综合管廊管理办法》《深圳市地下综合管廊工程规划（2016-2030）》等市级法律法规外，还开展了多项管理工作，详见表 3-8。

2018 年深圳市综合管廊管理动态 表 3-8

时间	管理工作	责任单位	说明
2018.04.17	《年度综合管廊技术支持》进行公开招标采购	深圳市住建局	/
2018.05.02	印发《深圳市深基坑管理规定》（深建规〔2018〕1 号）	深圳市住建局	加强深基坑工程管理，保障深基坑及其相邻建（构）筑物、道路、地下管线等安全
2018.05.08	召开国际低碳城综合管廊及阿波罗启动区综合管廊施工现场督察及现场工作会议	深圳市住建局	/
2018.12.17	发布《关于组织开展 2019 年度工程建设标准制修订项目集中立项申报工作及有关事宜的通知》（深建科工〔2018〕73 号）	深圳市住建局	轨道交通、海绵城市、综合管廊等社会公共工程及市政基础设施的工程建设标准和选材用材标准为重点申报项目

续表

时间	管理工作	责任单位	说明
2018.12.21	签订《战略合作框架协议》	深圳市住建局、深圳供电局有限公司、南方电网物资有限公司	全力支持电网和市政综合管廊建设，积极做好电力管线入廊工作和入廊后运营维护，提升城市综合承载能力

2. 海绵城市发展动态

近年来，国内对海绵城市的建设管理持续加码，从中央到地方政府，相关政策的颁布数量呈指数型增长，使得海绵城市的发展自上而下加速前行。据预测，全国海绵城市建设市场规模将于2020年超过20000亿元，计划改造12200平方公里。作为全国海绵城市的试点城市，深圳市目前已经形成海绵城市建设的顶层设计架构，能够从规划层面有效推进全市海绵城市的建设工作。2018年，深圳市依据国务院下发的《关于推进海绵城市建设的指导意见》（国办发〔2015〕75号），继续以“至2020年，全市建成区20%以上面积达到海绵城市要求；至2030年，全市建成区80%以上面积达到海绵城市要求”的阶段性目标为发展导向。

针对当前突出的内涝点和黑臭水体众多、市内供水短缺、雨洪调蓄空间萎缩等实际问题，2018年深圳市除了严格执行《深圳市海绵城市建设绩效评估细则》（2015版）、《深圳市海绵城市建设专项规划及实施方案》（2016版）《深圳市推进海绵城市建设工作实施方案》（2016版）《深圳市地下综合管廊管理办法（试行）》（2017版）《深圳市海绵城市规划要点和审查细则》（2017版）等最新版规划方案和技术标准外，还开展了一系列海绵城市建设领域的规划设计、标准规范和奖励激励措施制订等工作（详见表3-9），并取得了可喜的发展成效。

2018年，全市经专家认定的已完工海绵城市项目共计961个，其中既有设施海绵专项改造项目521个。同时，全市新增海绵城市总面积高达65平方公里，与《深圳市建筑业发展报告（2017）》中的预期计划相比超额完成18%。此外，为进一步规划和引导全市海绵城市的建设实施，《深圳市城市总体规划（2016-2035）》正在组织编制中。除了海绵城市功能分区和近期建设区域的确定，深圳市总体规划、法定图则、单元更新规划等也将逐步纳入海绵城市的建设内容。

2018年深圳市海绵城市管理动态 **表3-9**

时间	管理工作	责任单位	说明
2018.01.18	发布《深圳市水务工程项目海绵城市建设技术指引（试行）》	深圳市水务局	全面落实海绵城市建设理念，构建自净自渗、泄蓄得当、排用结合的城市良性水循环系统，最大限度减少水务工程建设对生态环境的影响
2018.01.22	深圳市海绵城市协会成立批复通过	深圳市民政局	颁发《社会团体法人登记证书》
2018.03.28	发布《关于市财政支持海绵城市建设实施方案（试行）》（深财居〔2018〕7号）	深圳市财政委	决定制订出台财政支持海绵城市建设的奖励激励方案

续表

时间	管理工作	责任单位	说明
2018.07.09	公布《深圳市政府投资建设项目施工许可管理规定》（市政府令第310号）	深圳市人民政府	对海绵城市等进行统一图审的项目均实行告知性备案；对海绵城市等进行区域评估评审，编制区域评价报告，明确评价成果适用范围、条件和效力
2018.07.09	公布《深圳市社会投资建设项目报建登记实施办法》（市政府令第311号）	深圳市人民政府	建立"多规合一"信息平台，整合海绵城市等各类空间性规划和相关规划信息，形成全市空间规划蓝图；整合海绵城市等相关部门施工图审查环节，将施工图技术审查内容纳入具备综合图审资格的服务机构进行统一图审
2018.09.28	组织编制《深圳市海绵城市建设项目施工、维护技术规程（征求意见稿）》	深海绵办	深入推进深圳市海绵城市建设，科学指导建设项目海绵设施的施工、运行维护相关工作
2018.11.01	全市范围内开始实行房屋建筑和市政基础设施工程施工图联合审查	深圳市住建局、规划和国土资源委员会、市人民政府、应急管理办公室	将海绵城市等设计内容技术审查纳入施工图审查范围，由多部门联合认定的审查机构对涉及公共利益、公众安全和工程建设强制性标准等内容进行集中审查
2018.12.07	发布《深圳市海绵城市建设管理暂行办法》（深府办规〔2018〕12号）	深圳市人民政府办公厅	适用于深圳市行政区域内各类建设项目的海绵城市规划、设计、建设、运行维护及管理活动，包括新、改、扩建建设项目，旧城改造、园区改造、环境提升等改造类建设项目
2018.12.20	发布《深圳市海绵城市建设资金奖励实施细则》（深水规〔2018〕4号）	深圳市水务局、市财政委	进一步调动全社会开展海绵城市建设工作的积极性

（二）典型项目

1. 综合管廊典型项目

（1）前海合作区综合管廊项目

深圳市前海合作区综合管廊项目规划总长度为8.15km，相当于前海每平方公里拥有约544m长的综合管廊，主要沿双界河路、航海路、东滨路和兴海大道设置成"E"字形。截至2018年，前海按照规划已投入使用的综合管廊（含电缆隧道）共7.0km，已经完成主体结构的综合管廊（含电缆隧道）共3.2km。目前，正在建设的综合管廊长度共0.8km。在远期规划（至2030年）中，干、支线综合管廊的建设长度预计约15.3km。其中，干线综合管廊共10.5km，支线综合管廊共4.8km。该项目已建成的管廊单位造价为8000万元/km，采用传统的"政府直接出资"模式，项目资金来源于上级政府返还的部分土地出让收益。建成后，将移交至前海管理局下属的公共事业中心。

在廊内给排水设计方面，该项目采用支管接入技术并设立防水套管，通过法兰与铸铁井座连接，完成铸铁井盖安装，可实现污水管道与大气的气体联通，不需单独设计。在廊内热力舱设置方面，该项目采用光纤测温技术检测蒸汽、凝结水沿线温度变化，以精准确定管道泄漏点，并采用气凝胶、高温玻璃棉、铝箔反射层复合保温来降低外护管表面温度，以减小蒸汽管道热损失，同时降低对道路绿化的影响。在廊内燃气舱设置方面，该项目在燃气管道起点和终点处设置了电磁紧急切断阀和燃气泄漏报警装置，与排风系统以及电磁紧急切断阀形成了联动系统。

（2）阿波罗综合管廊项目

阿波罗综合管廊项目占地面积25万m^2，其地下综合管廊总长度为6.17km。该项目含市政道路、跨河桥、穿山隧道、渗透塘、调蓄池、生态排水沟、雨水湿地廊道建设等，外形似巨型集装箱，采用预制管廊和现浇结构管廊两种施工工艺。截至2018年12月末，阿波罗产业城启动区内市政配套设施综合管廊结构主体已全部竣工。此外，永勤路、连山一路等路段建设也正在有序推进中，整个市政设施建设计划将于2020年完工。

该项目是深圳市基础设施综合建设中首例运用综合管廊、海绵城市、智慧市政及河道综合治理的“大市政”理念进行总体规划建设的项目。待项目建成后，龙岗区内的高压电缆、燃气、污水等市政管线将全部入廊，不再产生因城市管线导致的道路“蜘蛛网”、“反复开挖”等问题，同时能增加雨水舱，解决城市水资源短缺、水资源污染及再利用等问题。此外，该项目还综合了海绵城市理念，能够彻底解决城市内涝，使得70%的降水回归自然或再利用，真正实现了人与自然的和谐发展。

（3）石厦村地下综合管廊项目

石厦村综合管廊项目是深圳市管廊规划在福田区城中村建设的第一个试点工程，总长度697m，宽度5.1m，高2.9m，埋深4.5m，空间宽敞，工程总投资7000多万元。该综合管廊建设竣工后，不仅可以缓解城中村原有雨水和污水混流的情况，还可以将城中村中的市政电线（包括通信电缆、电力电缆、燃气等）有条不紊地布置在管廊中，以保证电线均为一个走向，不会随意产生偏移。2018年10月末，该项目主管廊全线贯通，标志着石厦社区的城市管线已进入集约化、可视化和可追溯的新模式。同时，该项目是福田区“十三五”规划中城市综合整治和环境提升工程的重要组成部分，该项目的顺利实施既能够为今后在人流密集、环境复杂的城中村建设综合管廊提供经验，又高度契合深圳市城中村现状，优化了全市市政基础功能，提升了城中村的综合环境品质。

2. 海绵城市典型项目

（1）福田红树林生态公园

项目位置：位于福田红树林国家级自然保护区东侧，东临新洲河，南面为深圳湾。

项目规模：用地面积约为38公顷。

项目特色：该项目充分利用绿色环保技术与可再生材料，如生态公园硬质铺装地面占比非常少，基本为透水地面。园内所有道路均采用建筑废弃物再利用制作成的透水砖，道路两侧均采用低冲击的浅草排水沟。同时，园内开挖了面积高达3.3万m^2的人工湖，可收集、储存大量的雨水，湖边种植的芦苇、再力花等水生植物可用来净化水质并促进雨水的再利用。

（2）罗湖体育休闲公园建设工程

项目位置：位于深圳水库对港供水箱涵上盖，西侧与东湖公园相接，北至东湖水库坝下。

项目规模：占地约17公顷。

项目特色：该项目因地制宜，设置入口景观区、服务中心区、球类运动区、儿童娱乐区、生态绿地区（对港供水箱涵上方土地）、滨水休闲区（与东湖公园水体相连）、阳光草坪区（与东湖公园草坪相接）等不同功能区。该项目实施过程中借鉴了国内外低影响开发、海绵城市建设的做法，灵活采用透水铺装、下沉式绿地、植被浅淘与滞留带、屋顶花园等多种形式的低影响开发技术，以达到蓄渗雨水、削减洪峰、过滤水质和防止水土流失等目的。

（3）西部叠道后海填海区登良路市政工程

项目位置：位于南山区后海片区。

项目规模：总长度1200m。

项目特色：该项目的绿化带内设置 $DN300$ 的多孔雨水收集管，并引其入附近的市政雨水管网。雨水收集管四周采用碎石包裹，碎石面铺设透水土工布。靠道路一侧的沟槽壁铺设防渗土工膜，透水土工布上回填绿化种植土，种植土具有一定的渗透性。同时，在道路立道牙每隔20m处设置宽为0.5m的缺口，缺口处回填碎石，确保路面雨水流入绿化带内，多余的雨水由绿化土渗透至雨水收集管，以达到排水的目的。该项目可有效减少路面雨水口数量，避免雨天路面出现大面积积水的情况。

（4）光明群众文化体育中心

项目位置：位于深圳市光明新区光侨路与华夏路交汇处。

项目规模：占地面积61885m^2，总建筑面积20221m^2。

项目特色：该项目在规划设计阶段就引入低影响开发理念，建设形成包括绿色屋顶、透水广场、植被浅沟、下沉式绿地、透水停车场和雨水收集回用等设施在内的低影响开发雨水综合利用系统。该项目通过将小规模、分散式的技术设施并联或串联的方式从源头对雨水进行管理，起到“滞、蓄、净、用、排”的作用，实现年径流综合控制率大于60%的目标。被收集的雨水经过处理后可提供14m^3/h的供水量，用于周边的绿化浇灌和道路喷洒。

（三）问题和挑战

1. 综合管廊建设的问题与挑战

（1）法律法规不完善

从深圳市综合管廊的建设实例来看，相关法律法规不尽完善，完全是由政府在发挥指导和干预作用，这造成了在城市地下综合管廊建设过程中，许多本该由法律法规来规范指导的建设行为，却由政府以行政干预的手段来强制执行，导致相关法律法规的执行力度和执行效果均大打折扣。

（2）技术体系不健全

目前，深圳市关于指导综合管廊规划建设的技术体系较为空缺。一般的管线技术体系或标准规范都是针对常规的直埋管线或架空线路而制定的，其并不适用于地下综合管廊，因此迫切需要健全的技术体系来指导和支持深圳市综合管廊建设。尤其在消防方面，虽然国家已经出台综合管廊设计标准，但对综合管廊内消防系统的具体设置并不清晰，深圳市有关综合管廊的设计标准中也未针对这一内容进行明确规定，因此需要尽快针对综合管廊内消防系统的设计出台相关技术标准。

（3）施工技术难度大

综合管廊工程的软基处理、管廊基坑支护、管廊防水、管廊结构施工等技术需求大大增加了管廊项目质量得以最终保证的难度。例如，软土地基需采用的清淤换填、抛石挤淤等方案均不利于后期管廊基坑的支护施工，导致钢板桩在施工过程中难以打入或无法打入设计标高，进而增加了后续工序工期拖延的风险。为此，可考虑根据机械工效重新投入机械设备，进行多延段同步施工。同时，对于无法打入钢板桩的地段，可与设计单位协商，对钢板桩的施工线路进行局部优化设计。

（4）运营管理水平低

目前，尽管部分综合管廊（例如电缆隧道等）已投入使用，但由于相关管理人员缺乏专业素质和技能，使其缺乏有效的运营管理。同时，当大批量的综合管廊投入运行后，大量潜在的安全隐患已成为综合管廊建设及运营单位亟待解决的焦点问题。此外，传统的直埋管线投入使用后，维修养护和更新管线等工作及产生的费用须由各自的管理单位负责，但在各类管线纳入综合管廊后，各类管线权属单位之间的相互协调问题、综合管廊管理维修费用的来源、以及运营管理责任最后由谁负责等问题目前均未有确切答案。

（5）管理协调困难

以往的城市道路管线建设模式一般由政府指派的建设单位来主导，由政府投资，极少部分由管线的管理运营单位筹措。在开始建设综合管廊后，势必要将原有各专业管线纳入综合管廊中，然而，由于深圳市各市政管线的行业管理公司较多，不易协调同步实施，因此至今为止，各单位按何种方式分摊综合管廊项目的建设费用以及各公用事业管线的管理费用，并没有统一的行业管理规定。

2. 海绵城市建设的问题与挑战

（1）投融资模式有待探索

根据深圳市海绵城市建设规划，未来时期内全市海绵城市建设市场需求将不断扩大，而高额的资金投入使海绵城市的建设面临着巨大挑战。因此，在海绵城市开发、规划、建设到运行、维护的整个生命周期内，如何保证长期可持续的资金投入，如何创新投融资模式，是深圳市海绵城市建设亟待解决的重要问题。此外，如何发挥市场配置资源决定性作用和政府调控引导作用，积极推广政府和社会资本合作（PPP）、特许经营等模式，吸引更多的社会资本广泛参与到海绵城市建设中，均是深圳市海绵城市投融资模式探索需要攻破的核心难题。

（2）部门协调机制不健全

深圳市城市防洪与城市排涝问题涉及参与主体众多，包括市政、水利、城市环保、水务、园林等不同部门，仅靠其中任何一方的力量都不能完成海绵城市的综合建设管理。但目前，尽管住房和城乡建设部发布了海绵城市建设相关技术指南，并进一步推出了海绵城市专项规划，但并未明确说明城市雨水应由哪个部门来管理，或是由几个部门联合管理。因此，在海绵城市的建设管理过程中，深圳市现有不同部门之间广泛存在着衔接与整合问题，部门协调机制发展受阻，亟需破除原有体制障碍。

（3）专业技术难磨合

海绵城市在规划设计和项目实施的过程中，通常要面对不同专业间冲突和专业人员知识局限的问题。若不妥善协调各专业间的关系，即使有再好的技术、理念和最新的雨水系统专项规划，也难以将其落到实处。海绵城市的实际建设，既包括改造难度很大的老旧城区，也包含部分新城区与待建区，涉及数百个项目的规划设计、施工建设及运行评估。同时，整个建设也涵盖各种灰色和绿色基础设施的选择及合理组合，甚至涉及河道、湖泊及流域的综合整治。因此，如何有序、尽快地完成海绵城市实施方案的整体规划，科学、全面地开展各项目的设计及施工建设，是目前深圳市海绵城市建设所面临的较为紧迫且难度较大的任务。

(4) 海绵城市水管理体系不完善

海绵城市建设的根本点是“水”，但解决水问题不仅仅靠工程建设“硬件”，还要依靠科学管理“软件”。在一个成熟的海绵城市水管理体系中，首先需要海绵城市建设后评估管理规范和制度，其次需要以水文学为核心的海绵城市规划团队和合作实体。但目前，深圳市海绵城市水管理体系的构建尚不完善。同时，海绵城市建设是深圳市智慧城市建设的重要组成部分，由于水管理涉及“水与气候”、“水与环境”、“水与生态”、“水与社会”等多个维度，因此涉水的海绵城市建设与管理基础监控平台必不可少。但目前，在深圳市复杂的海绵城市水系统中，关于这些方面的实践和应用仍处于起步阶段。

(四) 探索和创新

1. 综合管廊建设的探索和创新

(1) 合理确定工程承包模式

期望管廊建设单位结合深圳市综合管廊项目实际情况，合理确定工程承包模式，如采用传统的分阶段发包模式等，本着优质优先、优质优价的原则，将勘察、设计、施工、监理分别发包给符合资质条件的建设工程企业。另外，鼓励管廊建设单位实施工程总承包模式，建立完善适合管廊建设工程总承包发展的招投标和建设管理机制，为推行工程总承包创造有利条件。其中，建议将管廊施工总承包业务在同等条件下优先发包给省、市级重点扶持建筑企业。

(2) 认真履行基本建设程序

深圳市综合管廊建设如需占用、挖掘城市道路，管廊建设单位应当到相关部门办理审批手续，按照批准占用、挖掘；如需穿（跨）越或利用公路、人防设施、河道及堤防设施，或涉及消防安全、树木保护，管廊建设单位应当征求有关主管部门意见，并依法办理相关手续。在管廊施工前，管廊建设单位应按规定申请领取施工许可证。此外，建议严格落实综合管廊项目的建设、勘察、设计、施工、监理五方责任主体项目负责人质量终身责任制。在管廊建设覆土前，管廊建设单位应按照有关规定进行竣工测量，并对测量数据和测量图的真实性、准确性负责。而在管廊建设竣工后，管廊建设单位应当及时组织勘察、设计、施工、监理等相关单位进行管廊竣工验收并做好存档工作。

(3) 切实加强施工现场管理

综合管廊施工单位应建立符合要求的项目经理部，并按规定配备齐全的岗位人员，协助监理单位展开现场监理工作，满足项目监理目标控制的要求。此外，项目经理部应建立健全管廊工程质量保证体系、安全生产保证体系，制定能够满足国家、省及行业规范或标准要求的、有针对性的、符合管廊建设施工现场实际的文明施工、工程质量、安全生产、建筑扬尘、环境保护等制度，以确保综合管廊建设工程的质量安全和文明施工。同时，鼓励推进管廊建设施工现场标准化管理工作。管廊建设施工时，施工单位应在施工现场设置施工标牌，并在施工标牌上标明各单位项目负责人信息以及项目基本信息等内容。

（4）积极推进预制装配式管廊

一方面，应推广有利于深圳市管廊建设的新工艺、新材料、新设备，推进管廊建设产业化，加大对预制装配式管廊的支持力度，鼓励有条件的施工企业、预制构件生产企业投资建设预制管廊生产基地，生产应用标准化、工业化的预制管廊产品，以提高管廊预制装配率，达到缩短工期、节约人力、减少污染的目标。另一方面，建议定期组织开展深圳市预制装配式管廊标准化、产业化研究，编制装配式管廊标准化设计图集，以指导本地装配式管廊的设计工作。此外，还应加强从业人员培训，组织开展管廊建设管理人员、预制装配式管廊安装人员培训工作，建立产业工人队伍，以提高预制管廊安装质量，确保施工安全。

2. 海绵城市建设的探索和创新

（1）建立以效果为导向的海绵城市考核机制

深圳市海绵城市在快速推进的过程中，应坚持高质量发展优先的方针。在尊重全市发展规律的前提下，深圳市政府应基于一系列海绵城市的设计施工、管理运行、维护检测等相应标准规范，建立以效果为导向的海绵城市考核机制，使其成为有序、安全、系统、可持续推进海绵城市建设的重要方式和有效途径。

（2）建立完善的海绵城市建设体系

深圳市海绵城市建设是一个长期的系统工程，应有完整的理论体系作为支撑，需要将给水、排水、园林、城市建筑等学科有机统一。在建立新兴的深圳市海绵城市建设体系前，建议收集建设海绵城市所需的众多参数和指标，将其汇总后针对当前所面临的问题进行适当调整，并确保对全市环境影响的最小化。

（3）提升海绵城市建设资金的可持续性

资金问题一直是深圳市海绵城市建设的难题之一，因此应努力推动以效果为导向的海绵城市投资与建设样本，力求由“政府花钱买工程”向“政府花钱买效果”转变。同时，建议进一步创新融资模式，撬动社会资本共同参与深圳市海绵城市的建设，并可用股权和债权两种方式投资全市的海绵城市建设，以促进绿色产业金融体系的创新，进而提升海绵城市建设资金的可持续性。

（4）强化海绵城市在大数据方面的运用

在深圳市建设智慧城市的浪潮中，建议利用信息化技术，通过统筹协作的方式撬动整个海绵城市建设的支点。在构建统一的海绵城市建设平台和数据库的基础上，鼓励进行大数据分析，辅助深圳市不同区域、部门和主体进行决策，使海绵城市做到信息化、网络化、精细化发展，这样既能扫除海绵城市建设中的管理真空和安全死角，又能提高运行效率，并降低成本。

（5）引导社会公众积极参与海绵城市建设

海绵城市的建设与深圳市的可持续发展密不可分，与市民大众的生活质量也息息相关，因此深圳市政府机关和社会公众应深刻认识海绵城市建设工作的重要性和紧迫性。建议深圳市政府日后加大对海绵城市相关知识的教育宣传力度，拓宽各种信息公开渠道，并运用多种大众媒体方式，鼓励和引导社会公众积极参与、支持并配合全市海绵城市的建设。

五、轨道交通

（一）发展动态

自改革开放以来，我国城市经济迅猛增长，城市化水平日益提高。在城市化进程中，城市轨道交通的建设是城市基础设施建设的重要内容。目前，我国很多大中城市均建立了以城市轨道交通为骨干的公共交通网络，而深圳市作为改革开放的先行者，对城市轨道交通的建设有着极大的需求。

1998 年 7 月 31 日，深圳地铁挂牌成立，拉开了深圳市城市轨道交通建设的序幕。经过 20 年的快速发展，深圳地铁运营线路从最初的 1 条线（40km），到今日已建成的 8 条线（292.6km）；日均客流量从开通之初不足 10 万人次，到今日的 400 余万人次，地铁已成为深圳城市公共交通的主力军。

2018 年于深圳，是城市轨道交通发展表现出“鹏城共同体，深铁加速度”的辉煌年度。这一年，深圳市轨道交通遵循着现阶段各政策规划（表 3-10），见证了轨道交通四期工程的全面开工。同年，深圳地铁累计安全出行 12.3 亿车公里，线网共运输乘客 18.7 亿人次，日均客流达 514.38 万人次，仅次于北京、上海和广州，公共交通分担率高达 42%，列车正点率保持在 99%以上（数据来源：网络）。

深圳市轨道交通规划汇总　　表 3-10

规划文件	具体内容
《深圳市建设事业发展“十三五”规划》	确保轨道交通三期工程在“十三五”期间完成并投入使用。加快推进前海综合交通枢纽及国铁项目穗莞深城际线建设，重点实施东进战略，着眼于“外部打通、内部联网”，全面加快深圳市东部地区的轨道交通、陆路交通建设和基础设施建设
《深圳市城市轨道交通第四期建设规划(2017-2022 年)》	预计至 2020 年，全市城轨交通线网将由 16 条线路组成，总长度约 600 公里；远景年线网由 20 条线路组成，总长度约 750km。2022 年深铁四期通车后，计划全市轨道交通出行量占公共交通出行量 45%以上
《深圳市轨道交通线网规划(2016-2030)》	至 2030 年，全市规划城市轨道线路 32 条，总规模约 1142km，由市域快线和普速线路构成；提出同年实现“45/70/70”一体化交通发展目标，即城市主副中心之间 45min 通达，公共交通占机动化出行量 70%以上，轨道交通 70%以上
《深圳市城市总体规划(2016-2035 年)》	至 2035 年，计划全市形成 33 条线路、总里程达 1335km 的轨道网络，将是目前已开通里程的 4.7 倍；届时密集轨道交通网将覆盖全市，并加强深圳与粤港澳大湾区其他城市之间的联系

（二）典型项目

目前，深圳市已建成的 8 条地铁线路包括 1 号线、2 号线、3 号线、4 号线、5 号线、7 号线、9 号线和 11 号线。2018 年，深圳市轨道交通四期新增开工线路 5 条，在建里程约 149km，总投资额共 1344.6 亿元（表 3-11）。同年，深圳市轨道交通同步在建项目达到 17 个，同步在建里程近 300 公里，形成了地铁三期、四期工程同期实施、滚动发展的新格局。深圳市轨道交通四期工程完成后，全市将形成 15 条线路、总长约 570km 的轨道交通网络体系（数据来源：网页）。本报告将以 2018 年深圳市轨道交通四期新增工程作为典型项目进行重点介绍，数据资料均来源于中国轨道交通网。

深圳市轨道交通四期新增地铁线路汇总　　表 3-11

线路名称	线路长度表(km)	占全网比重(%)	投资额(亿元)	站点个数
12 号线	40.5	25.4	381.4	33
13 号线	22.4	14.1	214.8	16
14 号线	50.3	38.4	429.7	17
16 号线	29.2	18.3	275.3	24
6 号线支线	6.1	3.8	43.4	4

1. 12 号线工程

深圳地铁 12 号线是深圳城市轨道交通线网四期建设规划中的骨干线（图 3-2），是深

图 3-2　深圳地铁 12 号线线站位方案

圳市轨道交通线网近期建设规划中唯一一条南北穿越宝安老城区和南山区的线路，起自左炮台站，终至海上田园东站。该线路全长约 40.5km，全线采用地下敷设方式，共设车站 33 座，全部为地下站，其中换乘站 18 座，可与 6 条既有运营地铁线路、6 条规划地铁线路及惠莞深城际线实现换乘，是深圳地铁建设史上最难的地铁线路之一，共投资 380 亿元。2018 年 1 月，12 号线工程举行开工仪式；4 月，该线工程正式开工建设；9 月，完成前期工程，正式拉开主体工程建设的帷幕；10 月，该条线路上共 16 个工点正式进入施工阶段，并计划于 2021 年完工。深圳地铁 12 号线能够支撑深圳西部发展轴带建设，推动前海蛇口自贸区、空港新城地区城市发展，同时缓解南山中心区和宝安中心区的交通拥堵问题。

2. 13 号线工程

深圳地铁 13 号线南起深圳湾口岸，主要沿科苑大道、同发路、沙河西路、宝石路、田心大道，止于上屋北站（图 3-3），全长 22.4km，全部为地下线，设 16 座车站，全部为地下车站，其中换乘车站 12 座，总投资额约 233.71 亿元。该线路地铁列车车辆采用 A

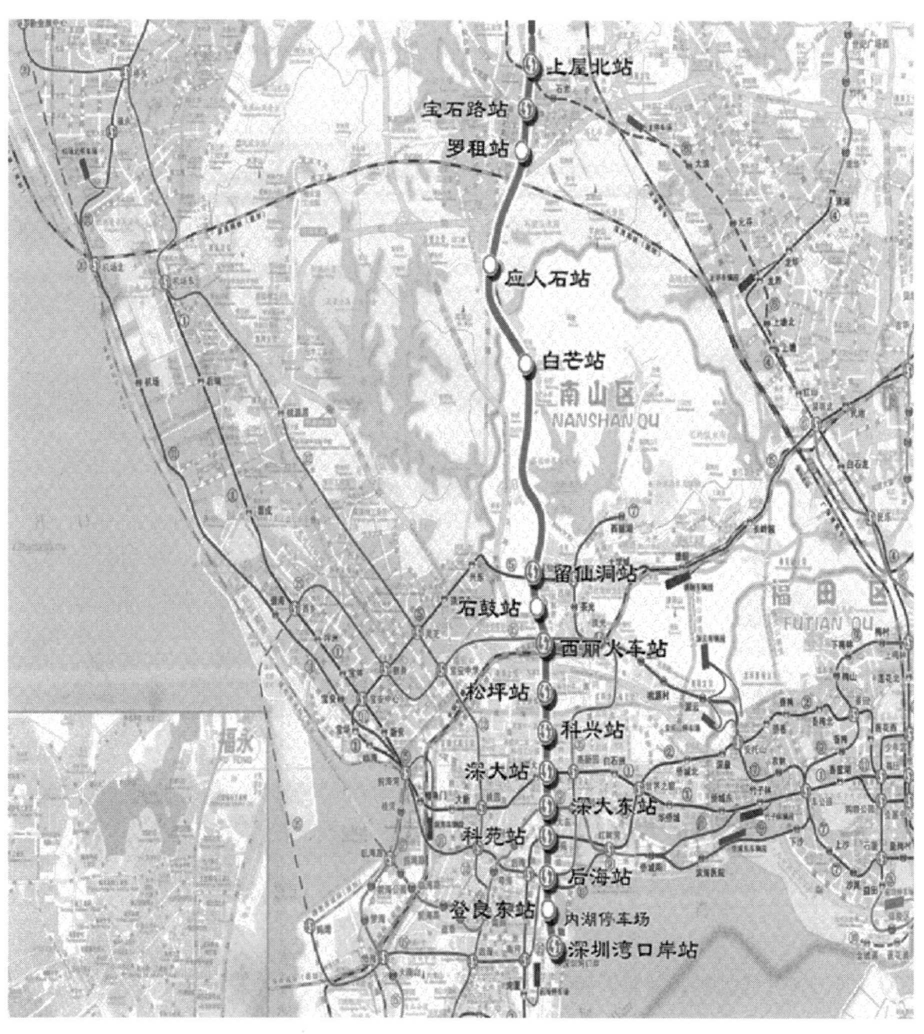

图 3-3 深圳地铁 13 号线线站位方案

型车 8 辆编组，列车最高运行速度为 100km。2018 年 1 月，13 号线工程举行开工仪式；5 月，该线工程正式开工建设。目前，该线路正在紧锣密鼓的建设中，并计划于 2022 年建成通车。届时，市民前往深圳湾口岸将更加快捷。深圳地铁 13 号线是推进自贸区建设、促进粤港澳大湾区构建互联互通格局的重大基础设施项目和民生工程，横跨南山区、宝安区和光明新区，对于深圳城市轨道交通的发展乃至整个深圳南部的城市规划都具有至关重要的意义。

3. 14 号线工程

深圳地铁 14 号线工程在《深圳市城市轨道交通第四期建设规划（2017-2022）》中定位为连接中心城区和龙岗区、坪山区的快线（图 3-4），串联了福田中心区、清水河、布吉、横岗、大运新城、坪山区、坑梓、沙田等地区，覆盖了东部地区南北向交通需求走廊，是联系深圳中心区与东部组团的轨道交通块线，是支撑整个东部发展轴的轨道交通骨干线，是支持深圳东进战略实施的重要交通保障。该条线路自岗厦北站至沙田站，且沙田站已预留延伸至惠州的条件，全长约 50.3 公里，全部采用地下线敷设方式，共设站 17 座，采用自动化无人驾驶，总投资约 430 亿元。该条线路地铁列车最高设计速度为 120km/h，将快速拉近深圳中心区与东部组团间的时空距离，满足区域内以及组团间的快速通勤需求。2018 年 1 月，14 号线举行开工仪式，目前，全线工程已正式进入区间施工阶段，将于 2022 年完工。为了确保安全施工、文明施工和绿色施工，深圳地铁 14 号线全线所有建设工程的工地都严格落实“七个 100%”要求。待该条线路建成通车后，龙岗区将进入 30 分钟交通圈，坪山区将进入 40 分钟交通圈，深惠将进入“1 小时都市圈”。

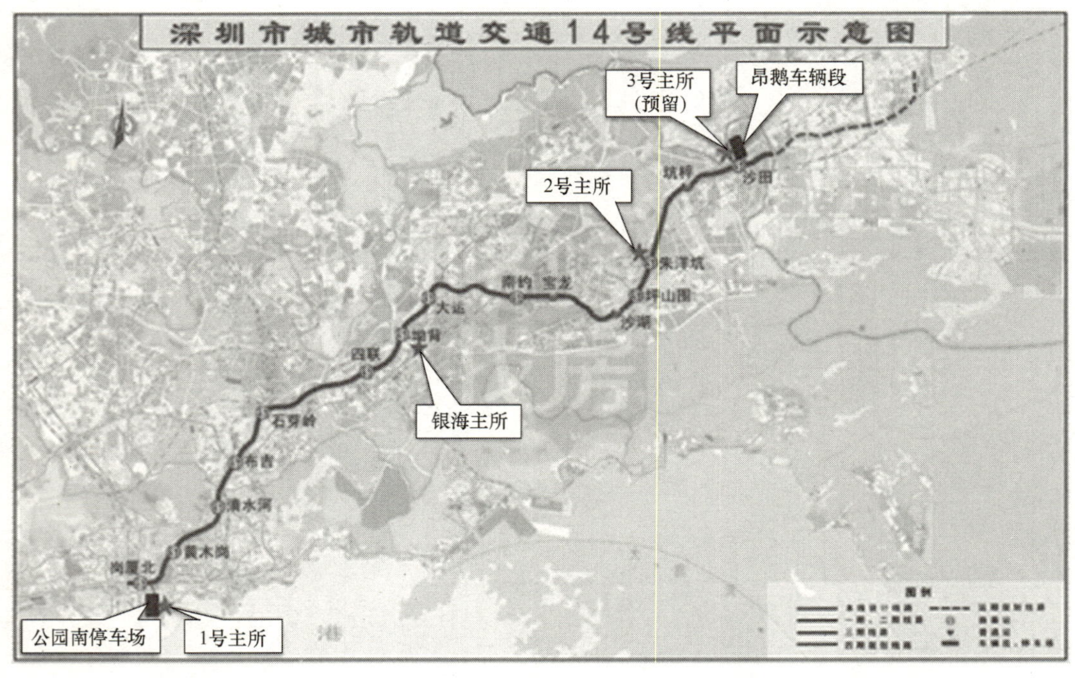

图 3-4　深圳地铁 14 号线线站位方案

4. 16 号线工程

深圳地铁 16 号线工程作为深圳轨道交通四期线路之一（图 3-5），是落实东进战略的重要举措。该线路由大运站引出，沿龙岗大道、黄阁路、龙平路敷设，经龙岗老中心区后沿深汕公路往南至坪山站，经坪山中心区后沿东纵路、金田路等路敷设至终点田心，正线全长 29.2km，全部采用地下铺设方式，共设车站 24 座，在坪山区共设 11 座地下车站，投资约 280 亿元。深圳地铁 16 号线于 2018 年 1 月举行开工仪式，目前，正处于前期工程施工阶段，已有 8 个车站完成绿化迁移占道审批，6 个工区完成驻地建设。按照计划，该条线路将于 2023 年 7 月投入运营。16 号线建成后将连接大运新城、龙岗中心城、坪山站及坪山区等地区，覆盖龙岗区区域同城化发展主轴，大大缓解交通压力，能够实现龙岗中心城与坪山区之间的快速联系，是深圳市重大民生工程之一。同时，该线将衔接起深圳与惠州城际之间的轨道交通。此外，16 号线建成后将使用全自动运行系统，实现无人驾驶的地铁运行模式。

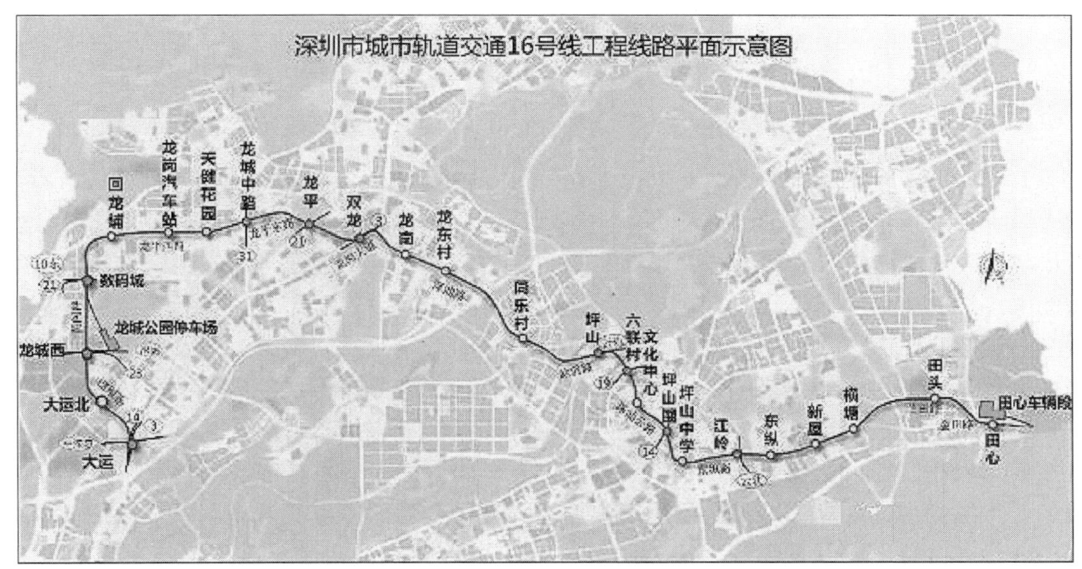

图 3-5 深圳地铁 16 号线线站位方案

5. 6 号线支线工程

深圳地铁 6 号线支线是深圳地铁四期工程重点建设项目（图 3-6），位于深圳市光明区，起点设在 6 号线翠湖站东侧（翠湖站为两线换乘车站），终点位于公常路深莞边界，共设 4 站 4 区间，连接光明中心区和光明北区、中山大学，与规划建设的东莞 1 号线南延线衔接，总投资 43 亿元。2018 年 1 月，6 号线支线举行开工仪式，是地铁四期工程首条全线开工的线路，主体围护结构率先全面开工。由于该线下穿地层断裂带、大陂河、柴山硬岩段等不良地层以及广深港高铁桥、高压线、人行天桥、雨水箱等构筑物，与规划公常路下穿隧道工程同步实施，同时，存在着零星用地征迁、绿化迁移、交通疏解、管线改迁等其他问题，因此在实际工程实施中存在极大的施工难度。但目前，该线路各工区的施工进度稳步推进，预计将于 2022 年通车试运营。地铁 6 号线支线建成后将互联、互通深圳和东莞两市的轨道交通网，以促进深莞一体化发展，对推动深圳北部发展轴及其重点地区建设等具有重要意义。

图 3-6　深圳地铁 6 号线支线线站位方案

（三）问题和挑战

1. 多功能组合运营的挑战

目前，在深圳轨道交通运营方面，为实现线路效益最大化，在线网前期规划阶段，曾考虑过采用过轨、开行快慢车以及越行运营等兼顾多种功能的运营理念，但在城市轨道交通的实际运营中却难以实现。深圳轨道交通 5 号线、13 号线均尝试过采用过轨及开行快慢车的运营组织方案，但当线路进入初步设计阶段时，由于运能损失、投资问题、候车时间、工程难度、运营管理复杂性等多方面的约束，在综合分析方案的可行性和合理性后发现，难以实现既定目标。多功能组合运营面临的困难主要包括运营组织功能复杂、建设越行站成本较高、越行快慢车与普通行车组织测算总时间成本基本相当、高峰时段发车对数减少而无法满足远期高峰客流等问题。建议在深圳市今后的轨道交通规划中，通过快慢结合、越行、过轨、通勤及商务功能兼顾等多种组合运营方式来满足乘客出行的多样化需求，进一步提高深圳市轨道交通服务水平，以降低运营成本，实现整体线路的效益最大化。

2. 发展模式的挑战

深圳计划于 2035 年建成总里程 1335km 的城市轨道交通网络，力求在线路规模和密度上比肩东京都市圈，然而目前深圳市轨道交通结构模式单一、枢纽换乘麻烦等问题阻碍了深圳轨道交通跻身世界一流行列。目前，深圳市轨道交通发展采用的系统制式较为单一，以地铁制式为主。单一的大运量城轨网络存在着非常明显的缺陷，若线网密度低，则存在覆盖率不足的问题；若线网密度高，又面临客流不足、运能浪费等风险。尽管龙华现代有轨电车线路作为轨道交通的补充，在深圳市已经开通，但其模式多元化发展之路仍处于起步阶段，公共交通服务水平尚待进一步提升。目前，国家正在积极推动粤港澳大湾区的建设工作，深圳作为湾区核心城市，如何在此背景下发展城市轨道交通的多元化发展模式，并发挥其重要的促进作用，是后续值得深入探讨的问题。期望深圳市轨道交通网络在今后能形成完善的以地下轨道交通承担主客流走廊、辅以现代有轨电车承担次要客流走廊的骨干公共交通系统，在支撑城市空间结构形成的同时，推进深圳市城市更新的进程。

3. 城轨交通线网规划编制的挑战

城轨交通线网规划编制的挑战主要体现编制主体、技术标准和线网规模三个方面。首先，组织编制城市轨道交通线网规划涉及的主体众多，例如规划部门、地铁集团、住建局、交通运输局、轨道办等。各部门协调工作量巨大，且相互之间利益交错，这给线网进度规划及后续的建设过程带来了极大的挑战。其次，在技术标准层面，对线路技术标准的选择尚需深入考虑，例如广州、东莞、深圳三市的穗莞深城际线采用 140km/h 最高设计速度标准，造成线路运行时间过长，难以满足三市之间的商务出行功能，后续珠三角城际线也均未按照该设计速度批复相关城际线。而在线网规模方面，由于缺少对城市轨道交通各层次规模的测算论证，得到的轨道交通规模数据仅具框架性，对于轨道交通线网规划的指导性及针对性不强，导致轨道交通线网规划阶段重点落实至网络方案时往往忽略各个层次轨道交通的规模测算。

4. 与城市协调发展的挑战

城市轨道交通与城市协调发展的挑战主要体现在职住空间匹配的需求以及其与轨道交通的关系上。虽然深圳市轨道交通使得各就业集中地到达城市外围地区的居住集中地较为方便，但现实的职住关系中，近域职住空间平衡仍然占有重要的地位，而以城中村为代表的低生活成本居住空间使得这种平衡成为可能，但这种就业者在居住选择上的偏好并没有得到城市土地使用和交通规划的响应与关注。此外，无论是职住总体分布、实际职住关系，还是轨道通勤客流都显示出在关内已形成以高新园、车公庙、福田、华强和罗湖为中心的就业集中地，且围绕各个就业集中地形成了各自较为独立的通勤腹地，即基于各个就业集中地的多中心格局已经基本形成。但如果从整个市域范围尺度而言，深圳仍然是一个较为显著的单中心城市，关内的就业集中地共同构成了一个大的单中心，而关外尚未形成明显的非工业类就业集中地。这种单中心城市所带来的规模不经济、向心交通流过大等问题，给深圳市交通发展带来了严峻的挑战。

5. 环保节能的挑战

目前，从规划、建设到运营各个阶段，深圳市轨道交通均会产生各种环境问题，如噪声污染、电磁辐射、地下水污染、景观破坏等，同时也面临着各种可持续发展的问题，如系统设备投资大、占地下空间大，设备系统运行能耗多、维护成本高等。此外，能耗问题是城市轨道交通中所面临的另一环境问题。相比于其他的交通形式，在相同的交通运输能力上，城市轨道交通看似消耗更少的能源。然而，深圳市属于夏热冬暖地区，高温高湿天气时间长，导致轨道交通各控制区域的环境条件苛刻，且深圳市轨道交通具有庞大的交通运输量，故其总耗电量非常大，是一个大型能源消费者。因此，为了顺应环境发展和人们需求的发展，如何有效地将节能、低碳、环保的概念应用到城市轨道交通的全生命周期中，是现阶段深圳市轨道交通发展亟待解决的主要问题之一。

（四）探索和创新

1. 技术创新

（1）高铁技术的应用

目前，深圳市轨道交通的发展应用了多项高铁精密技术。例如，在深圳地铁 7 号线的建设过程中，用高铁 CP 三代控制测量网和精调技术替代了传统基标测量方法，使轨道几何尺寸达到了高铁的标准，从而确保了轨道几何尺寸的平顺性和列车运营的安全性和舒适度。同时，地铁 7 号线还参照高铁成熟技术，结合地铁短轨枕和长轨枕施工的优点，提高轨道工程质量。此外，在居民密集区、医院、学校等敏感区域，地铁 7 号线采用了道床垫和钢弹簧浮置板混凝土道床等减振降噪措施，降低了列车行驶噪音振动对沿线周边环境的影响。而在车站装修材料上，深圳市轨道交通则创新性地采用了水泥纤维板、微晶石、水磨石等新材料，为开创低碳环保型装饰装修积累了经验。

（2）BIM 技术的应用

随着工程信息化水平的提高，BIM 技术被越来越多地应用在城市轨道交通的发展中，例如它在深圳地铁 7 号线机电安装工程优化、9 号线深化设计中均发挥着至关重要的作用。通过 BIM 技术的应用，能够构建各车站建筑、结构、机电及综合管线三维模型，进而实现碰撞检查、设计优化、施工模拟、现场漫游等功能，大幅提高了深圳市轨道交通的施工质量和建设效率。尤其在城市轨道交通线路施工情况复杂、难度较高的情况下，BIM 技术的信息化和参数化应用，在轨道交通施工管理及后期的运营维护方面展示出其自身突出的优势。此外，BIM 技术与 GIS、VR、云技术、物联网、数字化捕捉技术等前沿技术的结合使用，也为深圳市城市轨道交通的发展提供了新的契机。

（3）节能技术的应用

深圳地铁面临着巨大的节能压力，创新性地应用了信息化变频空调通风和全变频扶梯节能技术，空调通风系统和扶梯运行实时信息的快速自动闭环反馈，保证了耗时少的有效运行功率，减小了耗时多的无效运行功率，从而用信息化技术达到节能的目的。其中，深圳地铁 9 号线工程在节能设计方面尤为突出，其通过空调机组、水泵、风机等全方面变频调节，采用水系统蓄冷技术、大温差管路系统等新型节能技术实现了通风空调系统真正意义上的节能。

（4）施工技术的创新

填海区的地下水丰富、地质条件差，周边环境复杂、管线密布、交通疏解难度大。因此，在地下车站的施工过程中，建议施工企业重视深基坑等重大风险源的动态管控，广泛应用先进工艺和技术创新手段解决难题。例如，对于硬岩地下车站，鼓励采用数码电子雷管爆破技术；对于盖挖逆作车站，鼓励采用矮支架施工技术、十字型钢柱高精度定位技术；对于停车场和车辆段，鼓励使用整体移动式灯笼架立柱模板支撑系统施工技术。以深圳市地铁 11 号线为例，该条线路是深圳地铁三期工程中的“排头兵”。为提高轨道质量，确保线路的安全性及舒适度，同时减少轨道病害，该线路采用了双块式轨枕工艺技术、道岔寿命延长技术、点支撑橡胶浮置板、减振型预制轨道板工艺技术等一系列新技术。

2. 投融资模式的创新

在深圳地铁一期工程至四期工程的建设过程中，深圳地铁的投融资模式正在由单一的政府财政支持模式向社会化、多元化的融资模式转变。

（1）深圳地铁一期工程

深圳地铁一期工程的建设主要实行以政府财政投资为主导的投融资模式。该工程 1 号线首期 17.446km，4 号线南段 4km，概算总投资约 115 亿元，经竣工决算审计后总造价 106.53 亿元，其中，70％的建设资金由政府财政投入，其余 30％的建设资金则由深圳地铁向银行贷款解决。

（2）深圳地铁二期工程

深圳地铁二期工程开始探索实行“地铁＋物业”的多元化投融资模式，并在前海车辆段进行尝试实践。目前，二期工程上盖物业项目共计 8 个。深圳地铁二期工程有 4 条线路由深圳地铁集团负责建设，包括 1 号线续建 23.416km、2 号线 35.78km、3 号线 41.659km 和 5 号线 40km，总投资概算约 688 亿元，其中，政府财政投入 50％，剩余 50％由深圳地铁集团融资解决。

（3）深圳地铁三期工程

深圳地铁三期工程全面实行“地铁＋物业”投融资模式。该模式是在政府政策支持下，将地铁企业优化规划出的上盖物业和沿线白地开发资源，通过合法程序赋予地铁企业开发权，由地铁企业进行市场化运作，能够实现地铁沿线外部效益的部分内部化，进而构建地铁企业盈利模式，并以此支持市场化运作的投融资模式的实施。现阶段，深圳地铁上盖物业项目已增加至 15 个，总用地面积约 179.23 万 m^2，开发建筑面积约 613.47 万 m^2。伴随着“地铁＋物业”模式的深入推进，地铁三期沿线及上盖配套的土地将以土地使用权作价出资方式注入深圳地铁集团，并将配套土地资源形成的现金流用以满足地铁建设的资金及折旧、利息等需求。例如，深圳地铁三期工程的 7、9、11 号线总投资共计 997 亿元，政府与企业分别负担 50％投资，政府投资由以前的现金投入改为土地资源投入。

（4）深圳地铁四期工程

深圳地铁四期工程新建 5 段轨道线路，包括 6 号线支线、12 号线、13 号线、14 号线和 16 号线，全长 148.9km，投资约 1344.5 亿元。为加强对深圳地铁运营期经营行为的约束，鼓励在其建设过程中建立轨道交通的特许经营机制，选择有条件的线路和项目分步实施，并建立政府与地铁运营企业之间的契约关系，主要采用 PPP、BOT、TOT 等多种融资模式。此外，深圳地铁融资渠道不断创新，充分利用了融资租赁、中期票据、企业债券、（超）短期融资券、跨境人民币贷款、国家专项建设资金等多种融资工具。目前，深圳地铁已形成轨道建设＋轨道运营＋物业开发＋资产经营＋资本运作“五位一体”的产业链。

3. 专业教育的创新

深圳市提出打造粤港澳大湾区国际综合交通枢纽，推动深圳城市轨道交通事业高质量发展的目标。在新一期城市轨道交通建设规划中，深圳市将从大湾区发展需求、可持续发展需求和市民美好出行需求出发，提高全市轨道交通的整体管理水平。目前，高风险、高难度的轨道交通建设项目较多，对经验丰富、熟悉项目建设的管理人员、技术人员的专业教育水平提出了更高的要求。2018 年，深圳地铁集团党校、深圳地铁大学、深圳技术大学地铁校区、深圳地铁教育培训中心正式成立，并开展专业化能力培训、高端人才岗位交流，推行挂职锻炼，旨在进一步加强对深圳地铁中高等人才的培养。另一方面，深圳地铁集团为鼓励人才培养，不断推进薪酬制度改革，旨在建立适合深圳地铁各业务板块特点的差异化薪酬体系，并开始设立高端特聘岗位、市场稀缺人才、特有工种人才与国际化人才的薪酬特区机制。

4. 规划理念的创新

在 2018 年的城市轨道交通建设中，深圳市政府、轨道交通建设企业和技术机构三者之间密切配合，建立了一套精细化、系统化和科学化的规划设计体系，旨在推动轨道交通和城市共同建设与发展。城市轨道交通建设过程是土地利用协调、交通一体化、城市基础设施同步更新改造的过程，深圳市主要有以下三方面的探索经验。一是具有良好的实施保障机制，通过建立协调机构和完善协调机制，深圳市政府与企业各部门以及技术机构能够根据自己的职责制订详细方案，分头实施。二是拥有完善的规划体系，在国家批复建设规划后，深圳市轨道交通在设计阶段前期，增加了详细规划和工程可行性方案落地研究，以保证把轨道交通规划落实到城市规划的法定规划中。三是拥有先进的理念，深圳市轨道交通重视综合枢纽的规划，从功能定位、选址、规模、空间组织、物业开发等多方面研究，将轨道交通车站分为市级、区级和一般车站，采用珠链式土地开发模式。

5. 招标模式的创新

深圳市轨道交通的招标方式经历了从小标段到大标段、再到整条线路大标段的模式转变。对于体量较大的轨道交通工程，最先采取的是小标段发包的方式。小标段招标标段划分较小，一般是1～2个单位工程为一个标段。小标段发包模式具有缩短工期、促进公平竞争、缓解企业资金压力等优点。随后，由于小标段模式下施工单位众多，统筹管理存在极大的困难，深圳轨道交通三期工程后期改用大标段的施工总承包模式。这种模式在资源配置、体系运行、管理协调等方面具有显著优势。目前，为缓解大标段招标后所出现的诸多管理问题，深圳地铁四期工程采取整条线路大标段方式招标。这种模式有利于统筹设计标准和施工工法，减少土建、设备安装、装饰等标段的划分数量，减轻设计院设计任务，简化项目前期准备以及工程竞标发包等复杂环节。

六、节能环保

（一）建筑节能

1. 具体现状

建筑节能是指在建筑材料生产、房屋建筑和构筑物施工及使用过程中，满足同等需要或达到相同目的的条件下，尽可能降低能源消耗。截至2018年底，深圳市征集到187个公共建筑节能改造合同能源管理项目，改造面积达832万m^2，全部项目竣工后预计每年可节约用电8000万千瓦时，实现年减排量7.6万吨CO_2，计划到2020年完成公共建筑节能改造面积不少于240万m^2。深圳市“十三五”规划对新建建筑节能做出以下规划：研究确定民用建筑能耗总量与碳排放总量控制目标，新建民用建筑100%执行建筑节能与绿色标准，建立完善以结果为导向的绿色建筑评价标准体系，将建筑工业化作为推进绿色建筑的重要内容和重要手段，计划“十三五”期间实现新建建筑节能量达到43万吨标准煤。

2. 相关政策

随着建筑领域低碳发展，深圳市率先在国内颁布建筑节能条例，成为全国首个全面强制新建民用建筑执行节能标准的城市。2018年，深圳市继续加强建筑节能相关制度建设，对建筑节能方面的政策规范进行了修订，并在公共建筑能耗管理方面进行了较为详细的规定，对常见问题进行了重点突出与规避；在激励机制上调整了资助方式、细化了资助类别、适当上调了资助标准，有力推进了深圳市建筑领域的建筑节能和绿色建筑发展。

2018 年 6 月 11 日，为应对建筑能耗不断增长的问题，深圳市住建局对公共建筑和居住建筑节能标准进行了全面、系统地修订和完善，同时发布了《公共建筑节能设计规范》（SJG 44-2018）和《居住建筑节能设计规范》（SJG 45—2018），这两部节能标准均于 2018 年 10 月 1 日起实施。与原规范相比，修订后的新规范以节能 65％为目标，更加契合深圳市建筑节能的特点，具有更高的可操作性与实施性。

2018 年 6 月 12 日，为了推进深圳市建筑领域节能减排和绿色建筑发展、促进建设科技创新和技术进步、更好地打造深圳质量和深圳标准，深圳市住建局和市财政委联合编制与修订了《深圳市建筑节能发展专项资金管理办法》（深建规〔2018〕6 号）。该管理办法在深圳市建筑节能减排和绿色建筑发展方面发挥了重要的激励和支撑作用，具体资助标准如表 3-12 所示。

2018 年 12 月 4 日，为了解决目前市场上存在的各类公共建筑能耗管理系统缺乏统一技术要求的问题，深圳市住建局发布了《公共建筑能耗管理系统技术规程》（SJG 51-2018），并于 2019 年 1 月 1 日起实施。该技术规程明晰了公共建筑能源管理系统的功能要求，为软件开发人员提供了参考标准，对公共建筑能耗管理系统的设计、施工、系统调试与检查、运行维护环节做出详细规定，有利于规范公共建筑节能管理市场，促进建筑行业健康发展。2018 年深圳市建筑节能发展动态详见表 3-13。

深圳市绿色建筑示范项目具体资助标准　　表 3-12

<table>
<tr><th colspan="2" rowspan="2">类型</th><th rowspan="2">级别</th><th colspan="2">资助标准</th><th colspan="2" rowspan="2">资助上限（万元）</th></tr>
<tr><th>单位</th><th>额度</th></tr>
<tr><td rowspan="10">绿色建筑示范项目</td><td rowspan="3">新建绿色建筑</td><td>二星级或银级</td><td rowspan="7">元/m²</td><td>20</td><td>180</td><td rowspan="6">不超过建安工程费 3％</td></tr>
<tr><td>三星级或金级</td><td>40</td><td>250</td></tr>
<tr><td>铂金级</td><td>50</td><td>300</td></tr>
<tr><td rowspan="4">既有绿色建筑</td><td>一星级或铜级</td><td>10</td><td>100</td></tr>
<tr><td>二星级或银级</td><td>20</td><td>200</td></tr>
<tr><td>三星级或金级</td><td>40</td><td>300</td></tr>
<tr><td>铂金级</td><td>60</td><td>350</td><td rowspan="4">不超过前一年度物业管理费 20％</td></tr>
<tr><td rowspan="3">绿色物业</td><td>一星</td><td rowspan="3">万元</td><td>5</td><td>5</td></tr>
<tr><td>二星</td><td>10</td><td>10</td></tr>
<tr><td>三星</td><td>20</td><td>20</td></tr>
</table>

2018 年深圳市建筑节能发展动态一览表　　表 3-13

时间	举措	规范编号/文号	来源
2018.06.11	发布《公共建筑节能设计规范》	SJG 44—2018	深圳市住建局
2018.06.11	发布《居住建筑节能设计规范》	SJG 45—2018	深圳市住建局
2018.06.12	发布《深圳市建筑节能发展专项资金管理办法》	深建规〔2018〕6 号	深圳市住建局、市财政委
2018.12.04	发布《公共建筑能耗管理系统技术规程》	SJG 51—2018	深圳市住建局

3. 问题和挑战

（1）建筑节能设计水平有待提高

一方面，虽然深圳市已经制定了建筑节能设计标准，但与发达国家相比，目前国内设计标准仍差距较大。另一方面，在实际设计时，有些设计人员不熟悉节能设计标准和要求，不能清楚理解和把握节能标准。建设节能建筑的基本技术依据就是建筑节能设计标准，它是建筑节能所要实现的基本目标。但目前，许多施工图设计文件从检查结果来看并不满足绿建和节能标准要求，如设计深度不够、建筑外立面及屋面缺少节能保温隔热构造或外遮阳大样图、施工图文件与节能计算书文件前后表示的参数或材料不一致，这些现象都反映出设计人员对节能绿建标准把握不准确，对建筑节能设计标准理解不到位，相关专业能力不足等问题，这将直接影响建筑的实际节能效果。

（2）施工过程节能管理尚待加强

在深圳市建筑节能专项检查过程中，发现施工图设计文件与深化设计文件技术要求存在不一致的情况，例如施工组织设计文件、专项施工方案或监理方案中涉及建筑节能的相关内容过于简单，对项目的具体节能、绿建措施没有进行深入了解，节能技术要求在施工阶段尚未落实等。另有建筑材料物理热工性能复检数量不足，建筑材料复检方案与施工实际不符，或施工图纸出图及审查完毕而项目建设阶段审查标准不同造成原施工图纸内容不能应用于在建工程的情况。此外，现场施工人员及工程监理专业人员的节能相关专业素质较为欠缺，项目现场建筑节能信息公示工作尚需进一步加强。

（3）后续节能监管力度不足

深圳市大多建筑节能改造项目过于注重节能改造设计中的能源节约，而忽视了改造后建筑能耗的实际情况，对后续节能的监管力度不足。监管存在技术检测盲区，不能及时提供必要的检测数据，导致监管执法存在缺乏有力依据的可能。同时，在建筑节能标准执行监管方面，也存在疏漏。由于各监管环节的工作人员对建筑节能标准理解不够透彻，环节把关不严，使严格的审批制度未得到有效实施。另外，一些主管部门对违反节能强制性标准的主体单位存在处罚不力的情况。

4. 探索和创新

（1）从设计源头重视并做好监督检查工作

建筑节能是发展的、持续的和长期的动态过程，是一项非常复杂的系统工程，建筑节能设计的规范化让健康、高舒适、低能耗建筑在深圳蓬勃兴起，对全面落实科学发展理念、建设节能型社会具有重大的现实意义。对于新建建筑节能，建议从设计源头抓起，强化节能设计标准的执行力度，加快绿色建筑设计标准、竣工验收标准的编制和出台。此外，建议积极引导施工图审查机构对绿色建筑专项设计方案进行审查，提高施工图审查机构的绿色建筑设计审查能力和审查要求，并继续加强新建建筑节能监管和行业能力建设，稳步推进既有建筑节能改造、公共建筑节能和可再生能源建筑应用。

（2）建立建筑节能体系，全面提升建筑能效

鼓励推广实施新版公共建筑、居住建筑节能设计规范，推进被动式超低能耗建筑技术路线的研究和工程实践，促进新建建筑节能向纵深发展，并积极开展公共建筑节能提升行动，对低能耗公共建筑组织实施节能改造，推动太阳能等清洁能源在建筑中的运用。同时，期望建立健全建筑能耗统计制度，壮大能耗统计审计队伍，对公共机构建筑和大型公

共建筑能效公示开展试点工作，使建筑节能监管体系工作尽快成熟，并步入常规化。

（3）严格控制节能专项验收工作

希望深圳市各建设、设计、施工、监理等各方企业严格落实质量主体责任，强化对执行绿色建筑专业会审制度和相关标准情况的监督检查，对施工建设时的各个环节认真检查、仔细审核和严格管理，以达到良好的施工建设效果和预期的节能减排目标。另外，建议日后依据设计文件和施工验收标准进行更为严格的节能专项验收，严格按照验收标准对各个环节进行把关，从而保障绿色建筑相关技术要求全面落实。

（4）加强改造项目后续节能监管

建议深圳市建立改造项目后续运行阶段的跟踪巡查机制，了解改造后的持续节能和使用效果。其次，期望深圳市政府各部门之间与供电部门、燃气部门之间加强合作，打通数据壁垒，实现建筑能耗数据资源共享。此外，建议加强全市公共建筑能耗监测平台的运行维护和应用，加强监测数据的分析应用，挖掘建筑能耗监测平台大数据价值，引导用能单位研究和分析监测数据，挖掘建筑节能潜力，继续扩大平台监测范围。

（二）绿色建筑

1. 具体现状

深圳市自2008年首个项目（华侨城体育中心扩建工程）获得国家绿色建筑评价标识以来，这十余年间大力推进建筑节能并发展绿色建筑实践，使得全市获得绿色建筑评价标识的项目数量和质量均取得了跨越式增长。深圳市目前已成为全国绿色建筑建设规模和密度最大的城市。截至2018年年底，深圳市已有1030个项目获得绿色建筑评价标识，总建筑面积超过9337万m^2，其中50个项目获得国家三星级、9个项目获得深圳市铂金级绿色建筑评价标识。

深圳市2018年新增绿色建筑2000万m^2，新增绿色建筑评价标识项目227个、建筑面积2016万m^2，大幅度超额完成广东省和深圳市制定的全年绿色建筑建设任务（1000万m^2）。其中，68个项目获得国家二星级或深圳市金级以上绿色建筑标识，占新增绿色建筑项目总数的30%；运营评价标识项目8个，建筑面积108.88万m^2，运行标识项目数量和面积均创历年新高，超额完成省市下达的任务。目前，全市绿色建筑评价标识项目规模继续位居全国前列，绿色生态园区和城区建设继续深化，光明新区以优秀评定等级率先通过住房和城乡建设部“国家绿色生态示范城区”验收工作。另外，共有13个项目获全国绿色建筑创新奖，占全国获奖项目的7.6%，其中一等奖6个，占全国总数的18%。

2. 相关政策

2018年7月24日，为加强生态文明建设，加快转变城乡建设模式和建筑业发展方式，推动广东省绿色建筑量质齐升，广东省住建厅发布了《广东省绿色建筑量质齐升三年行动方案（2018-2020年）》（粤建节〔2018〕132号），计划在2018至2020年间，全省城镇新增绿色建筑面积三年累计达到1.8亿m^2。截至2020年，全省城镇民用建筑新建成绿色建筑面积占新建成建筑总面积比例将达到60%，其中，珠三角地区的比例将达到70%，全省二星级及以上绿色建筑项目将达到160个以上。为积极响应国家和省厅发展绿色建筑行动方案，深圳市于2018年进一步推进绿色建筑的高质量发展。这一年，在政策法规方面，深圳市从城市发展规划尺度的长远目标到绿色建筑发展的具体标准和行动方案，不断完善绿色建筑发展的政策环境。

2018年3月26日，为了完善低碳发展的政策法规体系，促进资源节约利用，倡导全市绿色生活方式，使深圳市成为超大型城市经济、社会与环境协调发展的典范，深圳市人民政府发布了《深圳市可持续发展规划（2017—2030年）》。该规划提出把建设更加宜居、宜业的绿色低碳之城作为深圳市现阶段可持续发展的重点工作，将大力发展绿色建筑和装配式建筑作为建设宜居、宜业的绿色低碳之城的重要手段。

2018年5月3日，为了进一步提升深圳市建设工程安全文明施工标准，打造与现代化、国际化、创新型城市相匹配的建设工地，深圳市住建局按照市委市政府“城市质量提升年”的总体部署和相关规定编制发布了《深圳市建设工程安全文明施工标准》（SJG 46—2018），该标准于当日起开始实施。在传统施工规范要求的基础上，该标准把“绿色施工”这一观念融入施工现场，更加注重“安全、绿色、美观、实用”，将作为今后建筑工程文明施工的依据，以规范建筑工程施工过程，提高建筑工程建设品质。

2018年6月11日，随着国家标准的不断修编以及绿色建筑发展面临的新情况，原标准已不能完全指导今后深圳市绿色建筑的评价工作，深圳市住建局根据深圳市绿色建筑实施情况及工作经验发布了《绿色建筑评价标准》（SJG 47—2018），并于2018年10月1日起开始实施。与原标准相比，该标准更加注重建筑性能化提升，同时更加注重绿色建筑的高质量发展，旨在全面提高全市绿色建筑的品质。

2018年9月10日，为加快推动深圳市绿色建筑量质齐升，加速促进建筑产业转型升级，深圳市住建局印发了《深圳市绿色建筑量质齐升三年行动实施方案（2018-2020年）》。该行动方案以坚持以人为本、坚持高质量发展、坚持品质提升为指导思想，旨在提高居民的实际体验感和获得感，有利于全面提升绿色建筑发展质量，并提升建筑全过程绿色化水平。该行动方案对深圳市近三年绿色建筑提出了具体的发展目标，如表3-14所示。

深圳市近三年绿色建筑具体发展目标 **表3-14**

年份	行动目标			
	新增绿色建筑面积（万 m^2）	国家二星级或深圳银级及以上绿色建筑项目个数（个）	新建建筑绿色建筑达标率	既有建筑节能改造面积（万 m^2）
2018	1100	60	100%	50
2019	1200	60		90
2020	1200	60		100
累计	3500	180	100%	240

此外，为了适应新时期绿色建筑评价工作的要求，规范深圳市绿色建筑评价管理，根据国家和深圳市绿色建筑相关文件规定，2018年深圳市住建局也同时开展了《绿色建筑评价标识管理办法》《绿色建筑专家管理办法》等配套文件的编制工作，对深圳市绿色建筑评价工作的工作机制、监督机制和信用机制进行规定，上述配套文件将于2019年发布。2018年深圳市绿色建筑发展动态详见表3-15。

2018 年深圳市绿色建筑发展动态一览表 **表 3-15**

时间	举措	规范编号/文号	来源
2018.03.26	发布《深圳市可持续发展规划（2017—2030 年）》	/	深圳市人民政府
2018.05.03	发布《深圳市建设工程安全文明施工标准》	SJG 46—2018	深圳市住建局
2018.06.11	发布《绿色建筑评价标准》	SJG 47—2018	深圳市住建局
2018.09.10	印发《深圳市绿色建筑量质齐升三年行动实施方案（2018—2020 年）》	/	深圳市住建局、市财政委

3. 问题和挑战

（1）绿色建筑发展尚不平衡

深圳市绿色建筑评价标识仍存在低等级数量多、高等级数量少的问题，国标超过 50%、深标接近 3/4 都是最低等级评价标识项目，这反映出目前各建设单位对建筑工程品质的追求还有待提高。2018 年，全市获得绿色建筑设计标识的项目建筑面积为 1907.88 万 m^2，占总标识项目建筑面积的 94.6%；获得运行标识的项目共 8 个，建筑面积为 108.88 万 m^2，仅占总标识项目建筑面积的 5.4%，可见目前深圳市存在设计标识多、运行标识少的尴尬局面。

（2）绿色建筑监管质量仍需提高

目前，深圳市建筑业的监督管理机制并不完善，整个行业的监管不力自然也影响到了绿色建筑完成的质量。在标识推动方面，由于缺乏标识项目实施情况监管，部分项目在部分施工环节并未全面落实设计要求，进而影响了项目的实际绿色性能。在强审推动方面，深圳市目前主要通过施工图审查进行绿色建筑监管，但对于施工图深化设计文件尚缺少审查机制，规划、设计审查缺位，第三方审图不专不严的情况时有发生。同时，在绿色建筑施工阶段，责任企业并没有设立专门的质量监管部门对建筑施工的全过程进行质量监控，不能完全将绿色建筑的理念实践到实际施工中去，浪费资源、破坏环境、违规施工的情况也时有发生，这对绿色建筑的高质量竣工形成了极大的阻碍。

（3）从业人员业务水平有待提升

目前，深圳市绿色建筑设计、咨询、评审、运营管理等能力尚需进一步适应规模化发展的需要。一方面，国家尚未建立针对绿色建筑从业人员的职业资格认证制度，缺少针对从业人员的系统培训，导致设计、建设、咨询等从业人员对绿色建筑理解不深、把握不准，不能因地制宜地考虑项目实际情况，机械性套用标准的现象突出。同时，跨专业综合型技术人才缺乏，大部分从业人员尚不具备对建筑、暖通、给排水、电气、幕墙、智能化等多专业进行综合技术评估的专业能力，从业人员的技术水平和业务能力参差不齐。

4. 探索和创新

（1）应用现代化科技，推动智慧融合发展

鼓励云计算、大数据、人工智能等的充分运用，希望进一步加快信息技术与深圳市建筑业发展的深度融合，打造绿色智慧建筑，提高绿色建筑评价标识高等级的数量。此外，建议集中力量在绿色建筑领域形成一批科研成果，并推进装配式建筑、EPC 总承包、BIM 技术一体两翼协同发展，以及推进传统建造模式向设计三维化、构件部品化、施工装配化、管理信息化、服务定制化的现代化建造方式转变，旨在促进深圳市建筑产业的转型升级。未来深圳市建筑主流将会是绿色建筑和智能建筑的完善式融合发展，这将为绿色建筑的品质提升创造良好的条件，对全市绿色建筑可持续发展目标的实现具有里程碑的意义。

（2）加强推动绿色建筑运营管理，切实提高运营标识项目比例

提高运营标识项目比例需要加强对深圳市绿色建筑运营管理的监管手段和力度，加大鼓励和支持力度，积极引导全市更多建筑投入高质量的绿色运营管理。建议建立财政激励机制、健全标准规范及评价标识体系、强化绿色建筑评价标识管理，并加强对绿色建筑规划、设计、施工和运营的监管，旨在推进全市绿色建筑发展。此外，在运营标识的要求上要循序渐进，考虑前后衔接，加强对绿色建筑的全过程管理。需要注意的是，绿色建筑的绿色考虑的是建筑全生命周期的绿色，不仅仅是设计和施工的绿色，运营阶段的绿色也非常关键。

（3）建立更完善的绿色建筑相关体系，推动更高质量的发展

建议在推动深圳市绿色建筑高质量发展中结合实际，加快研制绿色建筑相关的一系列标准、技术和评价体系，进一步全面修订《深圳经济特区建筑节能条例》，推动全市高星级绿色建筑规模化发展，进一步丰富绿色建筑内涵，开创高质量绿色建筑的创新实践。同时，建议引导全市建筑全生命周期的绿色化，形成一批具有新时代特色的高品质建筑。因此，期望在全市建立绿色建筑全过程强制监管机制，注重提高施工图审查要点等技术文件的指导性和操作性，以质量标准提升的工作思路推进绿色建筑发展。

（4）进一步创新绿色建筑专业人才培养机制

建议未来深圳市绿色建筑发展工作重心应放在改变绿色建筑咨询行业附加值低、规模小、部分从业人员专业技术水平低等现状上，鼓励进一步做好职业继续教育培训，建立绿色建筑专业技术实训基地，在绿色建筑行业充分营造良好的学习氛围，同时在工程项目招投标、图纸交付、工程验收等方面，充分发挥绿色建筑工程师在其专业领域中发挥积极有效的作用。另外，建议充分利用和挖掘专家资源，让专家在主管部门的管理下持续不断地为深圳市绿色建筑发展做出贡献。时至今日，绿色建筑的理念已经逐步在全球推广，在我国的发展空间更是潜力巨大。因此，加强对绿色建筑人才方面的培养，提升绿色建筑人才的职业素质将是深圳市绿色建筑发展的关键举措。

（三）建筑废弃物综合处置

1. 发展现状

建筑废弃物定义为在新建、改建、扩建、拆除等过程中产生的废弃物，如混凝土、砖砌块、金属、玻璃、木材等。目前，深圳市正加快推进现代化、国际化、创新型城市建设，开发建设体量巨大。依据深圳市国土委对建筑废弃物处理量的估算，预计在“十三五”规划期间，深圳市建筑废弃物产生量将超过3.5亿m^3，年均产生量超过7000万m^3，其中由房屋拆除产生的废弃物高达4000万m^3，平均每年约产生700万m^3。此外，深圳市在城市更新过程中，不仅产生了巨量的建筑废弃物，也消耗了大量的建筑原材料，使其面临着建筑原材料紧缺的局面。因此，对深圳市建筑废弃物进行综合管理，对实现建筑废弃物的合理处置和有效再利用具有重要的现实意义。

2. 相关政策

随着我国经济的飞速发展，政府对节能减排、环境保护的要求日益提高。为了实现建筑废弃物的有效管理和建筑行业的可持续发展，住房和城乡建设部于2018年印发了《关于开展建筑垃圾治理试点工作的通知》（建城函〔2018〕65号），该通知要求合理布局受纳场和资源化利用设施，旨在加快设施建设，推动资源化利用，以提高建筑废弃物再生产品质量，研究并制定再生产品的推广应用政策，同时决定在以深圳市为代表的35个城市（区）中开展建筑废弃物治理试点工作。

深圳市作为全国首批开展建筑废弃物治理试点工作的城市，紧紧围绕规划设计、源头减排、存量治理、智慧监管、综合利用、设施建设和新型泥头车推广等七个方面，展开了详细的建筑废弃物处置工作，并制订了一系列法律法规、专项规划及财政优惠政策。纵观2018年，深圳市相关政策法规主要围绕建筑废弃物治理试点工作展开，重视从源头实施建筑废弃物减量化，对建筑废弃物的处置综合运用各种技术手段，以进一步提高建筑废弃物综合管理水平，逐步形成了较为完善的建筑废弃物监管机制。

2018年1月18日，为贯彻落实党的十九大精神，保障美丽深圳建设，进一步加强全市建筑废弃物处置工作，深圳市住建局发布了《关于进一步加强我市建筑废弃物处置工作的若干措施》（深建废管〔2018〕2号），要求利用BIM等技术从源头完成建筑废弃物减量化，旨在进一步推动建筑废弃物综合利用，并通过统筹规划建筑废弃物回收填埋，不断提升建筑废弃物的处置能力。

2018年3月9日，为贯彻落实《关于进一步加强我市建筑废弃物处置工作的若干措施》（深建废管〔2018〕2号）文件精神，深圳市住建局发布了《关于征集深圳市建筑废弃物处置专家的通知》，决定公开征集建筑废弃物处置专家，组建深圳市建筑废弃物处置专家库。

2018年5月17日，为了贯彻“创新、协调、绿色、开放、共享”五大发展理念，进一步提升深圳市建设工程安全文明施工标准，深圳市住建局发布了《关于加强建设工程安全文明施工标准化管理的若干规定》（深建规〔2018〕5号），该规定表明建设单位应会同施工单位按照《深圳市建筑废弃物减排与利用条例》（深圳市第四届人民代表大会常务委员会公告第104号）等要求制定建筑废弃物减量化计划，加强建筑废弃物的回收再利用。此前，《深圳市建筑废弃物减排与利用条例》已明确建筑废弃物管理应遵循减量化、再利用、资源化的原则。

2018年5月24日，为了促进建筑领域节能减排和绿色创新发展，加强建筑节能发展专项资金使用管理，深圳市住建局和市财政委根据《深圳经济特区建筑节能条例》（深圳市第四届人民代表大会常务委员会公告第23号）和《深圳市绿色建筑促进办法》（深圳市人民政府令第253号）等文件印发了《深圳市建筑节能发展专项资金管理办法》（深建规〔2018〕6号），该办法提出专项资金资助和支持的范围中应包括建筑废弃物减排与综合利用项目，并说明应对在工程建设项目中应用本市建筑废弃物综合利用产品的项目予以资助。

2018年8月27日，为了规范全市建筑废弃物再生产品在道路工程中的应用，保障道路工程质量，深圳市住建局根据《深圳市建设工程质量管理条例》（深圳市人民代表大会常务委员会公告第83号）以及相关法规和技术标准的规定，发布了《道路工程建筑废弃物再生产品应用技术规程》（SJG 48—2018），并于 2018 年 9 月 1 日起实施。该技术规程对深圳市建筑废弃物再生利用进行了相关具体规定，包括建筑废弃物原材料的再生加工、运输和存储规范，同时规定了再生材料使用过程中的技术要求、工艺及检测方法，以保障建筑废弃物再生利用过程的安全适用性、技术先进性和经济合理性。2018 年深圳市建筑废弃物综合处置发展动态详见表 3-16。

2018 年深圳市建筑废弃物综合处置发展动态一览表　　表 3-16

时间	举措	规范编号/文号	来源
2018.01.18	发布《关于进一步加强我市建筑废弃物处置工作的若干措施》	深建废管〔2018〕2 号	深圳市住建局
2018.03.09	发布《关于征集深圳市建筑废弃物处置专家的通知》	/	深圳市住建局
2018.05.17	发布《关于加强建设工程安全文明施工标准化管理的若干规定》	深建规〔2018〕5 号	深圳市住建局
2018.05.24	印发《深圳市建筑节能发展专项资金管理办法》	深建规〔2018〕6 号	深圳市住建局、市财政委
2018.08.27	发布《道路工程建筑废弃物再生产品应用技术规程》	SJG 48—2018	深圳市住建局

3. 问题和挑战

（1）拆除中易忽视建筑废弃物的分类分拣

对建筑废弃物进行分类分拣可将其中的钢铁等磁性物质、塑料等混合可燃物、砂石料等物料进行初步分离，以进行后续的再生利用处理。然而，为了节约成本、加快拆除进度，深圳市部分拆除施工单位在拆除过程中容易忽视对建筑废弃物进行有效的源头分类分拣工作，导致建筑废弃物综合利用企业对废弃物的处置难度加大，且使综合利用成本大幅增加，这不仅影响了建设项目进度，增加了安全风险，还会影响到建筑废弃物进一步的循环利用。

（2）建筑废弃物受纳场地不足

由于深圳市受土地资源的制约，固定受纳场建设难的问题在短期内难以解决。截至 2018 年年底，深圳市现有的 13 座受纳场已达饱和状态。为了缓解建设工程渣土受纳压力，尽管目前深圳市正在规划 7 座新的建筑废弃物受纳场，设计总受纳量约 3000 万 m^3，但此举措仍无法满足深圳市建筑废弃物巨大的填埋需求。此外，由于深圳市建筑废弃物综合利用企业整体规模偏小，建筑废弃物受纳量十分有限，再加上这些企业在建筑行业内发展参差不齐，导致深圳市建筑业在城市更新进程中所产生的大规模建筑废弃物不能被有效处理。

（3）建筑废弃物综合利用企业运营存在压力

深圳市建筑废弃物综合利用企业主要集中于龙岗及其周边地区，分布不均加剧了建筑废弃物综合利用企业的竞争压力。同样的产品和价格，一些综合利用企业销售受阻，而另一些综合利用企业销售情况良好，尤其是作为基础产品的再生粗细骨料，售价受运输距离影响大，这种市场失衡加剧了深圳市建筑废弃物综合利用产品价格的不稳定性。此外，建筑废弃物综合利用企业通常以再生粗细骨料、再生砖作为主要产品，公众对这些综合利用产品往往存在认知偏差，认为质量差、层次低，部分企业则通过利用这种认知偏差以更低廉的价格赢得市场，这使得产品质量难以保证，进而容易形成恶性循环。

4. 探索和创新

（1）加强建筑废弃物综合管理

建议建筑废弃物处置不仅要做到减量化、资源化、再利用，还要满足循环再生、更新改造的要求，并对其进行重新思考与认识，提高建筑废弃物的分拣品质。首先，要努力做好建筑废弃物减量化，建议企业在工程建设过程中，做好施工组织策划，减少现场物料的浪费，对工程建设过程中产生的建筑废弃物应分类回收，并做好消纳工作。其次，建议充分对建筑废弃物进行循环再利用。第三，建议提高建筑废弃物的资源化处理，对于工程中要用到的工程材料，在保证工程质量的前提下，建议施工单位与建设单位、设计单位协商，优先选用合格的建筑废弃物再生产品。

（2）建立建筑废弃物资源化处理全产业链模式

鼓励将建筑废弃物资源化利用新技术进行有机组合，以辅助形成建筑废弃物资源化处理全产业链模式。在该模式中，鼓励依据建设项目的生命周期理念，用不同的技术手段来分解、处理和回收利用好该项目可能产生的全部建筑废弃物；同时建议在建筑废弃物产生之前，就邀请专业的拆除公司对拟拆除的建筑进行预测评估，以确定有关的回收应用程序，从而提高废弃物的回收率；在建筑废弃物产生之后，鼓励将建筑废弃物运往专门的建筑废弃物综合利用企业或工地现场移动处理站，由相关技术工人采用科学合理的方式和先进的机械来处理建筑废弃物，而不是直接运往废弃物填埋场。

（3）加强粤港澳大湾区建筑废弃物跨区域管理

土地资源是建筑废弃物管理不可或缺的基本要素，尤其对于粤港澳大湾区的深圳、广州、香港、澳门等城市，土地资源十分宝贵。相比之下，东莞、惠州等城市具有更多的土地资源，对于一些无法有效利用的余泥渣土可经协商后交由东莞、惠州的受纳场处理，另外珠海的填海项目也可以消纳余泥渣土。因此，建议加强粤港澳大湾区内各城市间的协作，将深圳市过剩的余泥渣土运到其他城市的受纳场进行处理，例如运到珠海用于填海，这样既满足了珠海土方的需求，也解决了深圳市受纳场有限、余泥渣土无法处理的问题，进而实现粤港澳大湾区建筑废弃物的跨区域管理。与此同时，建议进一步落实全市建筑废弃物处置核准，构建和完善跨区域协同管理机制，在规划阶段适当控制地下空间开发，保障处置设施用地。

（4）完善相关政策标准

对于建筑废弃物综合利用企业，建议深圳市政府通过财政补贴、用地安排、租金减免、税费和信贷优惠、政府采购等措施，推动建筑废弃物综合利用企业做大做强。政府部门可以强制要求政府投资项目在保证工程质量的前提下在指定部位使用建筑废弃物再生产品，以此引导行业积极响应，促进建筑废弃物综合利用企业可持续发展。而对于建筑废弃物产生企业，建议政府将建筑废弃物分类分拣纳入法律法规体系，旨在为实现建筑废弃物资源化提供立法保障。此外，建议对“建筑废弃物资源回收再生物资”类生产单位加大关注，鼓励其与工程企业签订合同，从而形成良好的合作关系。

（5）建立建筑废弃物智慧监管系统

鼓励利用信息技术在深圳市建立建筑废弃物智慧监管系统，具体可体现在基于电子联单的建筑废弃物“两点一线”全过程智能监管模式及技术体系的构建、建筑废弃物及车辆运行状态全过程实时监管装备体系的研制、建筑废弃物受纳场及周边影响区动态监测分析与安全预警的设计等。目前，深圳市建筑废弃物智慧监管系统已顺利通过了住房和城乡建设部2018年科技示范工程的验收，实现了对建筑废弃物“产—运—收”全过程、全要素、全天候的智能监管。该监管系统的成功实践有利于形成建筑废弃物智慧监管的应用规范和运维机制，进而提升全市建筑废弃物管理服务水平和安全保障能力。

（四）可再生能源利用

1. 具体现状

可再生能源包括太阳能、水能、风能、生物质能、波浪能、潮汐能、海洋温差能、地热能等，其在自然界可循环再生。截至2018年年底，为实现可持续发展战略，贯彻落实深圳市国民经济和社会发展“十三五”规划，推进粤港澳建设发展，深圳市发改委发布了“深圳市2018年重大项目计划”。同时，在深圳市2018年立项的546个重大项目中，涉及重点能源的项目共有18个，包括广东大唐国际宝昌燃气热电2×400MW级扩建工程、2×9F级燃气—蒸汽联合循环热电联产项目、深圳前湾燃机电厂二期扩建工程、深圳东部电厂二期工程、深圳市宝安区老虎坑垃圾焚烧电厂三期项目、深圳华电坪山分布式能源工程、深圳抽水蓄能电站、深圳市东部环保电厂、深圳国际低碳城分布式能源项目、岭澳核电厂三期扩建工程和深圳电网重点工程等。

作为全国首批可再生能源建筑应用示范城市，深圳市现已基本完成国家示范城市建设任务。在可再生能源建筑应用示范城市顺利通过验收的基础上，深圳市将继续开展可再生能源建筑应用工作。2018年，在全市通过验收的建筑节能项目中，安装太阳能光热系统的项目共33个，总集热面积为2.99万m^2，受惠建筑面积38.29万m^2；安装光伏发电系统的项目共7个，总装机功率581.76千瓦，受惠建筑面积16.41万m^2。

2. 相关政策

在政策方面，为进一步提升深圳市建设工程安全文明施工的标准，打造与现代化、国际化、创新型城市相匹配的建筑工地，深圳市住建局于2018年5月17日印发了《关于加强建设工程安全文明施工标准化管理的若干规定》（深建规〔2018〕5号）的通知，该规定表明应推广使用新能源、密闭式新型泥头车，以促进深圳市建筑业新能源的可持续发展。

同年5月24日，为促进深圳市建筑领域节能减排和可持续发展，加强建筑节能发展专项资金使用管理，深圳市住建局和市财政委根据《深圳经济特区建筑节能条例》（深圳市第四届人民代表大会常务委员会公告第23号）和《深圳市绿色建筑促进办法》（深圳市人民政府令第253号）等印发了《深圳市建筑节能发展专项资金管理办法》（深建规〔2018〕6号），该办法明确了可再生能源建筑应用示范项目的资助标准。同时，该办法指出新建建筑应采用可再生能源与建筑一体化方式建设，既有建筑利用可再生能源的项目应完成设计验算并通过验收。该办法的制定是鼓励深圳市可再生能源建筑进一步发展的重要举措。2018年深圳市可再生能源利用发展动态详见表3-17。

2018年深圳市可再生能源利用发展动态一览表　　表3-17

时间	举措	文号	来源
2018.05.17	发布《关于加强建设工程安全文明施工标准化管理的若干规定》	深建规〔2018〕5号	深圳市住建局
2018.05.24	印发《深圳市建筑节能发展专项资金管理办法》	深建规〔2018〕6号	深圳市住建局、市财政委

3. 问题和挑战

（1）可再生能源技术需进一步提升

随着深圳市建筑业不断发展，可再生能源技术逐步应用于建筑领域中。目前，可再生能源技术有待进一步提升。以太阳能电池板为例，普通电池板的太阳能转换效率仅为14%左右，且发电装置和设备之间的衔接技术较为落后。再比如地热的泵机，其过分依赖建筑区域的自然条件，因此在实际运行时易造成堵塞或腐蚀的现象，影响了热传递效率，使得能量利用的稳定性较差。此外，热水泵管道铺设复杂，距地面较远，加剧了维修难度，也加大了项目后期的运营成本，往往给可再生能源的利用与推广带来不利的影响。因此，提升可再生能源技术水平，降低可再生能源技术成本，是深圳市建筑业解决可再生能源技术所面临问题的最关键的一把钥匙。

（2）配套资金不足

与可再生能源应用示范城市时期（2016～2018年）相比，目前深圳市可再生能源建筑应用规模呈下降趋势，其主要原因有示范城市建设时期配套资金较为充足，建筑工程项目可再生应用积极性高。示范城市通过验收之后由于缺少配套资金的持续支持，项目建设的积极性受到一定程度的影响，导致可再生能源建筑规模出现了略微下降的趋势。由于可再生能源应用项目的成本相对较高，当配套资金不足时，可再生能源建筑应用容易受阻，这给项目的继续推进带来了负面影响。此外，由于相关建筑企业需承担较大的资金压力，在很大程度上也加剧了部分成本较高的可再生能源技术的应用难度。

（3）相关政策法规体系不完善

目前，深圳市可再生能源利用在资金支持、可再生能源消费者权益保护、价格及相关产品的质量要求等方面还缺少相应的政策法规保护。同时，深圳市可再生能源应用于建筑业的相关政策法规也不完善，主要体现在可再生能源建筑的标准体系和相关激励政策的缺乏与不全面性。此外，可再生能源建筑市场体系尚未成熟，具体体现在可再生能源的基础制造业还需进一步发展，可再生能源产业规模应进一步扩大等。总体来看，目前与可再生能源利用与发展的相关政策法规体系还不完善，支持力度也有待进一步加强。

4. 探索和创新

（1）推广可再生能源利用新技术

鼓励利用科技创新手段来提高可再生能源在深圳市建筑行业的应用水平，以更好地推广应用可再生能源，如季节蓄热太阳能、采暖系统与地埋管地源热泵系统的综合应用等。此外，建议通过优化地能、太阳能、余热能及季节性长期蓄能和日间短期蓄能等集成复合能源系统，搭建可再生能源与建筑集成的热泵供热系统技术平台，形成合理整合、设计和协调组织控制策略的关键共性技术，以达到深圳市建筑业可再生能源有效利用和建筑节能的目标。

（2）加强成本控制，落实配套措施

部分可再生能源的高生产成本增加了可再生能源在深圳市建筑业的应用成本，因此建议对可再生能源在应用过程中的经济成本进行有效控制。同时，建议市级政策进一步落实国家有关规定，落实与可再生能源项目的相关配套措施，避免增加企业经济负担和项目的不合理成本，以维护良好的投资营商环境。此外，建议可再生能源项目选址尽可能符合用地规划，以满足可持续发展的要求。必要时可依据运行数据建立量化评估机制，以加强建设可再生能源在深圳市建筑业应用工程的适应性评价。

（3）完善政策与法规支持体系

尽管在深圳市最新版《深圳经济特区建筑节能条例》中有关可再生能源建筑应用的规定已经被进行了调整与修改，但深圳市政府在日后尚需进一步完善可再生能源利用的相关政策与法规支持体系，通过政策激励手段鼓励可再生能源建筑采用更加科学、经济的技术路线，在前期工作中不断总结完善并发展深圳市可再生能源建筑的应用道路。另一方面，建议加强政府公共信息披露和共享机制改革，实现社会资源的有效利用，加强对全市建筑规划和决策的科学支持。

4

第四部分　深圳建筑企业持续健康发展

2018 年，深圳市共有建筑企业 1832 家，其中包括 1399 家本地企业和 433 家驻深企业。本报告中所提及的本地企业具体是指在深圳市登记注册独立法人，且具备建筑业从业资质（俗称“双落地”）的企业，不同时满足这两个条件的则称为驻深企业。

一、深圳建筑企业发展现状

（一）本地企业发展现状

1. 组成

从企业有无经济实体来看，如图 4-1 所示，在 1399 家本地企业中，有 1376 家企业拥有经济实体，占比高达 98.4%；有 23 家企业无经济实体，仅占 1.6%。

从企业控股情况来看，如图 4-2 所示，私人控股企业最多，高达 1125 家，其次为其他 144 家，接下来为国有控股企业和集体控股企业，分别为 75 家和 40 家，港澳台商控股企业较少，为 12 家，外商控股企业最少，仅有 3 家。

从企业所在行政区域来看，如图 4-3 所示，福田区最多，高达 515 家，南山区次之，为 287 家，其次为宝安区 186 家，龙岗区 157 家，罗湖区 153 家，龙华区 66 家，盐田区 15 家，坪山区 9 家，光明新区 8 家，以及大鹏新区 3 家。

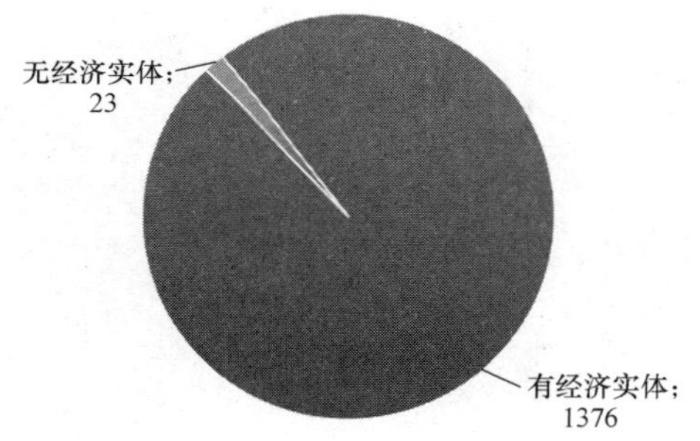

图 4-1　深圳本地企业有无经济实体情况

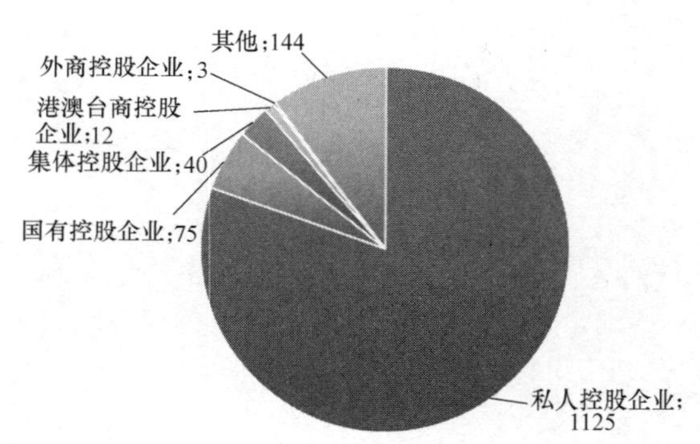

图 4-2　深圳本地企业控股情况

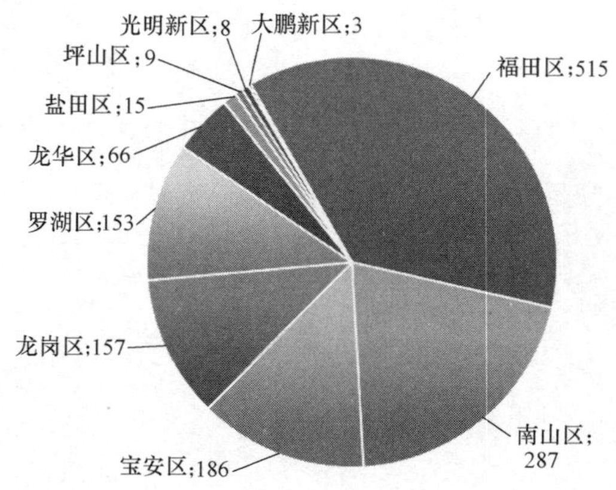

图 4-3　深圳本地企业所在行政区域情况

从企业登记注册类型来看，如图 4-4 所示，私营有限责任公司最多，高达 694 家，其次为其他有限责任公司 450 家，接下来为股份有限公司和私营独资企业，分别为 91 家和 58 家；其余登记注册类型的企业数量较少，分别为国有企业 40 家，私营合伙企业 14 家，与港澳台商合资经营企业 10 家，集体企业和私营股份责任公司各 5 家，中外合资经营企业、港澳台商独资经营企业、外资企业和国有独资公司各 3 家，股份合作企业和集体联营企业各 2 家，与港澳台商合作经营企业和个人合伙企业各 1 家，以及其他企业 14 家。

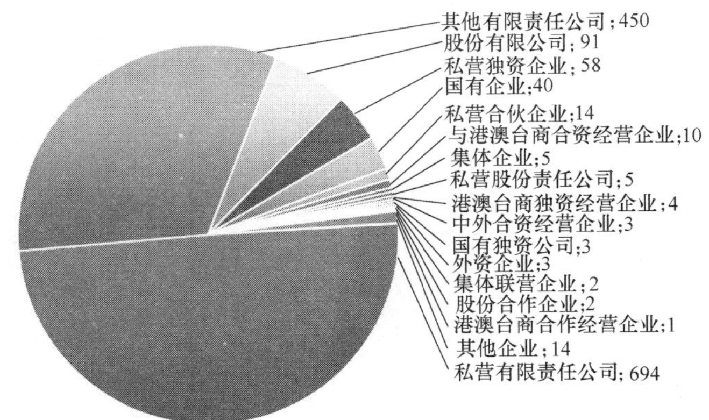

图 4-4　深圳本地企业登记注册类型情况

2. 资质

从总体上来看，如图 4-5 所示，在 1399 家深圳本地企业中，特级资质企业共有 11 家，仅占 0.8%；一级资质企业共 439 家，占 31.4%；二级资质企业共 441 家，占 31.5%；三级资质企业共有 383 家，占 27.4%；不分等级资质企业共 125 家，占 8.9%。

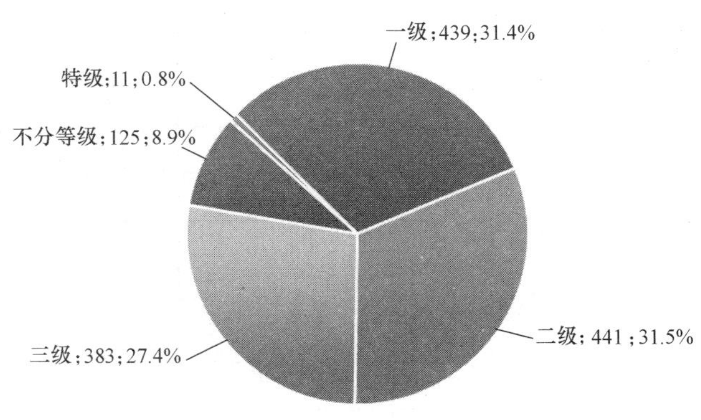

图 4-5　本地企业资质等级数量及占比

从资质专业来看，本地企业中房屋建筑工程的企业最多，高达 294 家，具体包括 287 家施工总承包企业、6 家专业承包企业和 1 家劳务分包企业，其中包括 7 家特级资质企业、57 家一级资质企业、99 家二级资质企业和 131 家三级资质企业。其次是建筑装修装饰工程，为 287 家，具体包括 286 家专业承包企业和 1 家施工总承包企业，其中包括 142 家一级资质企业、127 家二级资质企业、17 家三级资质企业和 1 家不分等级企业。再次为市政公用工程，共计 183 家，全部属于施工总承包企业，其中包括 1 家特级资质企业、29

家一级资质企业、67 家二级资质企业和 86 家三级资质企业。其余资质专业的企业数量均低于 100 家，各资质专业的企业数量、具体资质类型和资质等级详见表 4-1。

2018 年度深圳本地企业的资质专业、资质类型和资质等级数量统计表　　表 4-1

资质专业	总数	资质类型			资质等级				
		施工总承包	专业承包	劳务分包	特级	一级	二级	三级	不分等级
房屋建筑工程	294	287	6	1	7	57	99	131	/
建筑装修装饰工程	287	1	286	/	/	142	127	17	1
市政公用工程	183	183	/	/	1	29	67	86	/
机电设备安装工程	63	1	62	/	/	10	16	37	/
建筑智能化工程	48	/	48	/	/	18	22	8	/
地基与基础工程	39	/	39	/	/	24	5	10	/
消防设施工程	37	/	37	/	/	28	8	1	/
城市及道路照明工程	36	/	36	/	/	17	6	13	/
特种专业工程	35	/	35	/	/	/	/	/	35
建筑幕墙工程	35	/	35	/	/	18	13	4	/
木工作业分包	30	/	/	30	/	29	1	/	/
送变电工程	26	1	25	/	/	1	2	23	/
水利水电工程	17	17	/	/	1	5	6	5	/
钢结构工程	17	/	17	/	/	5	3	9	/
砌筑作业分包	17	/	/	17	/	13	1	/	3
混凝土作业分包	14	/	/	14	/	/	/	/	14
建筑防水工程	11	/	11	/	/	4	5	2	/
模板作业分包	11	/	/	11	/	3	5	/	3
公路工程	9	9	/	/	/	3	5	1	/
钢筋作业分包	9	/	/	9	/	5	4	/	/
体育场地设施工程	9	/	9	/	/	2	5	2	/
机电安装工程	8	5	3	/	/	2	4	2	/
公路交通工程	8	/	8	/	/	/	4	/	4
爆破与拆除工程	7	/	7	/	/	/	2	5	/
预拌商品混凝土	7	/	7	/	/	/	3	2	2
电力工程	6	5	1	/	/	/	1	5	/
起重设备安装工程	6	/	6	/	/	3	3	/	/
通信工程	6	5	1	/	/	2	2	2	/
脚手架搭设作业分包	5	/	/	5	/	3	/	/	2
水暖电安装作业分包	5	/	/	5	/	/	/	/	5
港口与航道工程	5	5	/	/	/	1	4	/	/
金属门窗工程	5	/	5	/	/	1	1	3	/
抹灰作业分包	5	/	/	5	/	/	1	/	4

续表

资质专业	总数	资质类型			资质等级				
		施工总承包	专业承包	劳务分包	特级	一级	二级	三级	不分等级
电子工程	4	1	3	/	/	2	/	2	/
环保工程	4	/	4	/	/	1	2	1	/
土石方工程	4	/	4	/	/	1	3	/	/
防腐保温工程	3	/	3	/	/	/	2	/	1
化工石油工程	3	3	/	/	/	2	/	1	/
电梯安装工程	3	/	3	/	/	1	1	1	/
电信工程	2	/	2	/	/	/	/	2	/
焊接作业分包	2	/	/	2	/	1	1	/	/
河湖整治工程	2	/	2	/	/	/	2	/	/
公路路面工程	1	/	1	/	/	/	/	1	/
附着升降脚手架	1	/	1	/	/	1	/	/	/
管道工程	1	/	1	/	/	/	/	1	/
海洋石油工程	1	/	1	/	/	/	1	/	/
航道工程	1	/	1	/	/	/	/	1	/
核工程	1	/	1	/	/	1	/	/	/
机场空管工程及航站楼弱电系统工程	1	/	1	/	/	/	1	/	/
无损检测工程	1	/	1	/	/	1	/	/	/
油漆作业分包	1	/	/	1	/	/	/	/	1
预应力工程	1	/	1	/	/	/	1	/	/
其他	62	3	14	45	2	3	2	5	50

3. 建筑业总产值

2018 年，深圳本地企业建筑业总产值超过 1 亿元的企业有 417 家，占比 29.7%，其中超过 100 亿元的有 4 家，50 亿元至 100 亿元的有 10 家，10 亿元至 50 亿元的有 89 家，1 亿元至 10 亿元的有 314 家；其余 982 家本地企业的建筑业总产值均低于 1 亿元，占比高达 70.3%，其中 5000 万元至 1 亿元的有 170 家，1000 万元至 5000 万元的有 316 家；在剩下的 496 家本地企业中，有 229 家本地企业拥有建筑业总产值，但总产值低于 1000 万元，还有 267 家本地企业在 2018 年度无建筑业总产值或未报送建筑业总产值。各区间的企业数量、百分比、累计百分比详见表 4-2。建筑业总产值超过 50 亿元的 14 家深圳本地龙头企业的名称、建筑业总产值等信息详见表 4-3。

在 14 家深圳本地龙头企业中，建筑业总产值超过 100 亿元的企业共 4 家，占比 0.3%；总产值在 50 亿元至 100 亿元之间的企业共 10 家，占比 0.7%。从资质等级来看，特级资质共 4 家，一级资质共 9 家，三级资质仅有 1 家，资质专业包括房屋建筑工程、建筑装修装饰工程、市政公用工程、公路工程、水利水电工程以及机电安装工程，其中房屋建筑工程最多。

2018 年度深圳本地企业建筑业总产值统计表 **表 4-2**

建筑业总产值(元)	企业数量	百分比(%)	累计百分比(%)
100 亿≤	4	0.3	0.3
50 亿≤且<100 亿	10	0.7	1.0
10 亿≤且<50 亿	89	6.4	7.4
1 亿≤且<10 亿	314	22.4	29.8
5000 万≤且<1 亿	170	12.1	41.9
1000 万≤且<5000 万	316	22.6	64.5
0<且<1000 万	229	16.4	80.9
0	267	19.1	100

2018 年度深圳本地龙头企业建筑业总产值统计表 **表 4-3**

序号	企业名称	建筑业总产值(亿元)	资质等级	资质专业
1	中铁南方投资集团有限公司	193.91	一级	市政公用工程
2	中建钢构有限公司	184.24	特级	房屋建筑工程
3	中国华西企业有限公司	131.14	特级	房屋建筑工程
4	深圳广田集团股份有限公司	107.13	一级	建筑装修装饰工程
5	中铁隧道集团三处有限公司	99.06	一级	公路工程
6	深圳市建筑工程股份有限公司	83.03	一级	房屋建筑工程
7	中电建水环境治理技术有限公司	82.69	一级	水利水电工程
8	深圳市宝鹰建设集团股份有限公司	69.73	一级	建筑装修装饰工程
9	深圳市建工集团股份有限公司	68.98	特级	房屋建筑工程
10	深圳市铁汉生态环境股份有限公司	57.17	三级	市政公用工程
11	深圳市建安(集团)股份有限公司	56.79	一级	机电安装工程
12	深圳市市政工程总公司	55.11	特级	市政公用工程
13	深圳市中邦(集团)建设总承包有限公司	51.01	一级	房屋建筑工程
14	中建深圳装饰有限公司	50.02	一级	建筑装修装饰工程

（二）驻深企业发展现状

1. 组成

从企业有无经济实体来看，如图 4-6 所示，在 433 家驻深企业中，有 407 家企业拥有经济实体，占比高达 94.0%，有 26 家企业无经济实体，仅占 6.0%。

从企业控股情况来看，如图 4-7 所示，国有控股企业最多，高达 182 家，其次为私人控股企业 142 家，接下来为集体控股企业 62 家，港澳台商控股企业 8 家，外商控股企业 4 家，以及其他 35 家。

从企业登记注册类型来看，如图 4-8 所示，其他有限责任公司最多，高达 146 家，其次为国有企业 127 家，接下来为私营有限责任公司 59 家，其余登记注册类型的企业数量较少，分别为股份有限公司 32 家，集体企业 29 家，国有独资公司 13 家，港澳台商独资经营企业、私营股份责任公司和外资企业各 3 家，私营股份合作企业、独资企业和与港澳台商合资经营企业各 2 家，国有与集体联营企业、港澳台商投资股份有限公司和中外合资经营企业各 1 家，以及其他企业 9 家。

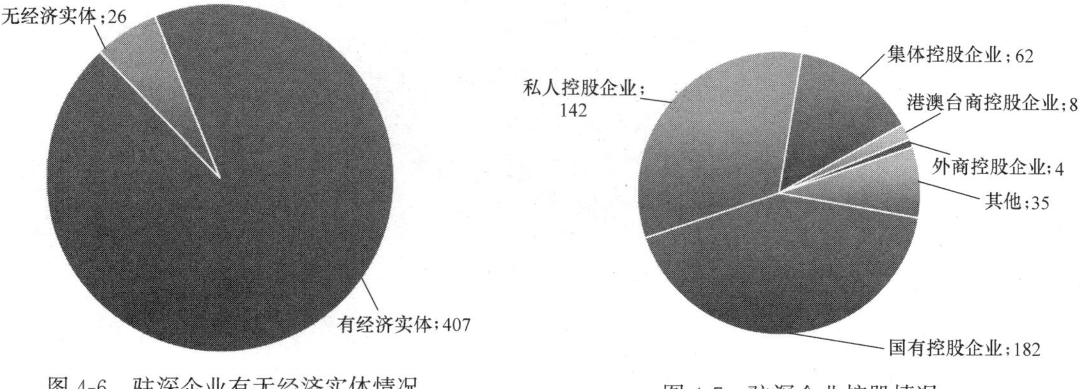

图 4-6　驻深企业有无经济实体情况

图 4-7　驻深企业控股情况

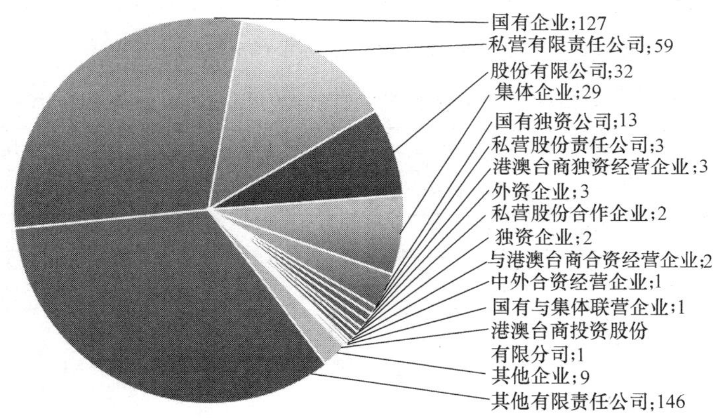

图 4-8　驻深企业登记注册类型情况

2. 资质

从总体上来看，如图 4-9 所示，在 433 家驻深企业中，特级资质企业共有 91 家，占 21.0%；一级资质企业共 267 家，占 61.7%；二级资质企业共 63 家，占 14.6%；三级资质企业共有 11 家，占 2.5%：不分等级资质企业仅 1 家，占 0.2%。

从资质专业来看，驻深企业中房屋建筑工程企业最多，高达 199 家，均属于施工总承包企业，其中有 51 家特级资质企业、105 家一级资质企业、37 家二级资质企业和 6 家三级资质企业。其次为市政公用工程，共计 49 家，均属于施工总承包企业，其中有 5 家特级资质企业、33 家一级资质企业、9 家二级资质企业和 2 家三级资质企业。再次为公路工程，共计 46 家，全部属于施工总承包企业，其中包括 7 家特级资质企业和 39 家一级资质企业。其余资质专业的企业数量、具体资质类型和资质等级见表 4-5。

3. 建筑业总产值

2018 年，驻深企业建筑业总产值超过 1 亿元的企业有 82 家，占比 18.9%，其中 50 亿元至 100 亿元的有 4 家，10 亿元至 50 亿元的有 21 家，1 亿元至 10 亿元的有 57 家；其

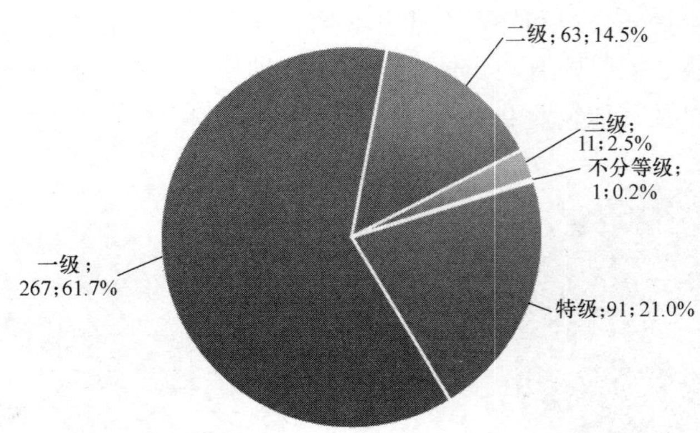

图 4-9　驻深企业资质等级数量及占比

余 351 家本地企业的建筑业总产值均低于 1 亿元，占比 81.1%，其中 5000 万元至 1 亿元的有 17 家，1000 万元至 5000 万元的有 52 家，在剩下的 282 家驻深企业中，有 53 家驻深企业拥有建筑业总产值，但产值低于 1000 万元，还有 229 家驻深企业在 2018 年度无建筑业总产值或未报送建筑业总产值。各区间的企业数量、百分比、累计百分比详见表 4-5。产值超过 50 亿元的 4 家驻深龙头企业的名称及其年产值详见表 4-6。

2018 年度驻深企业的资质专业、资质类型和资质等级数量统计表　　表 4-4

资质专业	总数	资质类型			资质等级				
		施工总承包	专业承包	劳务分包	特级	一级	二级	三级	不分等级
房屋建筑工程	199	198	/	/	51	105	37	6	/
市政公用工程	49	49	/	/	5	33	9	2	/
公路工程	46	46	/	/	7	39	/	/	/
水利水电工程	44	44	/	/	5	31	8	/	/
铁路工程	21	21	/	/	19	2	/	/	/
建筑装修装饰工程	9	/	9	/	/	6	3	/	/
地基与基础工程	9	/	9	/	/	8	1	/	/
港口与航道工程	8	8	/	/	3	5	/	/	/
机电安装工程	8	8	/	/	/	8	/	/	/
城市及道路照明工程	6	/	6	/	/	5	1	/	/
建筑幕墙工程	6	/	6	/	/	6	/	/	/
冶炼工程	6	6	/	/	1	4	1	/	/
钢结构工程	3	/	3	/	/	3	/	/	/
砌筑作业分包	3	/	/	3	/	3	/	/	/
消防设施工程	3	/	3	/	/	3	/	/	/
电力工程	1	1	/	/	/	1	/	/	/
电梯安装工程	1	/	1	/	/	/	1	/	/
公路交通工程	1	/	1	/	/	1	/	/	/
公路路基工程	1	/	1	/	/	1	/	/	/

续表

资质专业	总数	资质类型			资质等级				
		施工总承包	专业承包	劳务分包	特级	一级	二级	三级	不分等级
机电设备安装工程	1	/	1	/	/	/	/	1	/
建筑防水工程	1	/	1	/	/	/	/	1	/
建筑智能化工程	1	/	1	/	/	/	1	/	/
矿山工程	1	1	/	/	/	1	/	/	/
模板作业分包	1	/	/	1	/	/	1	/	/
起重设备安装工程	1	/	1	/	/	/	/	1	/
特种专业工程	1	/	1	/	/	/	/	/	1
其他	2	1	1	/	/	2	/	/	/

2018 年度驻深企业建筑业总产值统计表　　表 4-5

建筑业总产值(元)	企业数量	百分比(%)	累计百分比(%)
100 亿≤	0	0	0
50 亿≤且<100 亿	4	0.9	0.9
10 亿≤且<50 亿	21	4.8	5.7
1 亿≤且<10 亿	57	13.2	18.9
5000 万≤且<1 亿	17	3.9	22.8
1000 万≤且<5000 万	52	12.0	34.8
0<且<1000 万	53	12.3	47.1
0(或未报送)	229	52.9	100

2018 年度驻深龙头企业建筑业总产值统计表　　表 4-6

序号	企业名称	建筑业总产值(亿元)	资质等级	资质专业
1	中国中铁股份有限公司	96.95	特级	铁路工程
2	中建三局第一建设工程有限责任公司	70.01	特级	房屋建筑工程
3	中国建筑第八工程局有限公司	60.35	特级	房屋建筑工程
4	江苏省华建建设股份有限公司	50.32	特级	房屋建筑工程

(三) 深圳建筑企业对比分析

1. 本地企业与驻深企业的对比

从图 4-10 可知，在资质等级方面，驻深企业中拥有特级资质和一级资质的企业数量占总数的比例高达 82.7%，而本地企业中拥有特级资质和一级资质的企业数量仅占总数的 32.2%，二级资质和三级资质的企业数量占总数的比例却高达 58.9%，表明本地企业的平均资质等级要劣于驻深企业。从图 4-11 可知，在企业平均建筑业总产值方面，相比不同资质等级的企业，本地企业的平均建筑业总产值均高于驻深企业，表明驻深企业虽然在资质等级方面占有优势，但驻深企业在深圳的业务仍有很大的发展空间。

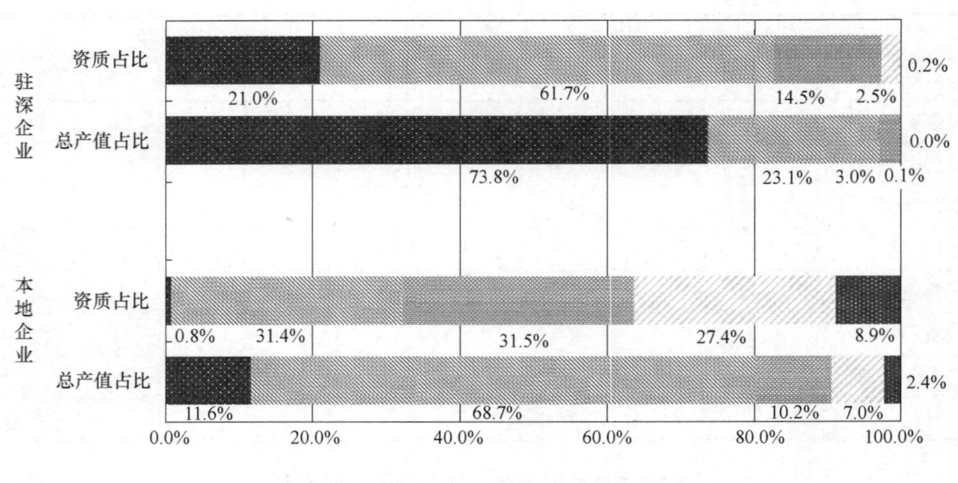

图 4-10　深圳市建筑业企业资质占比与建筑业总产值占比

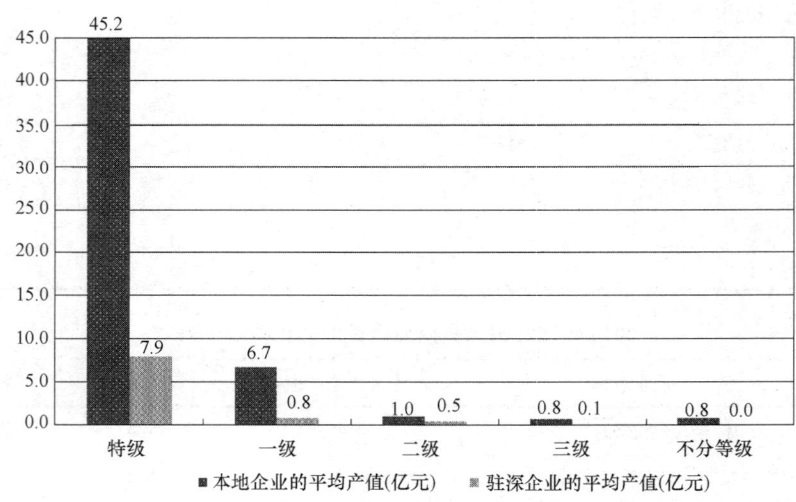

图 4-11　深圳市建筑业企业的平均建筑业总产值

2. 龙头企业与非龙头企业对比分析

2018 年深圳市龙头企业共 18 家，其中特级资质 8 家，一级资质 9 家，三级资质 1 家。非龙头企业主要以一级、二级、三级资质为主，占比超企业数量 85%，如图 4-12 所示。在企业的平均建筑业总产值方面，龙头企业特级资质平均建筑业总产值为 89.6 亿元，而非龙头企业仅 5.3 亿元，两者相差较大，如图 4-13 所示。表明龙头企业的资质等级普遍优于非龙头企业，使得龙头企业在项目承接方面占绝对优势。

二、本地企业竞争力评价

企业的竞争力是衡量企业可持续发展的重要指标，对企业有标志性的引导作用。本报

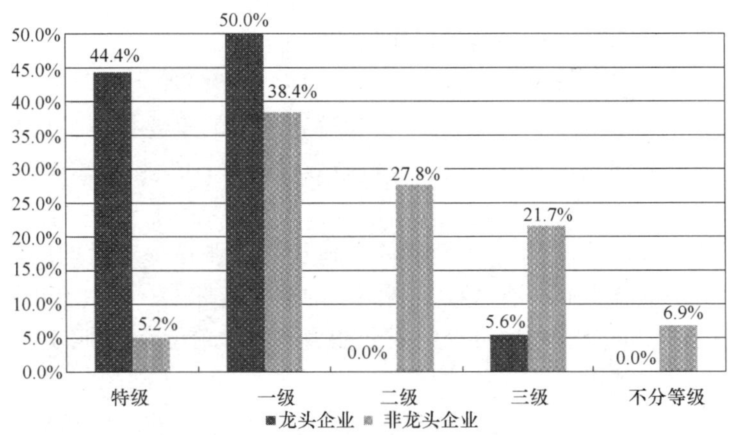

图 4-12 龙头企业与非龙头企业资质等级占比

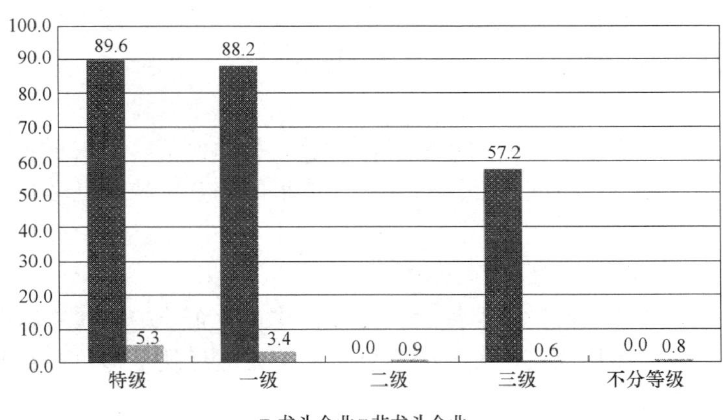

图 4-13 龙头企业与非龙头企业的平均建筑业总产值（亿元）

告在分析影响建筑业企业竞争力因素的基础上，遵循了科学性、全面性、动态指标和过程指标相结合、可操作性和简明性原则，并借鉴现有的研究成果，初步构建了深圳市建筑业本地企业竞争力评价指标体系，同时召开专家会议对指标体系进行最终确认。

1. 构建评价指标体系

本报告构建的深圳市建筑业本地企业竞争力指标体系共分为两个层级，其中包括 5 个一级指标和 15 个二级指标，各级指标如下：

（1） 市场规模

① 建筑业企业总产值。建筑业企业总产值是该企业在一定时期内生产的建筑业产品的价值总量，作为建筑业生产成果的综合指标，可以反映企业对社会经济的贡献。建筑业企业总产值越高，表明该企业对社会的贡献越大，竞争力也越强。

② 资质等级。资质等级是建筑企业重要的无形资产，是反映建筑企业竞争力的一个重要指标。大多数施工总承包类别下都设有特级、一级、二级、三级 4 个资质等级。

③ 资产合计。资产合计是企业拥有或控制的能以货币计量的经济资源，包括各种财产、债券和其他权利。该指标反映了建筑企业规模的大小。

④ 营业收入。营业收入是指建筑企业在一定时期内，生产建筑产品和提供服务的综

合，它以货币的形式表示，具体包括建设项目、建筑物的产值等。营业收入反映了企业的经营规模，对企业竞争力具有良好的解释作用。

（2）营利稳健性

① 营业利润。营业利润是体现建筑业企业盈利水平的重要指标，反映了企业在一定时期的经营效益。营业利润越多，表明企业经营效益越好；营业利润越少，则表明企业经营效益越差。

② 单位资产利润率。单位资产利润率等于建筑业企业在一定时期内的净利润和资产平均总额的比率，是影响企业所有者权益利润率的重要指标之一，具有很强的综合性。单位资产利润率越高，表明企业利用资产的获利能力越强；单位资产利润率越低，则表明企业利用资产的获利能力越弱。

③ 资产负债率。资产负债率是评价建筑业企业负债水平的综合指标，反映了企业负债总额与资产总额的比例关系。同时，资产负债率也是衡量建筑业企业利用债权人提供资金进行经营活动的能力和贷款发放安全程度的指标。一般认为，理想化的企业资产负债率应处于40％～60％之间。

（3）运营效率

人均产值。人均产值是指企业的年总产值与总人数的比值，反映了企业中一个人一年的平均产值，是企业在一定时期内经济活动有效成果的综合反映，是考核企业产值水平的指标。

（4）社会责任

从业人数。从业人数是指报告期最后一天，在建筑业企业中工作并取得劳动报酬的全部人员，包括在岗职工和其他从业人员两部分。从业人数反映了建筑业企业报告期末实际参加生产或全部劳动力的情况。

（5）技术创新及社会影响力

① 获奖。获奖情况是反映建筑业企业技术创新能力的重要指标之一，具体指企业所获奖项的数量和等级。获奖等级包括国家级、省级和市级，不同级别的奖项含金量不同。

② 专利。专利通常指企业自主拥有的技术知识和产品产权，企业所拥有的专利数量是衡量技术创新能力的重要指标，是企业竞争力的重要体现。

③ 工法。工法是建筑业企业在实际生产过程中通过采用新技术和新工艺总结出来的先进施工工法，是企业技术优势的重要组成部分，反映了企业在工程项目施工过程中技术含量的高低。

④ QC小组。QC小组是指在生产或工作岗位上从事各种劳动的职工，围绕企业的经营战略、方针目标和现场存在的问题，以改进质量、降低消耗、提高人的素质和经济效益为目的而组织起来，并运用质量管理的理论和方法开展活动的小组，其有利于开发新产品和创造新工艺、提高人员素质和积极性以及改进质量和提高经济效益。

在此基础上，与会专家结合深圳市建筑业本地企业实际情况对评价指标体系中各级指标的权重及分值进行认真讨论，最终确定了一级和二级指标的权重及二级指标不同等级的分类，深圳市建筑业本地企业竞争力评价指标体系详见表4-7，二级指标不同等级的划分与对应的分值详见表4-8。

深圳市建筑业本地企业竞争力评价指标体系　　表 4-7

总目标	一级指标		二级指标		权重
	分类	权重	分类	权重	
企业竞争力	市场规模	60%	建筑业企业总产值	60%	0.360
			资质等级	10%	0.060
			资产合计	15%	0.090
			营业收入	15%	0.090
	营利稳健性	10%	营业利润	30%	0.030
			单位资产利润率	30%	0.030
			资产负债率	40%	0.040
	运营效率	5%	人均产值	100%	0.050
	社会责任	5%	从业人数	100%	0.050
	技术创新及社会影响力	20%	获国家级奖	30%	0.060
			获省级奖	15%	0.030
			获市级奖	10%	0.020
			专利	25%	0.050
			工法	10%	0.020
			QC 小组	10%	0.020
	合计				1.000

二级指标不同等级的划分与对应的分值　　表 4-8

一级指标	二级指标	划分区间	分值
市场规模	建筑业企业总产值（单位：亿元）	150≤	10
		100≤且＜150	8
		50≤且＜100	6
		10≤且＜50	4
		1≤且＜10	2
		0≤且＜1	1
	资质等级	特级	10
		一级	8
		二级、不分等级	6
		三级	4
	资产合计（单位：亿元）	200≤	10
		100≤且＜200	8
		50≤且＜100	6
		10≤且＜50	4
		1≤且＜10	2
		＜1	1

续表

一级指标	二级指标	划分区间	分值
规模性	营业收入（单位:亿元）	150≤	10
		100≤且<150	8
		50≤且<100	6
		10≤且<50	4
		0<且<10	2
		≤0	0
营利稳健性	营业利润（单位:亿元）	5≤	10
		2≤且<5	8
		1≤且<2	6
		0.1≤且<1	4
		0.05≤且<0.1	2
		<0.05	1
	单位资产利润率	500%≤	10
		100%≤且<500%	8
		20%≤且<100%	6
		10%≤且<20%	4
		5%≤且<10%	2
		0%≤且<5%	1
	资产负债率	60%<	5
		40%≤且≤60%	10
		<40%	5
运营效率	人均产值（单位:万元/人）	2000≤	10
		1000≤且<2000	8
		500≤且<1000	6
		50≤且<500	4
		1<且<50	2
		≤1	0
社会责任	从业人数（单位:人）	30000≤	10
		10000≤且<30000	8
		3000≤且<10000	6
		1000≤且<3000	4
		500≤且<1000	2
		0≤且<500	1

续表

一级指标	二级指标	划分区间	分值
技术创新及社会影响力	获国家级奖	获一项得 1/2，两项以上满分	
	获省级奖	获一项得 1/4，四项以上满分	
	获市级奖	获一项得 1/8，八项以上满分	
	专利	获一项得 1/10，十项以上满分	
	工法	获一项得 1/8，八项以上满分	
	QC 小组	获一项得 1/8，八项以上满分	

注：不分等级的资质专业的企业按二级资质赋分。

2. 评价结果及分析

本报告编制的深圳市建筑业本地企业竞争力评价指标体系共分两级，第一级为分类指标，设有五大类，第二级为分类细化指标，设有十五类，各指标的权重均由专家确定，不需单独使用其他的方法确定权重。

评价指标体系中的建筑业企业总产值、资质等级、资产合计、营业收入、营业利润、单位资产利润率、资产负债率、人均产值和从业人数这九项指标的基础数据来源于广东省建设行业统计工作平台（建筑业），企业所获国家级奖、省级奖、市级奖、工法和 QC 小组这五项指标的基础数据来源于深圳建筑业协会，企业的专利数据来源于国家知识产权局认定的全国知识产权服务品牌机构培育单位——佰腾网，值得注意的是，评价指标体系中的专利是指各企业在 2018 年度授权的专利，不包含受理的专利。通过汇总、计算深圳市建筑业本地企业的各项基础数据指标，得出深圳市建筑业本地企业 100 强，详见表 4-9。同时，将深圳市建筑业本地企业 100 强按照资质专业的主要类别（房屋建筑工程、建筑装修装饰工程、市政公用工程）进行排名，具体结果详见表 4-10～表 4-12。

根据建筑业企业在市场规模、营利稳健性、运营效率、社会责任和技术创新及社会影响力五个层面上的综合表现，确定了深圳市建筑业本地企业前 100 强。由于资质专业的不同，体系中所设置的指标对不同资质专业企业的贡献程度不同，使得不同资质专业企业之间的可比性不强，如对资质专业为房屋建筑工程的企业来说，各项指标对其竞争力排名均具有一定的贡献性，房屋建筑工程企业除了可在有关企业运营方面的指标（市场规模、营利稳健性、运营效率和社会责任）得到相应的分数外，同时由于该资质专业的特点和可申报的奖项，其也可在技术创新及社会影响力指标项中获得相应的分值，但对其他的资质专业企业如脚手架作业分包企业来说，该类企业无可申报的奖项，使其在技术创新及社会影响力指标项下无法获得相应的分数。因此，本报告在深圳市建筑业企业前 100 强排名的基础上，根据不同资质专业对该 100 强企业进行重新排名，不同排名方式的结合使得排名结果更加全面。

从 100 强排名结果中可以看出，排名在前的企业主要为建筑业企业总产值较大的企业，主要原因是二级指标中的建筑业企业总产值所占权重较大，同时建筑业企业总产值所在的一级指标（市场规模）在该体系中起重要作用，由此可见建筑业企业总产值指标在建筑业企业竞争力评价中起主要决定作用。然而，在同类型资质专业的企业中，虽然该指标的权重较大，但该指标在整个评价指标体系中并不是起着决定性作用，其他指标仍然起着次要决定作用。

深圳市建筑业本地企业 100 强

表 4-9

名次	企业名称	资质专业	指标得分															最终得分
			市场规模				营利稳健性			运营效率	社会责任	技术创新及社会影响力						
			建筑业企业总产值	资质等级	资产合计	营业收入	营业利润	单位资产利润率	资产负债率	人均产值	从业人数	获国家级奖	获省级奖	获市级奖	专利	工法	QC小组	
1	中建钢构有限公司	房屋建筑工程	10	10	8	10	8	1	5	4	6	5	5	8.75	10	0	0	7.915
2	中国华西企业有限公司	房屋建筑工程	8	10	6	8	8	1	5	2	10	0	10	10	10	8.75	10	7.185
3	中铁南方投资集团有限公司	市政公用工程	10	8	8	10	10	1	5	4	8	5	0	0	0	2.5	0	7.180
4	深圳广田集团股份有限公司	建筑装修装饰工程	8	8	8	8	10	1	10	4	6	0	0	0	10	0	0	6.530
5	深圳市建工集团股份有限公司	房屋建筑工程	6	10	6	6	6	1	5	4	8	5	10	10	10	7.5	0	6.300
6	深圳市市政工程总公司	市政公用工程	6	10	8	6	10	1	5	4	4	0	5	10	1	0	10	5.550
7	中建深圳装饰有限公司	建筑装修装饰工程	6	8	4	4	6	2	5	2	8	10	0	0	10	0	0	5.400
8	深圳市中邦(集团)建设总承包有限公司	房屋建筑工程	6	8	4	6	6	1	10	2	8	0	0	10	10	0	0	5.350
9	深圳市宝鹰建设集团股份有限公司	建筑装修装饰工程	6	8	6	6	10	2	5	4	4	0	0	0	10	0	0	5.180
10	中电建水环境治理技术有限公司	水利水电工程	6	8	6	6	4	1	5	8	2	0	0	0	10	0	0	5.070
11	深圳市建筑工程股份有限公司	房屋建筑工程	6	8	10	6	0	1	5	2	10	0	0	3.75	0	0	0	4.985
12	深圳市铁汉生态环境股份有限公司	市政公用工程	6	4	8	6	6	1	5	4	4	0	0	0	10	0	0	4.970
13	深圳市中装建设集团股份有限公司	建筑装修装饰工程	4	8	4	4	8	2	10	2	8	10	0	0	10	0	0	4.940
14	中铁隧道集团三处有限公司	公路工程	6	8	6	6	0	1	5	4	8	0	0	0	6	0	0	4.850
15	深圳市建安(集团)股份有限公司	机电安装工程	6	8	4	6	8	2	5	8	2	0	0	3.75	1	0	0	4.665
16	深圳建业工程集团股份有限公司	房屋建筑工程	4	8	10	4	8	1	5	2	6	0	0	1.25	8	0	6.25	4.600
17	深圳市鹏城建筑集团有限公司	房屋建筑工程	4	10	6	4	4	1	5	2	6	0	0	10	7	6.25	10	4.565

续表

名次	企业名称	资质专业	指标得分															最终得分
			规模性				营利稳健性			运营效率	社会责任	技术创新及社会影响力						
			建筑业企业总产值	资质等级	资产合计	营业收入	营业利润	单位资产利润率	资产负债率	人均产值	从业人数	获国家级奖	获省级奖	获市级奖	专利	工法	QC小组	
18	深圳市方大建科集团有限公司	建筑幕墙工程	4	8	4	4	8	2	5	4	6	5	2.5	0	10	0	0	4.515
19	深圳瑞和建筑装饰股份有限公司	建筑装修装饰工程	4	8	4	4	8	1	10	2	8	0	0	0	10	0	0	4.310
20	深圳市建筑装饰(集团)有限公司	建筑装修装饰工程	4	8	4	4	4	1	5	4	6	5	0	0	10	0	0	4.290
21	深圳市奇信建设集团股份有限公司	建筑装修装饰工程	4	8	4	4	8	2	10	4	4	5	0	0	4	0	0	4.240
22	深圳榕亨实业集团有限公司	市政公用工程	4	8	4	4	2	1	5	4	4	5	2.5	1.25	10	0	0	4.230
23	深装总建设集团股份有限公司	消防设施工程	4	6	6	4	8	1	5	4	6	0	0	0	10	2.5	0	4.220
24	深圳市亚泰国际建设股份有限公司	建筑装修装饰工程	4	8	4	4	6	1	10	2	6	0	0	1.25	10	0	0	4.175
25	深圳市路桥建设集团有限公司	市政公用工程	4	8	4	4	4	1	5	4	4	0	0	1.25	10	10	0	4.115
26	深圳市洪涛装饰股份有限公司	建筑装修装饰工程	4	8	8	4	6	1	5	2	8	0	0	0	3	2.5	0	4.110
27	深圳鹏润建设集团有限公司	钢结构工程	4	4	4	4	6	4	10	4	6	0	0	0	10	0	0	4.100
28	利亚德照明股份有限公司	其他	4	8	4	4	8	4	10	4	4	0	0	0	5	0	0	4.050
29	深圳市建装业集团股份有限公司	建筑装修装饰工程	4	8	4	4	6	2	10	4	1	0	0	0	10	0	0	4.030
30	维谛技术有限公司	机电安装工程	4	6	4	6	6	1	5	4	4	0	0	0	10	0	0	4.010
31	深圳市安星装饰设计工程有限公司	建筑幕墙工程	4	8	2	4	4	2	10	4	4	0	0	0	10	2.5	0	3.990
32	银广厦集团有限公司	房屋建筑工程	4	8	4	4	6	2	5	2	6	0	0	0	10	0	0	3.980
33	深圳市广胜达建设有限公司	房屋建筑工程	4	8	4	4	2	1	5	4	4	0	10	10	3	0	0	3.980
34	广东爱得威建设(集团)股份有限公司	建筑装修装饰工程	4	8	4	4	6	2	10	2	6	0	0	0	6	0	0	3.980
35	深圳中铁二局工程有限公司	房屋建筑工程	4	8	6	4	4	1	5	2	8	5	0	0	0	0	0	3.970

续表

名次	企业名称	资质专业	指标得分															最终得分
			规模性				营利稳健性			运营效率	社会责任	技术创新及社会影响力						
			建筑业企业总产值	资质等级	资产合计	营业收入	营业利润	单位资产利润率	资产负债率	人均产值	从业人数	获国家级奖	获省级奖	获市级奖	专利	工法	QC小组	
36	深圳市建艺装饰集团股份有限公司	建筑装修装饰工程	4	8	4	4	6	1	5	2	6	0	0	0	10	0	0	3.950
37	深圳中天精装股份有限公司	建筑装修装饰工程	4	8	4	4	6	4	10	4	4	0	0	0	4	0	0	3.940
38	深圳市三鑫科技发展有限公司	建筑幕墙工程	4	8	4	4	4	1	5	4	6	0	0	0	9	0	0	3.940
39	深圳市中航装饰设计工程有限公司	建筑装修装饰工程	4	8	2	4	4	2	10	2	6	0	0	0	10	0	0	3.940
40	深圳市交运工程集团有限公司	市政公用工程	4	8	2	4	4	2	10	4	2	0	0	5	10	0	0	3.940
41	深圳文科园林股份有限公司	市政公用工程	4	6	4	4	8	2	5	2	6	0	0	0	10	0	0	3.920
42	中铁建大桥工程局集团第二工程有限公司	公路工程	4	8	4	4	4	1	5	2	8	0	0	0	8	0	0	3.890
43	深圳市福田建安建设集团有限公司	房屋建筑工程	4	8	4	4	6	2	10	6	1	0	2.5	3.75	2	0	0	3.880
44	中核华泰建设有限公司	房屋建筑工程	4	8	4	4	2	1	5	2	6	0	0	1.25	10	0	0	3.855
45	深圳市越众(集团)股份有限公司	房屋建筑工程	4	8	6	4	4	1	5	4	4	0	0	8.75	1	0	0	3.795
46	深圳海外装饰工程有限公司	建筑装修装饰工程	4	8	4	4	4	1	5	2	6	0	0	0	8	0	0	3.790
47	深圳市华南装饰集团股份有限公司	建筑装修装饰工程	4	8	4	4	6	2	5	2	6	0	0	0	5	0	0	3.730
48	中铁广州工程局集团深圳工程有限公司	房屋建筑工程	4	8	4	4	4	1	5	4	4	5	0	0	0	1.25	0	3.715
49	深圳市坐标建筑装饰工程股份有限公司	建筑装修装饰工程	4	8	2	4	4	4	5	4	2	0	0	0	10	0	0	3.700
50	深圳地质建设工程公司	地基与基础工程	4	8	2	4	2	1	5	4	1	10	0	0	2	0	0	3.700
51	深圳市工勘岩土集团有限公司	地基与基础工程	4	8	4	4	4	1	5	4	2	0	0	10	0	10	0	3.690

续表

名次	企业名称	资质专业	指标得分															最终得分
			规模性				营利稳健性			运营效率	社会责任	技术创新及社会影响力						
			建筑业企业总产值	资质等级	资产合计	营业收入	营业利润	单位资产利润率	资产负债率	人均产值	从业人数	获国家级奖	获省级奖	获市级奖	专利	工法	QC小组	
52	深圳市新朗建设工程有限公司	房屋建筑工程	4	8	4	4	8	6	5	4	4	0	0	1.25	0	0	0	3.685
53	深圳市旭生骏鹏建筑工程有限公司	房屋建筑工程	4	8	2	4	4	1	5	4	2	0	0	2.5	10	1.25	0	3.685
54	深圳市第一建筑工程有限公司	房屋建筑工程	4	8	4	4	4	1	5	2	6	0	0	8.75	2	0	0	3.665
55	深圳市赛为智能股份有限公司	建筑智能化工程	4	8	4	2	4	1	10	4	4	0	0	0	5	0	0	3.660
56	深圳时代装饰股份有限公司	建筑幕墙工程	4	4	4	4	6	2	5	4	2	0	0	0	10	0	0	3.640
57	深圳市建设(集团)有限公司	房屋建筑工程	4	10	4	4	0	1	5	4	4	0	0	5	2	2.5	0	3.640
58	深圳市科源建设集团股份有限公司	建筑装修装饰工程	4	8	4	4	8	2	5	2	8	0	0	0	0	0	0	3.640
59	深圳市金世纪工程实业有限公司	房屋建筑工程	4	8	4	4	6	2	5	2	6	0	0	5	1	0	0	3.630
60	深圳市嘉信装饰设计工程有限公司	建筑装修装饰工程	4	8	4	4	1	1	5	2	6	5	0	0	0	0	0	3.600
61	深圳市特艺达装饰设计工程有限公司	建筑装修装饰工程	4	8	2	4	4	2	5	4	6	0	0	0	5	0	0	3.590
62	深圳市晶宫设计装饰工程有限公司	建筑装修装饰工程	4	8	4	4	4	1	5	4	6	0	0	0	2	0	0	3.590
63	联建建设工程有限公司	房屋建筑工程	4	8	6	4	4	1	5	2	6	0	0	0	0	0	0	3.570
64	深圳市深安企业有限公司	房屋建筑工程	4	8	4	4	4	2	5	4	4	0	0	7.5	0	0	0	3.570
65	深圳市建安劳务有限公司	脚手架作业分包	4	8	1	4	4	6	10	2	8	0	0	0	0	0	0	3.570
66	深圳茂华建设集团有限公司	建筑装修装饰工程	4	8	2	4	4	6	10	2	6	0	0	0	0	0	0	3.560
67	深圳城市建筑装饰工程有限公司	建筑装修装饰工程	4	8	2	4	2	1	5	4	1	0	0	0	10	0	0	3.500

续表

名次	企业名称	资质专业	指标得分															最终得分
			规模性				营利稳健性			运营效率	社会责任	技术创新及社会影响力						
			建筑业企业总产值	资质等级	资产合计	营业收入	营业利润	单位资产利润率	资产负债率	人均产值	从业人数	获国家级奖	获省级奖	获市级奖	专利	工法	QC小组	
68	深圳南利装饰集团股份公司	建筑装修装饰工程	4	8	2	4	2	1	10	2	6	0	0	0	3	0	0	3.500
69	深圳市深港建筑集团有限公司	房屋建筑工程	4	8	4	4	4	1	5	4	4	0	0	0	2	0	0	3.490
70	深圳市广汇源水利建筑工程有限公司	水利水电工程	4	8	2	4	4	2	10	2	6	0	0	2.5	0	0	0	3.490
71	深圳市维业装饰集团股份有限公司	建筑装修装饰工程	4	8	4	4	6	2	5	2	6	0	0	0	0	0	0	3.480
72	深圳市金河建设集团有限公司	水利水电工程	4	8	2	4	4	4	5	4	4	0	0	3.75	2	0	0	3.475
73	深圳市华西劳务有限公司	水暖电安装作业分包	4	6	1	4	4	6	10	2	8	0	0	0	0	0	0	3.450
74	深圳市华晟建设集团股份有限公司	市政公用工程	4	8	4	4	4	1	5	4	4	0	0	2.5	0	0	0	3.440
75	深华建设(深圳)股份有限公司	消防设施工程	4	8	4	4	4	1	5	2	6	0	0	0	1	0	0	3.440
76	深圳市新启源实业发展有限公司	房屋建筑工程	4	8	4	4	4	1	5	2	6	0	0	2.5	0	0	0	3.440
77	深圳市国艺园林建设有限公司	市政公用工程	4	4	2	4	6	4	5	2	6	0	0	0	6	0	0	3.420
78	中国南海工程有限公司	化工石油工程	4	8	4	4	4	1	5	2	6	0	0	1.25	0	0	0	3.415
79	深圳市中饰南方建设工程有限公司	建筑装修装饰工程	4	8	2	4	4	1	5	2	4	0	0	0	6	0	0	3.410
80	深圳市冠泰装饰集团有限公司	建筑装修装饰工程	4	8	4	4	1	1	10	2	4	0	0	0	0	0	0	3.400
81	深圳合田建设工程劳务有限公司	木工作业分包	4	8	4	4	4	1	5	2	6	0	0	0	0	0	0	3.390
82	深圳金粤幕墙装饰工程有限公司	建筑幕墙工程	4	8	4	4	4	1	5	2	6	0	0	0	0	0	0	3.390
83	深圳市粤通建设工程有限公司	市政公用工程	4	8	2	4	4	2	10	2	4	0	0	1.25	0	0	0	3.365

续表

名次	企业名称	资质专业	指标得分															最终得分
			规模性				营利稳健性			运营效率	社会责任	技术创新及社会影响力						
			建筑业企业总产值	资质等级	资产合计	营业收入	营业利润	单位资产利润率	资产负债率	人均产值	从业人数	获国家级奖	获省级奖	获市级奖	专利	工法	QC小组	
84	深圳市顺洲建设集团有限公司	建筑装修装饰工程	4	8	2	4	4	1	5	2	6	0	0	0	3	0	0	3.360
85	深圳洲际建筑装饰集团有限公司	建筑装修装饰工程	4	8	2	4	4	2	5	2	4	0	0	0	4	0	0	3.340
86	深圳市博大建设集团有限公司	建筑装修装饰工程	4	8	2	4	4	2	5	2	8	0	0	0	0	0	0	3.340
87	深圳市华剑建设集团股份有限公司	建筑装修装饰工程	4	8	4	4	6	2	5	4	1	0	0	0	0	0	0	3.330
88	深圳市艺涛装饰设计工程有限公司	建筑装修装饰工程	4	8	2	4	4	4	5	2	6	0	0	0	0	0	0	3.300
89	深圳文业装饰设计工程有限公司	建筑装修装饰工程	4	8	2	4	4	4	5	2	6	0	0	0	0	0	0	3.300
90	深圳市联丰装饰设计工程有限公司	建筑装修装饰工程	4	8	2	4	4	4	5	4	4	0	0	0	0	0	0	3.300
91	深圳市电信工程有限公司	通信工程	4	8	4	4	4	1	5	4	2	0	0	0	0	0	0	3.290
92	深圳泛华工程集团有限公司	房屋建筑工程	4	8	4	4	2	1	5	4	1	0	0	3.75	0	0	1.25	3.280
93	深圳达实智能股份有限公司	建筑智能化工程	2	8	4	4	8	2	5	2	4	0	0	2.5	10	0	0	3.270
94	深圳市中泰建筑劳务有限公司	砌筑作业分包	4	8	2	4	2	1	5	2	8	0	0	0	0	0	0	3.250
95	深圳市中深建装饰设计工程有限公司	建筑装修装饰工程	4	8	2	4	4	2	5	2	6	0	0	0	0	0	0	3.240
96	深圳市卓艺建设装饰工程股份有限公司	建筑装修装饰工程	4	8	2	4	4	2	5	2	6	0	0	0	0	0	0	3.240
97	深圳市中建南方建筑工程劳务有限公司	砌筑作业分包	4	8	1	4	2	2	5	2	8	0	0	0	0	0	0	3.190
98	深圳市建宏达建设实业有限公司	市政公用工程	4	8	4	2	4	1	5	2	4	0	0	2.5	0	0	0	3.160
99	深圳市华辉装饰工程有限公司	建筑装修装饰工程	4	8	2	4	2	1	5	4	4	0	0	0	0	0	0	3.150
100	深圳市立行建筑工程劳务有限公司	木工作业分包	4	8	2	4	2	1	5	2	6	0	0	0	0	0	0	3.150

房屋建筑工程类企业排名 **表 4-10**

名次	企业名称	最终得分
1	中建钢构有限公司	7.915
2	中国华西企业有限公司	7.185
3	深圳市建工集团股份有限公司	6.300
4	深圳市中邦(集团)建设总承包有限公司	5.350
5	深圳市建筑工程股份有限公司	4.985
6	深圳建业工程集团股份有限公司	4.600
7	深圳市鹏城建筑集团有限公司	4.565
8	银广厦集团有限公司	3.980
9	深圳市广胜达建设有限公司	3.980
10	深圳中铁二局工程有限公司	3.970
11	深圳市福田建安建设集团有限公司	3.880
12	中核华泰建设有限公司	3.855
13	深圳市越众(集团)股份有限公司	3.795
14	中铁广州工程局集团深圳工程有限公司	3.715
15	深圳市新朗建设工程有限公司	3.685
16	深圳市旭生骏鹏建筑工程有限公司	3.685
17	深圳市第一建筑工程有限公司	3.665
18	深圳市建设(集团)有限公司	3.640
19	深圳市金世纪工程实业有限公司	3.630
20	联建建设工程有限公司	3.570
21	深圳市深安企业有限公司	3.570
22	深圳市深港建筑集团有限公司	3.490
23	深圳市新启源实业发展有限公司	3.440
24	深圳泛华工程集团有限公司	3.280

市政公用工程类企业排名 **表 4-11**

名次	企业名称	最终得分
1	中铁南方投资集团有限公司	7.180
2	深圳市市政工程总公司	5.550
3	深圳市铁汉生态环境股份有限公司	4.970
4	深圳榕亨实业集团有限公司	4.230
5	深圳市路桥建设集团有限公司	4.115
6	深圳市交运工程集团有限公司	3.940
7	深圳文科园林股份有限公司	3.920
8	深圳市华晟建设集团股份有限公司	3.440
9	深圳市国艺园林建设有限公司	3.420
10	深圳市粤通建设工程有限公司	3.365
11	深圳市建宏达建设实业有限公司	3.160

建筑装饰装修工程类企业排名　　表 4-12

名次	企业名称	最终得分
1	深圳广田集团股份有限公司	6.530
2	中建深圳装饰有限公司	5.400
3	深圳市宝鹰建设集团股份有限公司	5.180
4	深圳市中装建设集团股份有限公司	4.940
5	深圳瑞和建筑装饰股份有限公司	4.310
6	深圳市建筑装饰(集团)有限公司	4.290
7	深圳市奇信建设集团股份有限公司	4.240
8	深圳市亚泰国际建设股份有限公司	4.175
9	深圳市洪涛装饰股份有限公司	4.110
10	深圳市建装业集团股份有限公司	4.030
11	广东爱得威建设(集团)股份有限公司	3.980
12	深圳市建艺装饰集团股份有限公司	3.950
13	深圳中天精装股份有限公司	3.940
14	深圳市中航装饰设计工程有限公司	3.940
15	深圳海外装饰工程有限公司	3.790
16	深圳市华南装饰集团股份有限公司	3.730
17	深圳市坐标建筑装饰工程股份有限公司	3.700
18	深圳市科源建设集团股份有限公司	3.640
19	深圳市嘉信装饰设计工程有限公司	3.600
20	深圳市特艺达装饰设计工程有限公司	3.590
21	深圳市晶宫设计装饰工程有限公司	3.590
22	深圳茂华建设集团有限公司	3.560
23	深圳城市建筑装饰工程有限公司	3.500
24	深圳南利装饰集团股份公司	3.500
25	深圳市维业装饰集团股份有限公司	3.480
26	深圳市中饰南方建设工程有限公司	3.410
27	深圳市冠泰装饰集团有限公司	3.400
28	深圳市顺洲建设集团有限公司	3.360
29	深圳洲际建筑装饰集团有限公司	3.340
30	深圳市博大建设集团有限公司	3.340
31	深圳市华剑建设集团股份有限公司	3.330
32	深圳市艺涛装饰设计工程有限公司	3.300
33	深圳文业装饰设计工程有限公司	3.300
34	深圳市联丰装饰设计工程有限公司	3.300
35	深圳市中深建装饰设计工程有限公司	3.240
36	深圳市卓艺建设装饰工程股份有限公司	3.240
37	深圳市华辉装饰工程有限公司	3.150

三、企业面临的困难和需求

（一）本地企业面临的困难和需求

深圳市基础建设投资庞大，工程项目数量多，市场高度开放包容，吸引了众多来自全国各地的建筑施工企业，形成了外省企业、本省外市企业、深圳本地企业等众多企业自由竞争的市场景象。开放包容的建筑行业一方面繁荣了深圳的建筑市场，另一方面也给深圳本地企业的发展带来了诸多难题，其主要表现在：

1. 本地企业优势不足，承接大型项目难度大

本地市场自由、开放，建筑业企业众多，无论何种资质、规模，一律站在同一起跑线上公开竞标，竞争日趋激烈。相对于驻深的大型央企和省内外大型企业，本地企业在技术、管理、人才、资金等方面往往处于劣势。在市内市场中，政府投资的大型项目绝大部分被央企垄断，本地企业中标概率极低。据详细统计，2018 年 9 月至 12 月工程造价在 2 亿元以上的施工总承包项目共计 38 项（由于 2018 年 1 月至 8 月数据缺失，故未列入本报告统计），造价高达 334513.25 亿元。其中，仅有 5 个项目为深圳本地企业作为独立中标单位中标，分别是深圳市建安（集团）股份有限公司、中建钢构有限公司、深圳中铁二局工程有限公司、中国华西企业有限公司和深圳市建工集团股份有限公司，中标总金额共计 22.82 亿元，占比不足 1%，详见表 4-13。

深圳市 2018 年 9 月～12 月工程造价在 2 亿元以上的施工总承包项目统计表　表 4-13

序号	项目名称	中标单位	造价(万元)	招标单位
1	东莞市国际食品产业园开发有限公司仓储物流配送中心-CDE 仓 EPC 项目土建工程	广东永盛建筑工程有限公司	50517.20	东莞市国际食品产业园开发有限公司
2	新城立交工程设计施工总承包工程	中铁大桥局集团有限公司、上海市政工程设计研究总院(集团)有限公司	90546.35	深圳市交通公用设施建设中心
3	梅观高速清湖南段市政道路工程施工二标工程	中国二十冶集团有限公司	395877.43	深圳市交通公用设施建设中心
4	滨海大道(总部基地段)交通综合改造工程设计施工总承包工程	中国中铁股份有限公司、中铁四局集团有限公司、上海市隧道工程轨道交通设计研究院	339965.00	深圳市交通公用设施建设中心
5	妈湾跨海通道(月亮湾大道-沿江高速)工程施工总承包一标工程	上海隧道工程有限公司	380708.77	深圳市交通公用设施建设中心
6	妈湾跨海通道(月亮湾大道-沿江高速)工程施工总承包二标工程	中铁隧道局集团有限公司、中国中铁股份有限公司、中铁七局集团有限公司	555927.78	深圳市交通公用设施建设中心

续表

序号	项目名称	中标单位	造价(万元)	招标单位
7	深福保科技生态园区项目工程总承包工程	深圳市建安(集团)股份有限公司	26642.86	深圳市大工业区(深圳出口加工区)开发管理集团有限公司
8	深圳机场T3新货站B2项目施工工程	中建钢构有限公司	21988.89	深圳市机场(集团)有限公司
9	平安财险大厦建设项目施工总承包工程	中建三局第二建设工程有限责任公司	54673.39	中国平安财产保险股份有限公司
10	石清大道二期道路工程施工二标工程	云南省建设投资控股集团有限公司	207978.05	深圳市交通公用设施建设中心
11	深圳技术大学建设项目(一期)施工总承包三标工程	上海建工集团股份有限公司	124620.39	深圳市住宅工程管理站
12	深圳职业技术学院西丽湖校区学生公寓A、B栋拆建工程施工总承包工程	中国建筑一局(集团)有限公司	27779.00	深圳市住宅工程管理站
13	凤塘大道会展段及海汇路天桥施工总承包工程	中国建筑股份有限公司	82335.58	深圳市招华国际会展发展有限公司
14	"三横四纵"车行道及爱国路等人行道品质提升一标工程	中国建筑第四工程局有限公司	24875.41	深圳市建筑设计研究总院有限公司
15	盐田港冷链服务仓项目工程施工总承包工程	湖南四建安装建筑有限公司	39472.41	深圳市盐田港集团有限公司
16	库坑中学施工总承包工程	中建四局第五建筑工程有限公司	24904.86	深圳市万科发展有限公司
17	赤湾地铁站城市综合体工程采购-施工总承包工程	中建三局第二建设工程有限责任公司	180000.00	深圳市海城锦实业发展有限公司
18	深国际智慧港先期启动项目地块总承包工程	深圳中铁二局工程有限公司	20262.39	深国际前海商业发展(深圳)有限公司
19	横岭水质净化厂二期提标改造工程	中铁上海工程局集团市政工程有限公司	40791.43	深圳北控创新投资有限公司
20	东莞市水生态建设项目五期工程(第五标段)总承包工程	中交第四航务工程局有限公司、中国建筑第八工程局有限公司、天津市市政工程设计研究院	211217.55	东莞市东清水污染治理有限公司
21	太子湾二组团DY02-04项目总承包工程	中国建筑第四工程局有限公司	31690.19	深圳市太子湾乐湾置业有限公司
22	太子湾二组团DY02-02项目总承包工程	中国建筑第四工程局有限公司	24493.87	深圳市太子湾乐湾置业有限公司
23	光明科学城启动区土建工程项目施工总承包工程	中建三局集团有限公司	222301.79	同济大学建筑设计研究院(集团)有限公司

续表

序号	项目名称	中标单位	造价(万元)	招标单位
24	深圳市公安局警察训练学校两校区改造项目工程设计采购施工总承包工程	上海建工集团股份有限公司、上海建工集团股份有限公司、上海建工四建集团有限公司	/	深圳市建筑工务署工程管理中心
25	坪山区2018年度政府投资建设工程(医疗卫生A类)施工总承包工程	中建一局集团安装工程有限公司	27325.90	华润置地(深圳)有限公司
26	河源电厂二期2×1000MW燃煤机组扩建工程主体工程(A标段)建筑安装施工工程	中国能源建设集团广东火电工程有限公司	70118.00	深圳能源集团股份有限公司
27	河源电厂二期2×1000MW燃煤机组扩建工程主体工程(B标段)建筑安装施工工程	中国电建集团山东电力建设第一工程有限公司	48270.00	深圳能源集团股份有限公司
28	尚智科技园项目施工总承包工程	中建二局第三建筑工程有限公司	71312.76	深圳市特区建设发展集团有限公司
29	罗湖"二线插花地"棚户区改造项目施工总承包六标工程	中国建筑一局(集团)有限公司	80310.76	深圳市天健(集团)股份有限公司
30	罗湖"二线插花地"棚户区改造项目施工总承包三标工程	中国华西企业有限公司	90142.89	深圳市天健(集团)股份有限公司
31	罗湖"二线插花地"棚户区改造项目施工总承包四标工程	上海建工集团股份有限公司	103445.26	深圳市天健(集团)股份有限公司
32	罗湖"二线插花地"棚户区改造项目施工总承包二标工程	中建三局集团有限公司	184334.05	/
33	深圳市南山赤湾科苑项目主体工程施工总承包工程	上海建工四建集团有限公司	/	赤湾科技(深圳)有限公司
34	东莞市水生态建设项目五期工程施工总承包一标工程	中电建水环境治理技术有限公司、中国电建集团中南勘测设计研究院有限公司、中国水利水电第六工程局有限公司、中国水利水电第十四工程局有限公司、中国水利水电第七工程局有限公司	3340559424.42	东莞市东清水污染治理有限公司
35	光明新区公明排洪渠、合水口排洪渠、上下村排洪渠水环境综合整治工程EPC(重新招标)工程	中电建水环境治理技术有限公司、中国电建集团西北勘测设计研究院有限公司、中国水利水电第十四工程局有限公司	46618.37	深圳市光明新区建筑工务局
36	中山大学·深圳建设工程项目施工总承包二标工程	中国建筑第八工程局有限公司	247897.15	深圳市住宅工程管理站

续表

序号	项目名称	中标单位	造价(万元)	招标单位
37	中山大学·深圳建设工程项目施工总承包三标工程	上海建工集团股份有限公司	354566.10	深圳市住宅工程管理站
38	深圳清华大学研究院新大楼建设项目施工总承包工程	深圳市建工集团股份有限公司	69167.42	华润(深圳)有限公司、深圳市南山区建筑工务局

(数据来源:深圳市建设工程交易网)

2. 资金流动性差,本地企业融资困难

目前,由于业主建设项目的资金缺口较大,项目结算周期较长,施工企业被拖欠工程款的现象较为普遍。总体而言,2018年深圳市本地企业的资金流动情况并不乐观,应收工程款在100万元以上的本地企业共843家,超过总数的60%;其中,应收工程款在1000万元至1亿元区间内的本地企业占比最多(25.7%),如表4-14所示。因此,对于深圳本地企业而言,可抵押的资产少,融资成本大,贷款申请愈加困难,银行贷款资金远远不能满足企业扩大再生产的需要。

深圳本地企业2018年度应收工程款统计表 **表4-14**

年度应收工程款总额(元)	企业数量(个)	百分比(%)	累计百分比(%)
50亿≤	4	0.3	0.3
10亿≤且<50亿	28	2.0	2.3
1亿≤且<10亿	166	12.0	14.3
1000万≤且<1亿	359	25.7	40.0
100万≤且<1000万	286	20.4	60.4
0<且<100万	85	6.1	66.5
0	471	33.5	100

3. 资质升级难度较大,本地特级企业少

深圳建筑业本地企业的资质情况不容乐观,2018年深圳市建筑业企业(包含本地企业和驻深企业)共有102家特级资质企业,其中本地企业仅有11家,占比10.8%(图4-14)。企业资质的升级与企业承接业务的业绩呈正相关关系,如图4-15所示,无论是从整个行业而言,还是仅从龙头企业而言,深圳市本地企业资质等级越高,平均产值贡献越大。具体而言,2018年,深圳市建筑业具有特级资质的本地企业平均产值高达45.2亿元/家,而具有二级资质和三级资质的本地企业平均产值均不足1亿元/家;具有特级资质的本地龙头企业平均产值高达109.9亿元/家,而具有三级资质的本地企业平均产值仅有57.2亿元/家。相对而言,本地企业资质越高,建筑业平均产值越高。此外,从表4-15可见,具有特级资质的龙头企业所完成的建筑业总产值占全市同等级资质本地企业所完成的88.4%。因此,在未完全取消资质的情况下,企业资质对企业的业绩和发展尚具有较大影响。

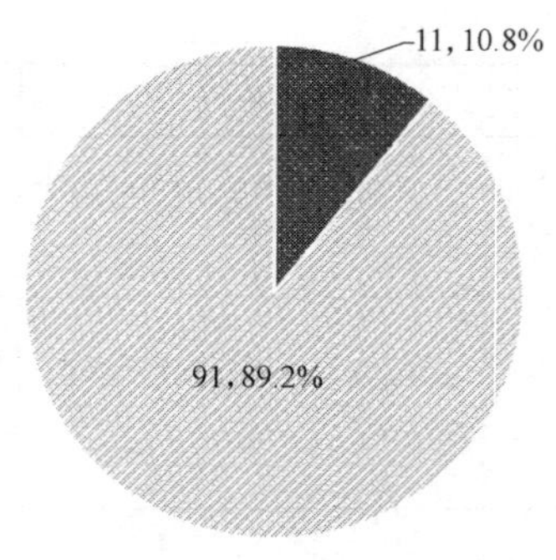

图 4-14　2018 年深圳本地企业和驻深企业特级资质占比情况

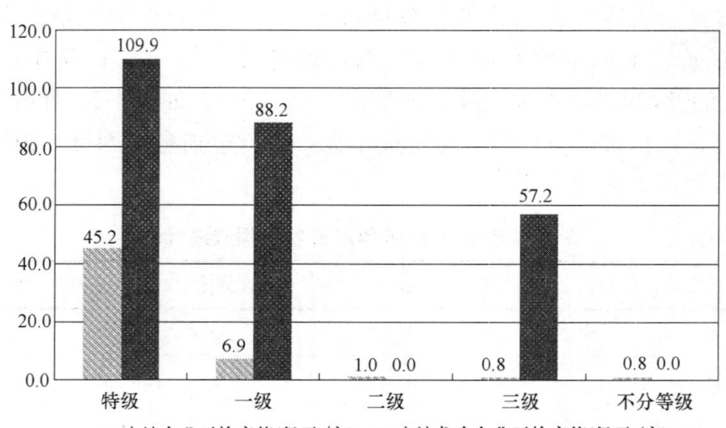

图 4-15　2018 年深圳市建筑业本地企业和本地龙头企业平均产值统计

2018 年深圳市本地龙头企业按不同资质等级统计　　**表 4-15**

资质等级	企业数量(个)	对全市同等级资质本地企业所完成建筑业总产值的贡献率(%)
特级	4	88.4
一级	9	27.0
二级	0	/
三级	1	19.2
不分等级	0	/

4. 市场竞争激烈，本地企业“走出去”难

2018 年，深圳市建筑业本地企业签订合同总额高达 9207 亿元，行业占比 71.8%，可见本地企业在全市的市场规模较大。由于高度的市场化，深圳建筑业本地企业大多选择竞争环境相对开放自由的市内市场。据深圳建筑协会数据统计，2018 年本地企业在市内完成的产值共计 2326 亿元，占建筑业本地企业总产值的 54.40%，这从侧面反映出深圳市内建筑业市场竞争激烈。在此背景下，部分本地企业在深圳市内缺乏生存空间，开始尝试扩展外部市场，但由于市外建筑业市场的开放程度远不及深圳，使得市外建筑业市场的竞争更加激烈，深圳本地企业“走出去”的难度显著增大。从图 4-16 可见，2018 年深圳市建筑业本地企业在省外市场的活跃度较低，外向度（31.40%）和北京（71.56%）、上海（56.76%）、天津（56.33%）等城市相比差距十分明显。

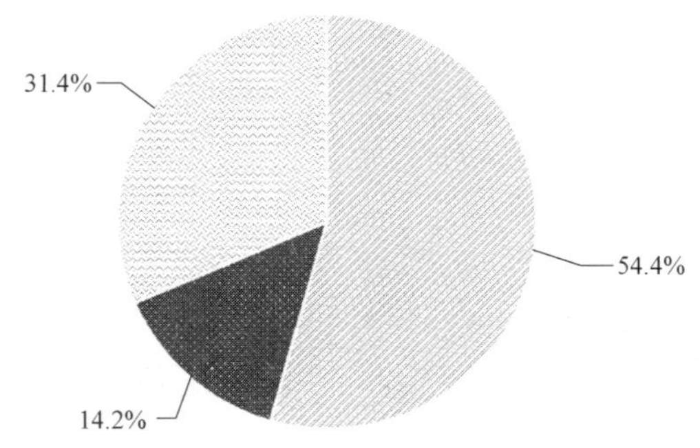

图 4-16　2018 年深圳市本地企业在不同地区的建筑业产值比重

（二）驻深企业面临的困难和需求

1. 亟需营造更加开放公平的市场环境

尽管深圳市建筑业市场高度开放、自由、包容，但近年来，由于税收等原因，部分区域逐渐出台了本地企业受地方保护的“潜规则”政策，存在隐形的区域性保护的不公平待遇。例如，政府投资项目在招标时要求总承包单位必须是在本区注册的本地企业，这对于驻深企业和注册地不在本区的本地企业而言，无疑是进入深圳建筑业市场所要面临的行业壁垒。因此，为了促进深圳市建筑业市场的健康、有序发展，亟需营造一个更加开放、公平的市场环境。

2. 难以与本地企业组建市场联合体

相比于本地企业，部分大型驻深企业无论在技术、管理还是资金等方面都具有较大的优势，而本地企业在一定程度上享受着地理优势导向的区域优惠政策。倘若竞争力大的驻深企业与本地企业组建市场联合体，必定会形成优势互补、互利共赢的局面。例如，从深圳市 2018 年 9～12 月工程造价在 2 亿元以上的施工总承包项目的中标情况来看（表 4-15），本地企业（如中电建水环境治理技术有限公司）与其他驻深企业联合投标的中标次数多于本地企业为独立投标人的中标次数。然而，目前深圳市缺少相关的政策引导，使得驻深企业和本地企业相互竞争，难以组建建筑业市场联合体。另一方面，驻深企业和本地企业之间往往缺少企业合作基础，也会使得相关市场联合体的组建难以展开。

5

第五部分　建设深圳建筑业高质量发展高地

2015 年 3 月 28 日，国务院正式出台《推动共建丝绸之路经济带和 21 世纪海上丝绸之路的愿景与行动》，明确指出基础设施互联互通是“一带一路”建设的优先领域。“一带一路”倡议的提出，将为实现国家“十三五”规划目标、开拓“走出去”对外开放新格局、实现“两个一百年”宏伟目标和中华民族伟大复兴的中国梦激发新动力和营造良好的环境。2019 年 2 月 18 日，中共中央、国务院印发了《粤港澳大湾区发展规划纲要》，要求深圳发挥作为经济特区、全国性经济中心城市和国家创新型城市的引领作用，加快建成现代化国际化城市，努力成为具有世界影响力的创新创意之都。2019 年 8 月 18 日，中共中央、国务院又出台了《关于支持深圳建设中国特色社会主义先行示范区的意见》，要求深圳抓住粤港澳大湾区建设重要机遇，增强核心引擎功能，朝着建设中国特色社会主义先行示范区的方向前行，努力创建社会主义现代化强国的城市范例。

深圳建筑业自党和国家做出兴办经济特区重大战略部署以来，为深圳的发展做出了不可磨灭的重要贡献，为全国提供了大量的深圳建设管理经验，创造了举世闻名的“深圳速度”。深圳建筑业将深刻领会“一带一路”倡议、“粤港澳大湾区”战略以及“先行示范区”建设意见的丰富内涵和精神实质，激发新活力、焕发新风采，奋力谱写新时代深圳建筑业改革发展新篇章。

一、主要机遇

“一带一路”建设、粤港澳大湾区建设和支持深圳建设中国特色社会主义先行示范区是习近平总书记亲自谋划、亲自部署、亲自推动的国家重大战略，赋予了深圳新使命与新担当。深圳建筑业也迎来了在更高起点、更高层次、更高目标上“改革开放再出发”的重大机遇。深圳建筑业应牢牢抓住这一历史机遇，早策划、早布局和早准备。

1. 对标国际一流，为建筑业打造高质量发展高地提供了方向和动力

“一带一路”、粤港澳大湾区和先行示范区建设给深圳建筑业带来了千载难逢的历史机遇，是深圳建筑业高质量发展的重要动力源。建筑业一直是国民经济的重要组成部分和支柱产业，建筑业的高质量发展涉及经济、社会、环境和制度等诸多领域，深圳建筑业要牢牢把握这一历史机遇，按照“世界眼光、国际标准、中国特色、高点定位”的要求，全面对标国际一流城市，在构建高质量发展的体制机制上下功夫，努力解决好规模增长、产业结构与效益、可持续发展、质量和安全等方面的矛盾，让创新驱动发展成为常态，不断提升城市规划建设品质，努力打造成为高质量发展高地。

2. 法治、文明表率，为营造国际一流建筑业营商环境提出了新要求

建筑业是城市文明的重要窗口，法治是最好的营商环境，是城市发展“软实力”的重要体现，在构建高水平的公共文化服务体系和现代文化产业体系中，建筑业扮演着不可或缺的作用。用好深圳特区立法优势，从制度和法律上进一步探索完善符合市场化、国际化要求的建设管理法规制度体系，营造稳定公平透明、可预期的国际一流法治化营商环境，将深圳建设成为法治城市典范，充分展示深圳城市文明建设的巨大成就，提升社会对行业认同感，让建筑产业工人在社会上有地位、有尊严，解决好产业工人的身份认同感，增强行业的使命感和凝聚力，让深圳建筑业成为展现现代城市文明的表率，这是党中央对建筑业的提出的新要求。

3. 科技创新楷模，为建筑企业创新发展提供新技术

随着全球范围内新一轮科技革命和产业变革的兴起，深圳建筑业凭借着优越的地理位置和“一带一路”、大湾区、示范区建设等政策红利迎来了自己的发展机遇。以BIM、GIS、物联网、大数据技术等为代表的信息技术在建筑业中的广泛应用，帮助建筑企业迅速构建低成本的网络营销体系，帮助建筑企业充分挖掘潜在的商机，拓展市场。通过改变传统建筑业的生产方式和产业结构，扩大行业信息来源，实现资源共享，将解决建筑业信息不对称所带来的各种根深蒂固的弊病，用更高程度的数字化技术整合优化全产业链，实现工厂化生产、精细化管理的现代产业模式。这些新的技术创新和应用，将对建筑业界的科技进步产生巨大的影响，还会对建筑业效率的提升和成本下降产生巨大的推动作用，为行业提升利润带来新的空间。

4. 争当可持续发展先锋，建筑节能与绿色建筑迎来新的发展机遇

深圳市正处于建设国家低碳生态示范城市关键时期，“一带一路”、粤港澳大湾区和先行示范区的建设给深圳市绿色建筑和装配式建筑发展带来了重大历史机遇。深圳建筑业应以此为契机，牢固树立和践行绿水青山就是金山银山的理念，大力发展绿色建筑和装配式建筑，打造安全高效的生产空间，强化建设科技的创新和应用，着力打造城市建设精品和“巅峰之作”，争当在美丽湾区建设中走在全国前列，成为可持续发展先锋。

5. 城市地下综合管廊建设和海绵城市、智慧城市的兴起拓展了新领域

加快城市地下综合管廊和海绵城市建设，是当前和今后一段时期我国城市基础设施建设工作重中之重，将会带动新的城市建设增长点。海绵城市和智慧城市的兴起，在对建筑业的施工技术提出新要求的同时，也拓宽了建筑业的服务领域。

二、主要挑战

“一带一路”、粤港澳大湾区和中国特色社会主义先行示范区的建设给深圳建筑业带来众多机遇的同时，也使其面临着诸多挑战。

1. 行业整体盈利能力不强，营商环境仍需改善

从统计分析的结果来看，近年来，深圳建筑业利润持续低下，行业负债水平逐年走高，企业科技创新投入的内生动力不足。第一，部分建筑产业习惯于传统承包模式，缺乏将产品和技术相结合的营销方式和资金筹措能力，不能将价值链延伸；第二，低价优势中标为主的招投标模式，在相当大的程度上加剧了企业之间存在恶性竞争，严重扰乱市场秩序，损害了企业的可持续发展潜力；第三，“营改增”使建筑业在纳税主体、计税方式、适用税率等方面发生较大变化，给建筑企业带来了诸多挑战，融资成本居高不下、运营费用不断增加、工程款回笼率相对较低，产业转型升级的压力较大。行业的整体营商环境离国际一流水平仍有较大差距。

2. 行业整体外向度不高，建筑企业“走出去”难

目前国内投资减缓、经济下行，在国家“一带一路”倡议的引导下，深圳建筑企业纷纷制定了国外发展战略，然而在实际“走出去”的过程中仍面临着诸多挑战，这严重阻碍了深圳建筑业的高质量发展。第一，在海外工程市场中，建筑企业的粗放式管理思维、基础管理薄弱等问题进一步凸显，成为深圳建筑企业“走出去”的壁垒；第二，民营企业业务范围较窄，往往只能以分包的形式参与国际工程业务的竞争，而且部分民营企业在技术、管理能力等方面的条件难以适应开展对外承包工程的需要，对大型国企央企的依存度较高；第三，我国建筑的设计标准和施工规范与国际标准存在差距，还未接轨；第四，面对同一个海外建筑市场，企业之间极易出现同质化恶性竞争，拿出国内的竞争策略，相互压低造价，甚至互挖墙脚；第五，“丝绸之路经济带”沿线诸多国家正处于政治社会转型期，安全稳定问题突出，宗教、文化、社会矛盾纵横交织，恐怖主义、极端主义活动比较活跃，给深圳建筑企业“走出去”带来了巨大风险。

3. 建设科技创新水平不高，信息化、工业化程度仍然较低

尽管深圳建筑业科技创新和建筑工业化水平在全国处于全国前列，但企业创新能力和研发投入不足，整体应用程度仍然较低，在很大程度上制约了深圳建筑业的高质量发展。第一，由于信息化程度低，建筑业信息不透明、不精准，同时缺乏相对应的促进产业发展的政策，造成了深圳建筑业内部无法发挥信息互联共享的作用；第二，深圳建筑业从业人员对信息化技术以及技术在工程中的应用价值尽管有了一定的认识，但是熟练掌握并应用这些技术的人才还严重不足；第三，创新是建筑业发展的动力，建筑业已逐步开始从要素驱动、投资驱动向创新驱动转变，互联网＋时代下新兴技术的应用已成为建筑业创新驱动、可持续发展的必然趋势。在建筑工业化方面，对装配式建筑的认识不够全面，缺乏一体化集成设计，市场缺乏统一标准，产业链尚未形成，相关配套政策也不够完善，无法应对个性化定制和大规模工程实施。

4. 高层次人才短缺，人才队伍稳定性差

目前，深圳建筑企业正面临着人才队伍不稳定，专业技术人员、管理人员流失严峻的考验，部分深圳建筑企业反映，受薪酬、住房、工作环境、职务晋升渠道、个人发展目标等影响，大学生员工 3～5 年内流失比例高达 40%～50%，这在很大程度上阻碍了深圳建筑业的高质量发展。第一，在新技术创新带来的产业革命驱使下，建筑行业对高技术人才的需求激增，然而从业人员结构分布不均、项目管理人才和技术人才短缺、供需不平衡等问题，严重制约了深圳建筑业的可持续发展与国家战略规划的落实；第二，由于目前国家正在大力推广工程总承包，这对于建筑企业来说，需调整自身组织架构，建立新的管理方式，健全建筑工程质量、安全、进度、成本管理体系，而传统的工程项目管理人员缺乏工业化的管理思维，对整个设计、生产、施工流程缺乏系统的认识。

三、措施与建议

结合深圳建筑业的实际情况，从行业角度就深圳市建筑业打造高质量发展高地和建设全国典范提出如下建议：

1. 全面深化“放管服”改革，营造一流建筑营商环境

“放管服”改革是创建适应建筑业发展需要的建筑市场环境的前提和保障，也是推动建筑业高质量发展的关键，必须坚持服务为本，简政放权，减少政府对建筑企业经济活动的直接干预。为此，必须充分用好深圳特区立法优势，从制度和法律上进一步探索完善符合市场化、国际化要求的法规制度体系，全面推行权力清单、责任清单、负面清单制度，建立建筑行业信用评价机制，营造稳定公平透明、可预期的国际一流法治化营商环境。具体而言，建议大力推行政府工程与社会工程分类管理，支持有能力的建设单位开展自行管理工程项目并承担相应责任；实行设计人员终身负责制，探索取消社会工程的工程监理、施工图审查。减少事前审批，加强事中事后监管，精简审批流程，在全国率先实现“互联网＋工程审批”，优化建设工程施工质量验收程序；淡化企业资质，大幅压减企业资质资格认定事项，必需的资质资格实行告知承诺管理，为企业转型升级和快速发展创造宽松的政策环境，促进现代建筑产业集群的快速形成；建立个人执业资格制度，打通注册建造师、注册结构工程师、注册岩土工程师和注册监理工程师的业务联系，取得相应执业资格的工程类专业人士，可从事工程项目咨询服务和项目管理等业务，促进高层次专业技术人员的合理流动，缓解高层次技术人员的短缺问题。

2. 增大劳动力生产要素投入，推动建筑产业队伍职业化

提升劳动力要素投入质量，建立建筑产业队伍管理平台，推动建筑产业工人队伍职业化建设。全面提高建筑产业工人素质、待遇、地位，实现建筑产业工人市民化，解决好建筑产业工人的身份认同感，实现劳有厚得，让建筑产业工人在社会上有地位、有尊严，在社会保障、住房保障、子女入学等方面给予优惠政策，稳定建筑产业工人队伍，大力弘扬大国工匠精神，培育一批大国工匠和为数众多的能工巧匠，确保质量安全水平成为行业标杆。建设全覆盖可持续的社会保障体系，建筑行业“农民工”群体是社会保障工作的重点、难点，加强产业工人培训教育，全力助推粤港澳大湾区建设。

3. 大力推进建筑科技创新，加快建筑行业地方标准制定

大力推进建筑科技创新，加快建筑企业及项目数字化、信息化改造，推动建筑业可持续健康发展。充分发挥大型公共项目的示范及带头作用，大力推进 5G 技术在建筑业中的应用，推动建筑工业化与信息化融合发展，鼓励企业加大 BIM、建筑物联网平台、智能化技术、虚拟仿真技术、管理系统等信息技术的研发、应用和推广力度，推动建筑工业化率先实现设计数字化、生产自动化、管理网络化、运营智能化、商务电子化、服务定制化及全流程集成创新，提高全产业链信息交互效率、综合管理水平及运营服务能力，加快智慧建造，数字化工地的建设。另一方面，对国际先进标准，加强标准规范实施能力建设，加快建立工程建设领域的“深圳标准”，提高工程建设质量和安全管理水平。强化标准规范实施监督，保证建设工程质量安全，全面促进深圳市建筑业发展和技术进步。加强建筑工业化、建筑节能与绿色建筑等方面的地方标准制订与修编，推动企业标准化建设。鼓励和支持有条件的研发单位与企业积极主持或参与工程建设国家标准、行业标准的研究编制工作。

4. 大力推动工程建设组织模式创新，探索建筑业与金融业深度融合

加快推行设计、采购、施工一体化的工程总承包模式，健全与工程总承包方相适应的招标投标、施工许可、分包管理、竣工验收等制度，引导中小型施工总承包企业走专业化发展道路，支持专业承包企业向专、精、特、新方向发展，推动行业资源节约集成、要素优化配置，形成总承包企业“少而强”，专业承包企业和专业作业企业“多而专”的合理结构，促进建筑业持续健康发展，为现代建筑产业集群的形成创造良好的市场环境。另一方面，探索政府监管之外的市场化治理机制，淡化资质管理等行政手段，推行工程质量担保和保险制度，形成具有市场公信力的工程担保和工程质量保险风险防范机制，切实维护工程参与各方合法利益，完善工程质量追偿机制。优化收付款制度，彻底解决建筑业资金流通困难。吸收先进国家在建设项目收款方面的成功做法，杜绝垫资施工，深入推进工程保证金制度改革，充分发挥银行等金融机构在工程保险、担保等方面的专业优势，提高建筑企业资金周转效率，提升企业投资效益。

5. 大力发展装配式建筑，提升绿色发展质量

将建筑工业化作为推进绿色建筑的重要内容和重要手段，大力发展装配式建筑，鼓励和支持大型公共建筑和标志性建筑项目按绿色建筑相关高星级标准进行规划、建设和运营，积极推动绿色建造技术的应用，完善以工法和专有技术成果积极支持城市低冲击开发和海绵城市建设，进一步推进建筑废弃物的减排与综合利用，建立建筑废弃物减排与综合利用的指标、考核和监管体系，完善有关优惠政策；鼓励企业参与建筑废弃物资源化利用，拓展综合利用途径。通过建筑节能、绿色建筑与绿色施工、绿色建筑材料的进一步推广与使用，发展绿色宜居城市，改善城市环境和居住条件，提升市民认同感和幸福感，营造文明和谐的社会环境，让生态思维渗入经济发展，实现青山绿水的美丽深圳，建设和谐共荣的幸福家园。

6. 加快建筑市场主体信用体系建设，加大标杆企业的扶持力度

引入第三方建立和完善建筑市场主体诚信体系，将注册执业人员、劳务队长、班组长纳入建筑市场主体诚信体系，运用信用手段加大监管力度。建立企业和从业人员信用评价结果与资质审批、施工许可等审批、审核事项的关联机制。加强承包履约管理，规范工程价款结算，推行行业负面清单制度，完善建筑企业诚信经营的市场环境，切实维护工程参与各方合法利益，完善工程质量追偿机制。另一方面，充分认识建筑业在保障民生、改善就业、防范经济风险等方面的重要作用，落实好配套的支柱产业政策，加快培育一批行业标杆企业，打造建筑业的“华为、腾讯”，通过这些标杆企业做好示范带动，逐步形成具有全球竞争力的现代建筑产业集群。继续推动“双落地”政策的引领作用，支持民营企业发展与打造总部基地并行，实现行业“小而美”和“巨无霸”齐头并进。

7. 加快推进全过程工程咨询，试行建筑工程项目建筑师负责制

传统建筑行业逐步形成了建设、勘察、设计、施工、监理等各方责任较为清晰的角色分工和责任体系，在当前形势的流动状态中原有的业界规则界限开始被替代，新的秩序在旧的秩序被变革的同时，也在不断地完善。在新的发展浪潮中，应鼓励同步推进全过程工程咨询和试点建筑师负责制，借鉴国际先进经验，逐步建立与国际接轨的工程咨询管理制度和建筑师负责制。一方面，试点工程咨询单位应完善组织结构和项目管理体系，由建筑师统筹协调建筑、结构、机电、环境、景观等各专业咨询，按照权责一致的原则，依据合同约定和收费，提供项目策划、工程设计、技术顾问咨询、合同管理、施工指导监督和后期跟踪等服务。另一方面，积极试点建筑师负责制，明确建筑师的权利和责任，提高建筑师的地位，推进全过程工程咨询服务，促进工程建设提质增效，推动建筑业和工程勘察设计咨询业高质量发展。

8. 大力推行 EPC 工程总承包，推动产业转型升级

深圳要保持改革创新优良传统，进一步解放思想，改变一贯以来“太公分猪肉——人人有份”的传统施工总承包模式，改革招投标政策，在生态、环保、市政等工程建设领域大力推行 EPC 工程总承包，提高深圳市工程建设管理水平，保证工程质量和投资效益，又快又好地建设先行示范区。对于建设主管部门而言，应深入考虑建筑企业提出的问题和困难，并结合工作实际，研究制定推进工程总承包的政策措施，加快推动工作向纵深发展，以创新举措和拼搏精神为行业和企业发展营造创新环境，培植创新土壤，释放创新活力。对于设计和施工企业而言，要认真学习先进企业的典型经验，加强人才培养，加强技术创新和管理创新，培育企业核心竞争力，进一步加强对工程总承包项目的参与度，努力开创工程总承包的新局面。对于行业协会而言，要积极组织相关培训，引导企业建立适合于工程总承包的项目管理体系，同时要加强相关的宣传工作，为积极稳妥推动工程总承包营造一个良好的社会环境与氛围，让全社会认同、关注、支持工程总承包模式。

9. 助力“一带一路”建设，担当湾区建设重要职责

深圳建筑业要把握好“一带一路”倡议机遇和国际友好城市的优势平台，提升深圳建筑企业国际项目建设的管理能力和水平，打造深圳建筑业发展成果展示窗口。应鼓励社会组织建立健全深圳市海外信息服务网络，全方位搜集、分析、传达与建筑行业相关的海外资讯，引导推动建筑产业链上下游企业抱团式拓展海外业务；应逐步建立起政府引导、财政投资、企业投入、金融信贷、风险投资并行多元化资金保障体系，为“走出去”的建筑企业提供融资、财务管理、外汇管理方面的政策支持。另一方面，深圳建筑业在大湾区建设过程中，应严格对表对标“中央要求”“港澳所需”“湾区所向”“广东所能”和“深圳所及”，充分发挥深圳建筑业优势，坚定不移地走高质量发展道路，学习借鉴国际一流湾区的建设经验，结合实际落实大湾区建设任务。应遵循湾区发展规律，贴近港澳需求，推动有关规则相互衔接，努力实现比较优势的综合集成，为大湾区建设创造更有利的环境和条件；应打破各自为战的行政区划局面，推进基础设施一体化建设，实现城际轨道、高速公路、港口码头等的无缝对接，从而打造便利化的湾区生产生活环境，提升湾区的整体品牌效应和规模发展效应；应提升劳动、材料、机械投入质量，提高科技供给质量和项目管理质量，打造高质量示范工程项目，有力促进和推动广东省乃至全国实现高质量发展。

10. 力争中国博物馆落户深圳，进一步扩大深圳建筑业的影响力

力争中国建筑博物馆落户深圳，通过举办国际性行业论坛，让建筑业成为展现深圳现代城市文明的窗口。建筑博物馆的建设，可推进深圳建设领域的公共文化服务创新发展，在深圳的城市名片上加上建筑业浓墨重彩的一笔，能够大大提升社会对行业认同感，增强行业的使命感和凝聚力。通过建立国际交流合作组织，举办国际性行业论坛，可推动国际先进技术及产业政策的交流融合，让建筑业成为展现深圳现代城市文明的典范。另一方面，应提高政府投资重大工程建设项目的建设标准，提升城市建设的国际影响力。在城市的规划建设、城市设计、重点片区开发建设等工作中落实城市建设要着力创造精品工程，建设具有全球影响力的著名工程项目，扩大深圳建筑业的国际影响力。在国际大型体育赛事和文化交流场地、国家队训练基地、重大主场外交活动场所等建设上和国际先进仍有差距，需迈开步子，打开思路。

附录　2018年深圳建筑业部分政府文件汇编

附录1 深圳市住房和建设局关于进一步加强建筑市场监管工作的通知

深建设〔2018〕5号

各区（新区）住建局、大鹏新区城建局，各有关单位：

为进一步建立和维护公平竞争、规范有序的建筑市场秩序，提高行业管理水平，推进行业信用体系建设，保障建筑市场主体的合法权益，根据《中华人民共和国建筑法》、《中华人民共和国招标投标法》、《建筑市场信用管理暂行办法（建市〔2017〕241号）》等相关规定，结合我市实际，现就进一步加强建筑市场监管工作通知如下：

一、实行信用信息登记，推进建筑行业信用体系建设

（一）建立信用信息登记制度。我局官网原“建设类企业及个人电子档案建档服务”升级为“深圳市建筑行业信用管理平台（以下简称信用管理平台）”。在我市行政区域内从事建筑活动的勘察、设计、施工、监理、劳务、造价咨询、招标代理机构等企业，应该在该平台进行信用登记。信用信息实行诚信申报，企业对填报的所有信息负责。信用基本信息包括：企业基本情况、办公场所、诚信承诺书、资质证书、管理人员、注册人员、合同备案、近三年的业绩、奖项、在深纳税额等信息。

（二）强化信用信息应用。信用基本信息由企业登录我局官网自行录入、变更、维护、注销。信用基本信息经企业确认后，同步推送至招标投标、施工许可、工程施工、质量安全、实名制管理等信息系统，逐步实现相关信息之间的互联互通。市区建设行政主管部门将对信用信息开展随机抽检核查，发现弄虚作假的，按照相关规定追究责任。

二、严格市场准入条件，加强建筑企业资质和注册人员动态管理

（三）严把资质“准入关”。加强“互联网＋”、“大数据”应用，全面实行资质全过程电子化审批，加快实现与工商、社保、公安信息数据共享。严格审核企业资质条件，对人员职称、学历等实行严格审查，严厉打击资质资格申报过程中如人证不符、出借证书等弄虚作假申报行为，发现一起，处罚一起。

（四）加强资质动态核查。认真落实《关于加强建筑市场资质资格动态监管完善企业和人员准入清出制度的指导意见（建市〔2010〕128号）》，对企业取得资质后是否符合资质标准进行动态核查。审批完成后，通过系统设置资质动态监管启动条件，对企业是否达到资质标准进行实时监督，一旦企业不再达标的，系统自动发出限期整改通知书并向社会公告，并列为重点监管对象。

（五）强化个人执业资格管理。企业注册执业人员不得出租、出借注册执业证书或者执业印章、超出注册执业范围或者聘用单位业务范围从事执业活动、在非本人负责完成的文件上签字或者盖章。一经查实，依法予以处罚，网上公示并抄送发证部门。

三、加强招投标监管，落实招标人选择队伍的主体责任

（六）信用信息作为招投标基础信息使用。市、区政府投资建设工程，招标人应当在招标文件中设置信用信息应用的条款。招标人或者招投标管理机构应通过信用管理平台查验企业信用信息。依法直接发包的工程，发包人应通过信用管理平台查验有关信息。企业参加工程投标、工程项目管理等建筑活动的各类注册人员和各类管理人员、专职安全员以及小型项目负责人等相关人员，必须在信用管理平台登记的人员中选取。担任项目负责人的建造师、监理工程师，在施工报建时，由核发施工许可证的主管部门对其进行锁定。

（七）选择科学合理的招标方法。在过多投标人淘汰环节，招标人应采用票决法进行，选择综合实力强、信用记录好的企业。在定标环节，招标人应在竞价的基础上，再择优确定中标人。有择优要求的招标项目，招标人在任何招标环节不得采用随机抽签的定标方法，但已择优缩小投标人范围的除外。

（八）规范投标担保提交方式。招标工程的投标担保，采用现金形式的，应从投标人基本账户汇出；采用银行保函形式的，应由投标人基本账户开户银行所在网点或其上一级银行机构出具。

（九）定标环节严格核查企业履约能力。招标人应在定标环节严格核查企业在深的办公场地、主要管理人员、自有施工机械等情况，并根据实际情况综合评价该企业在深圳的履约能力。招标人应在招标文件资信标中，要求企业如实提交反映上述情况的证明材料。任何存在弄虚作假行为的投标均为无效投标。招标人未尽职责导致招标结果不合理的，行政主管部门在招标投标情况后评估后应将相关情况报送纪检监察部门。

四、强化施工现场监管，实现行业、市场、现场联动

（十）实行项目人员实名制管理。企业中标人员信息自动推送至实名制管理信息系统，纳入项目实名制管理。对建设单位直接发包的项目，在办理施工许可报建手续后，纳入项目实名制管理。施工总承包企业应在施工现场安装门禁、识别设备系统，采集项目从业人员信息，核验人员身份，对项目从业人员现场实时考勤，并与“深圳市建筑业实名制和分账制管理平台”对接，实时上传信息，实现施工现场人员基本情况清、出勤记录清、培训记录清、持证情况清。

（十一）全面加强标后核查。市区建设行政主管部门应加强招投标活动事后监管，定期开展招投标情况后评估工作，以招标结果是否合理作为导向，重点评估评定分离项目的招标结果是否实现“择优和竞价”的招标目的。市区建设行政主管部门应加强施工现场监督检查，结合信用登记信息、信用记录、合同备案信息、招投标信息、实名制管理信息等，全面核查企业履行投标承诺情况。重点应检查现场履约企业与信用信息登记企业是否一致；现场管理人员与信用信息登记人员、投标人员是否一致；关键岗位人员是否具有从业资格、是否按规定在岗；机械设备到位情况；是否实行实名制和分账制；是否存在转包挂靠违法分包情况等。

五、严肃查处违法违规行为，建立市场清出机制

（十二）从严从重从快查处市场违法违规行为。对建设单位要重点查处肢解发包工程，指定分包单位或强迫承包单位签订“阴阳合同”；不按合同约定及时支付工程款等行为。对勘察、设计、施工单位要重点查处转包挂靠、违法分包、转让、出借资质证书或者以其他方式允许他人以本单位名义承揽工程。对监理单位要重点查处不按监理规范规定和合同约定配备监理人员、疏于履职等行为。对从业人员要重点查处注册人员出租出借资格证书、出卖印章、人证分离、重复注册、不按规定在项目管理岗位上履职等行为。

（十三）建立健全“黑名单”制度。市区建设行政主管部门应按照《建筑市场信用管理暂行办法（建市〔2017〕241号）》规定，将存在下列情形的建筑市场各方主体，列入建筑市场主体“黑名单”：利用虚假材料、以欺骗手段取得企业资质的；发生转包挂靠、出借资质，受到行政处罚的；因安全生产受到红色警示的；经法院判决或仲裁机构裁决，认定为拖欠工程款，且拒不履行生效法律文书确定的义务的。被列入黑名单企业将作为重点监管对象，在市场准入、资质资格管理、招标投标等方面依法给予限制。

（十四）实行拖欠农民工工资“一票否决制”。对欠薪久拖未决、欠薪数额较大、欠薪人数较多、造成较大社会影响或其他情节较严重的欠薪行为，以及对未按要求开展两制工作（包括和平台对接）的单位或个人，市区住房和城乡建设部门要严格按《广东省人民政府办公厅关于全面治理拖欠异地务工人员工资问题的实施意见》、《深圳市建筑市场严重违法行为特别处理规定》《深圳市住建局＜关于印发严厉惩处建设工程安全生产违法违规行为若干措施（试行）的通知》等相关规定加大处理力度，及时做出停工整改、黄牌警示、不颁发施工许可证、禁止其在本行政区域内承包工程、暂扣资质证书等处理；对未能解决拖欠农民工工资问题的企业，发函促请相关部门不予办理产权登记手续和禁止其参加招拍挂活动购置新的土地。

六、调动社会组织力量参与市场管理，建立监督执法常态化机制

（十五）调动社会组织力量参与市场管理。充分发挥行业协会在规范市场秩序、促进企业诚信经营等方面的作用。市区建设行政主管部门可根据实际工作需要采取政府购买服务方式，委托具备条件的相关行业协会或独立第三方社会机构开展建筑市场监管巡查。加强行业自律，指导、督查相关行业协会开展行业自律工作，引导会员依法规范从事建筑市场活动，对违反廉洁、诚信等自律规范的会员，行业协会应当按照协会章程的规定，采取相应的惩戒措施。建立和完善建筑市场违法违规行为有奖举报机制。

（十六）建立监督执法常态化机制。从2018年起，市区住建行政主管部门将定期组织全市建筑市场专项检查活动，对建筑市场中的突出问题进行集中执法检查，严厉查处建筑市场存在的各类违法违规行为。通过常态化专项执法检查，规范建筑市场秩序，营造建筑市场管理的严管氛围，形成市场管理长效机制。

本通知自2018年1月11日实施，有效期6个月。

特此通知。

深圳市住房和建设局

2018年1月10日

附录2　深圳市住房和建设局关于明确建设工程招标相关事宜的通知

深建规〔2018〕3号

各有关单位：

为进一步规范我市建设工程招标投标活动，实现建设工程招标投标择优与竞价，现将有关事宜通知如下。

一、关于投标担保

招标工程投标担保采用保证金的，须从投标人基本账户汇出；采用银行保函的，须由投标人基本账户开户银行所在网点或其上一级银行机构出具。招标人不按上述原则设置投标担保，并导致围标、串标情形的，由招标人承担招标失败的相应责任。

二、关于采用资格预审方式的项目范围

为了提升招标质量，节约招投标成本，以下工程招标人在确保投标人不围标、串标前提下，可采用资格预审方式进行审查：

（一）单个标段预算价8000万以上的装饰工程，要求投标人提供设计方案且采用设计施工一体化（或EPC）方式招标的工程；

（二）单个标段预算价5000万以上的园林绿化工程，要求投标人提供设计方案且采用设计施工一体化（或EPC）方式招标的工程。

上述工程以外的其他设计施工一体化或EPC招标项目，不得采用资格预审方式，但招标人可设置未中标单位设计方案补偿机制。

三、关于资格预审方式的相关要求

前述工程采用资格预审方式的，应符合下列要求：

（一）招标入围家数原则上不得少于7家，具体数量由招标人在招标文件中确定。

（二）招标人应在开标后对投标报价竞争充分与否进行评估，如最低投标报价存在异常情况（如，报价明显偏离市场价格水平），招标人应及时终止招标。

（三）工程项目采用资格预审方式的，定标方式须采用价格竞争定标法。价格竞争定标法原则上应采用低价中标方式，但与最低投标报价相差不超过一定比例的（比例不超过3%，详细规则在招标文件中明确）可视为同等报价，并在同等报价的投标人中，采取等概率抽签方式确定中标人。

招标人未按上述第（二）项规定终止招标的，依法承担法律责任。

招标人终止招标后又重新启动招标的，不得采用资格预审方式进行资格审查。

四、关于利害相关方的投标

招标人在确保招标活动公平、公正的前提下，可在招标公告或招标文件中载明接受利害相关方的投标。但是有证据证明，在招投标期间及招投标前后合理期限内，招标人与利害相关方中标人之间存在不正当行为，且可能影响招投标公平公正的，中标结果无效。招标人接受利害相关方投标应遵循如下规定：

（一）招标人在招标文件中全面公开有关项目资料（含已有的项目背景、概况、立项、可研、设计及其他相关资料）的前提下，可接受为招标项目前期准备提供设计、咨询服务的单位参与后续方案设计、施工图设计、工程总承包（含EPC和设计施工总承包）招标项目的投标，但不得接受其参加全过程咨询或监理招标项目的投标。

（二）招标人可接受与其存在利害关系单位的投标，但是在进入定标程序的投标人中，按照投标报价由低往高排序，该投标人排位未在前1/2人数（含与其中投标报价差价不超过1%的投标人）时，不得确定其为中标人。

（三）同一标段或者未划分标段的同一招标项目，单位负责人为同一人或者存在控股、管理关系的不同单位同时递交投标文件时，在资格审查阶段，当部分相关单位自愿退出后其中只剩1家单位时，招标人可接受该单位投标，否则应拒绝所有相关单位投标。招标人也可直接拒绝所有相关单位投标。

特此通知。

深圳市住房和建设局

2018年5月7日

附录3　必须招标的工程项目规定

第一条　为了确定必须招标的工程项目，规范招标投标活动，提高工作效率、降低企业成本、预防腐败，根据《中华人民共和国招标投标法》第三条的规定，制定本规定。

第二条　全部或者部分使用国有资金投资或者国家融资的项目包括：

（一）使用预算资金200万元人民币以上，并且该资金占投资额10%以上的项目；

（二）使用国有企业事业单位资金，并且该资金占控股或者主导地位的项目。

第三条　使用国际组织或者外国政府贷款、援助资金的项目包：

（一）使用世界银行、亚洲开发银行等国际组织贷款、援助资金的项目；

（二）使用外国政府及其机构贷款、援助资金的项目。

第四条　不属于本规定第二条、第三条规定情形的大型基础设施、公用事业等关系社会公共利益、公众安全的项目，必须招标的具体范围由国务院发展改革部门会同国务院有关部门按照确有必要、严格限定的原则制订，报国务院批准。

第五条　本规定第二条至第四条规定范围内的项目，其勘察、设计、施工、监理以及与工程建设有关的重要设备、材料等的采购达到下列标准之一的，必须招标：

（一）施工单项合同估算价在400万元人民币以上；

（二）重要设备、材料等货物的采购，单项合同估算价在200万元人民币以上：

（三）勘察、设计、监理等服务的采购，单项合同估算价在100万元人民币以上。

同一项目中可以合并进行的勘察、设计、施工、监理以及与工程建设有关的重要设备、材料等的采购，合同估算价合计达到前款规定标准的，必须招标。

第六条　本规定自2018年6月1日起施行。

附录4　提升建设工程招标质量和效率工作指引

为进一步提升建设工程招标工作质量和效率，实现建设工程招标投标的择优与竞价，有关工作指引如下。

一、关于过多投标人淘汰方法

根据《关于建设工程招标投标改革的若干规定》（深府〔2015〕73 号，以下简称“73 号文”）第三十六条规定，当资格审查合格投标人数量超过 20 名时，应将进入评标环节投标人数量淘汰至 15-20 名。该环节（以下简称“过多投标人淘汰环节”）是招标择优的首要环节。在实践中，采用抽签法或价格法淘汰的，未考虑择优因素，大量劣质企业参与投标，排挤优质企业，产生“劣币驱逐良币”效应。抽签法和价格法成为劣质企业围猎优质企业的杀手锏。

为此有择优要求的招标项目，过多投标人淘汰环节原则上优先采用票决法，票决以择优为主，票决时优先选择综合实力强、信誉好企业，同等情况下优先选择本地业绩较好企业，再选择资质等级较高企业。

预选招标及方案设计招标项目，招标人可在招标文件中载明，不对资格审查合格超过 20 名投标人进行淘汰，但招标人应充分考虑增加评标工作量引起的效率问题。

二、关于施工招标项目入围定标的价格切线

在过多投标人淘汰环节，可以择优为主，但在定标环节，原则上引入价格竞争，以避免多数投标人贴近投标上限价报价。为此招标人在编制施工招标文件时，原则上优先按下列方式设置招标文件前附表的定标投票范围：

（一）一般工程项目，取投标报价由低往高 1/3-1/2 数量投标人进入定标投票范围；

（二）大型项目、技术较为复杂工程项目（指工程概算投资额 5000 万元及以上，但不包含重大工程项目、技术复杂工程项目），取投标报价由低往高 2/5-2/3 数量投标人进入定标投票范围；

（三）重大工程项目、技术复杂工程项目（指 73 号文中允许投标人资格条件中设置同类工程经验的招标项目），所有合格投标人均进入定标投票范围。

与上述进入定标投票范围最高投标报价相比，价差不超过 1%（指相对标底的净下浮率）投标人，视为同等报价，一并进入定标投票范围。招标人也可在选取之前，剔除投标报价最低 1-2 个投标人（在招标文件中明示，如无明示则抽签确定数量）。当按上述方式确定进入定标投票范围的投标人不足 5 名时，按投标报价由低往高顺序补足 5 名投标人。

三、关于施工招标商务标报价

投标报价是投标人响应招标文件的重要内容，投标人在商务标报价时，应在主要材料设备进行充分市场询价基础上，根据企业实际情况进行组价。投标人不宜利用快速调价工具软件，自动生成商务标投标文件，否则不仅不能如实反映投标人响应招标文件情况，也会出现《招标投标法实施条例》规定视为投标人相互串通投标的情形。

我市现行施工招标文件范本已经将单位工程中超过 25%数量清单下浮率一致情形列为废标条款，商务标评标系统也已进行调整。今后招标过程中，凡是出现法律法规视为串标情形的，除了评标专家对相关投标文件做废标处理外，建设行政主管部门将依法进行查处。

四、关于投标有效性与管理系统锁定的关系

凡是招标文件规定无效标情形，无论行政主管部门信息系统是否对相关单位和人员进行锁定，其投标资格自始无效。无效投标情况如影响招标结果的，在发现时招标阶段（指资格审查阶段、开标阶段、评标阶段、定标阶段）将其排除在合格投标人之外。纠正行为仅限于发现影响招标结果情形招标阶段，不追溯至更早招标阶段。

五、关于答疑、补遗文件上传时间

根据 73 号文第十六条规定，答疑、补遗文件应在规定时间之前发出。为了确保行政主管部门有合理备案工作时间，招标人须在最后应发布时间之前 4 小时（扣除 18：00-9：00 时间段及节假日全天），将相关文件上传到系统之中。未在前述时间上传文件，招标人原则上需顺延投标截止时间。特殊情况，招标人与行政主管部门工作人员取得联系，按规定时间发布答疑、补遗文件的除外。

六、关于快速发包

市委市政府、区委区政府明确要求在较短时间内尽快开展实质性工作的民生实事工程，包括应急工程及其他工期紧急工程，可按照73号文规定简易程序进行公开招标，整个招标流程可在约10日内完成。但快速发包存在较大管理、合同和廉政风险，仅限于个例情况使用，不可作为通行方式普遍采用，并由招标人承担该招标方式引起的所有风险。

（一）无进场招标前置条件。招标人根据市区政府相关会议纪要（如纪要暂未印发，则提供市区政府相关会议时间、主持人及会议议定事项的说明）或其他承担建设工程管理任务的证明文件，按照《建设工程招标投标告知性备案工作规则》（深建市场［2016］7号）直接到行政主管部门办理招标备案手续。

（二）招标公告及招标文件发布时间不少于5个工作日，不要求投标人编制技术标，如有商务标则在招标公告发布同时，公布可编辑的BDS文件。简易招标时限少于10个工作日的，原则上不要求投标人提交银行投标保函。

（三）无技术标评标环节，施工招标商务标是否评审由招标人自行确定。如不评审商务标，招标人可在合同签订前对中标人商务标存在的问题进行澄清。

（四）取消过多投标人淘汰环节。无论合格投标人数量是否超过20家，均不对投标人进行淘汰，所有合格投标人均进入定标环节。

（五）采用直接票决法或票决抽签法进行定标。招标人整理投标人商务、资信等相关资料后，组建定标委员会进行票决定标。

（六）建设工程招标过程不再分阶段进行公示，招标人在确定中标人之后，将“73号文”规定应公示内容与中标人一并公示。

（七）采用简化格式的招标公告

招标公告中主要说明工程概况、规模、投标人资格条件、投标文件组成内容、评定标方法、商务报价、截标时间等内容，并可不发布招标文件，或根据需要发布简易的招标文件。如招标公告或简易招标文件中未附合同条件，则在公告中明示优先按照我市现行范本签订合同。

（八）施工招标计量计价应注意事项

1. 建议优先采用模拟工程量清单方式招标。招标人可选择以往类型较为相近已招标项目工程量清单，或者上述工程量清单组合，作为模拟工程量清单，由投标人自主报价，以确定主要工程项目结算价格。

编制模拟工程量清单时，招标人也可将包含多种材料或工艺工程量清单拆分成多条单一材料或工艺工程量清单，在实际计量、结算时，通过不同材料或工艺工程量清单组合，形成符合需要工程量清单，增强模拟工程量清单适用性。

模拟工程量清单尽可能科学、合理，具有较广适用性和可延展性，避免实施时计量计价条款将存在较大争议。

2. 建议实行直观、简单的“实物量清单”计价模式，即以建筑安装就位后工程实体数量作为工程报价、计量、结算依据。

3. 谨慎使用“费率报价”方式招标。招标人在招标准备时间有限的情况下，如无法编制模拟工程量清单或实物量清单时，可谨慎使用费率报价方式进行招标，并应明确结算的上限价格，同时尽可能详尽地约定计量、计价和结算的相关原则，避免在合同执行和结算过程中存在较大的自由裁量权和较大的合同风险。

4. 措施费原则上以投标人报价进行包干，或以费率方式进行包干。措施费是工程管理中常见的甲乙双方分歧所在，如在招标过程中及合同签订之前未明确计量、计价和结算原则，则合同执行和结算时双方争议较大，也存在较大的廉政风险。招标时应约定有关原则，建议优先采用费率方式进行报价并包干，措施费的计费基数为实物量清单或工程量清单的结算总价，费率由投标人自主报价，费率不再调整。

（九）简易招标存在着合同条件难以约定清晰的实际情况。建议部分建设工程为了实现快速开工的目标，可以将场平工程等较易计量计价的前期工程，先行以简易招标方式进行发包，在前期工程施工期间，后续工程再按正常基本建设程序，做深做细招标和工程管理工作。

【备注】如果招标人未按工作指引要求开展招标工作，导致招标结果不择优或不竞价，或招标人修改招标文件示范文本相关内容，为投标人围标串标制造便利条件的，行政主管部门除依法查处违法行为外，并将招标人履职情况移交纪检监察机关，由其对招标人的履职和廉政情况进行监督。

附录 5　深圳市建设工程评标专家库管理办法

第一章　总则

第一条　为加强建设工程评标专家管理，提高评标工作质量，根据《中华人民共和国招标投标法》等相关规定，结合本市实际，制定本办法。

第二条　本办法适用于本市区域内建设工程评标专家库的组建、评标专家入库、出库及日常管理等活动。

第三条　市建设行政主管部门负责制定本市建设工程评标专家库管理办法，指导、协调和监督专家库组建人组建和管理专家库，对专家库的组建和运行情况进行考核、评估，并根据实际情况决定是否将专家库接入专家库管理系统进行统一管理。

第四条　本办法所称专家库组建人，主要是指市建设工程交易服务中心。

其他行业主管部门或者经市建设行政主管部门批准的单位也可以作为专家库组建人，组建并管理专家库。

第五条　专家库组建人履行以下责任：

（一）根据本办法规定组建专家库，遴选专家，并负责专家的入库、出库及日常管理；

（二）收集专家的基本信息、履职信息、信用记录等信息，建立专家档案，并将上述信息及时上传至专家库管理系统；

（三）负责专家的培训和履职考核；

（四）根据实际情况制定专家考核指标；

（五）其他应当由组建人承担的责任。

前款第（二）项所称基本信息主要包括：专家姓名、身份证号码、出生年月、联系电话、通讯地址、所在单位名称、职称、注册执业资格、毕业院校、所学专业、工作年限、主要工作经历、主要工程业绩、奖惩情况等。

第六条　专家库组建人根据现行法律法规和有关规定，负责对建设工程评标活动进行管理，在评标活动中发现专家有违法行为的，应当向招标投标监管部门报告，并配合调查。

第二章　专家的入库条件与方式

第七条　专家库组建人应当根据工作需要，设置专业类别齐全、人员数量合理的专家库。

专家库内各专业类别的专家分为普通专家、资深专家和顾问专家。

第八条　普通专家负责常规工程项目的评标，应当同时满足以下条件：

（一）具有完全民事行为能力，身体健康，年龄不超过 65 周岁；

（二）从事相关领域工作满 8 年；

（三）具有全日制硕士研究生及以上学历学位或者具有高级专业技术职称或者具有工程建设类注册执业资格（最高级别）；

（四）熟悉招标投标法律法规和政策，具有良好的业务素质和职业道德；

（五）能熟练使用计算机完成电子评标工作。

对特殊专业，经市建设行政主管部门批准后，前款第（二）、（三）项规定的条件可以适当放宽。

第九条　资深专家负责重大或者技术复杂工程项目的评标、复议、专业技术论证、标后评估、复杂疑难事项的咨询等事项。

资深专家除满足本办法第八条规定的条件外（年龄不超过70周岁），还应当满足下列条件之一：

（一）在本市登记的特级、大型一级施工企业或者甲级监理企业、甲级造价咨询企业中担任或者曾经担任总工程师、总经济师；或者在本市登记的甲级勘察设计企业担任或者曾经担任总建筑师、总规划师、总工程师；

（二）经专家库组建人认定，具有较高专业技术水平或者丰富的评标经验；

（三）普通专家被专家库组建人评价为优秀的。

第十条　顾问专家负责特别重大或者技术特别复杂工程项目的评标。顾问专家主要由中国科学院院士、中国工程院院士、勘察设计大师或者国内外相关行业知名专家充任，且无年龄限制。

第十一条　具有下列情形之一的人员，不得进入专家库：

（一）受过刑事处罚或者在招标投标活动中受过行政处罚的；

（二）属于专家库组建人的现职工作人员的；

（三）按照本办法第二十六条第一款的规定出库后，未满规定期限的。

第十二条　专家入库遵循自愿原则。专家可以加入不同的专家库，也可以加入同一专家库中不同的专业类别。

专家可以通过个人申请、单位推荐和特邀的方式加入专家库。以个人申请方式加入的，应当征得所在单位的同意。

专家库管理系统对库内专家实行惟一身份管理，入库专家应当办理数字证书，用于身份识别和电子签名。

第十三条　专家加入专家库应当履行申请、审核、公示、入库等程序，通过特邀方式加入专家库的，可以免申请程序，具体程序规则由专家库组建人制定并实施，专家库组建人非行业主管部门的，相关规则应当报市建设行政主管部门备案后实施。

第十四条　入库专家基本信息、履职信息和信用记录等档案信息在专家库管理系统中公开。专家库组建人对专家库进行动态管理，及时对库内专家的档案信息进行更新。

前款规定的库内专家基本信息发生变化时，应当向专家库组建人申请变更，组建人参照入库程序对相关信息进行核实后予以变更。

第三章　专家的权利和义务

第十五条　专家享有下列权利：

（一）担任评标委员会成员，对投标文件进行独立评审；

（二）对专家管理工作提出意见和建议；

（三）获取合理的评标报酬；

（四）依法享有的其他权利。

第十六条　专家应当履行下列义务：

（一）入库时签署廉政承诺书；

（二）不得私下接触投标人，不得直接或者间接收受投标人或者其他利害关系人财物；

（三）评标前收到电话、信息、邮件或者面见等形式请托，可能影响评标公正的，及时向专家库组建人报告；

（四）按照法律规定及招标文件要求，客观公正、严谨认真评标，提出评审意见，并对其评审意见负责；

（五）及时报告评标过程中发现的违法违规行为，协助、配合招标投标监督部门的调查取证工作；

（六）遵守评标工作纪律，服从评标现场管理，保守评标过程中接触的商业秘密；

（七）本办法第五条第二款规定的基本信息发生变化的，及时书面通知专家库组建人；

（八）参加专家库组建人组织的培训与考试；

（九）法律、法规规定的其他义务。

第四章　专家的抽取与管理

第十七条　招标人按照专业要求在专家库中抽取评标专家；专家库不能满足评标要求的，招标人按规定程序确定评标专家。

第十八条　评标过程中有下列情形之一的，专家应当回避：

（一）属于投标人或者其上级主管单位、关联公司的主要负责人、股东、工作人员或者其近亲属；

（二）属于招标项目勘察、设计、施工、监理单位或者其他服务单位的工作人员，招标人委派的专家除外；

（三）从投标人单位离职或者退休未满3年的人员；

（四）与投标人有利害关系，可能影响公正评标的；

（五）评标前收到电话、信息、邮件或者面见等形式请托，可能影响其公正评标的；

（六）经招标投标监管部门认定的可能影响评标公正性的其他情形。

第十九条　有下列情形之一的，应当补充抽取专家：

（一）所抽取的专家因故不能参加评标的；

（二）所抽取的专家在评标过程中因违规或者其他突发情形不能继续从事评标活动的；

（三）所抽取的专家需要回避的；

（四）其他需要重新或者补充抽取专家的特殊情形。

第二十条　评标专家抽取确定后，组成评标委员会。评标委员会按民主表决方式推选组长。鼓励推选资深专家担任组长。

评标委员会组长负责主持评标工作，组织评标专家讨论、表决，主持汇总各评标专家的评审意见和拟定评标报告。评标委员会组长与其他评标专家具有同等的投票权。

评标工作结束后，招标人可以在专家库管理系统中对评标专家的工作质量进行评价，并说明理由。

第二十一条　专家具有下列情形之一的，专家库管理系统应当屏蔽其信息，不对外显示：

（一）未参加专家库组建人组织的继续教育、培训，不参加考试或者考试不合格的；

（二）由于健康原因不能参加评标的；

（三）由于阶段性工作繁忙或者工作调动不能参加评标的；出现前款第（二）、（三）项情形时，专家应当以书面形式向专家库组建人报告。

第二十二条　专家被抽中无法参加评标，或者承诺参加但实际未参加评标活动的次数（一天之内多次未能参加评标活动的，计算一次）累计达到5次，且出勤率不足40的，暂停其评标资格3个月；暂停评标期满后，无法参加或者未参加评标活动的次数和出勤率重新计算。

前款出勤率的计算方法，为出勤次数除以被抽中次数；一天之内被抽中多次的，被抽中次数只计算一次。

第二十三条　专家有下列情形之一的，专家库组建人应当如实记录其不良行为，并在专家库管理系统中公示1年：

（一）评标工做出现错误，复核时已纠错的；

（二）违法透露评标过程中应当保密的信息，且尚未造成不良影响的；

（三）单次迟到超过1小时的；

（四）本办法第十四条第一款所规定的信息发生变化，未在5个工作日内书面通知专家库组建人的。

第二十四条　专家有下列情形之一的，专家库组建人应当如实记录其不良行为，暂停其评标资格6个月，并在专家库管理系统中公示3年：

（一）未按照相关规定及招标文件要求评标，评标工作存在错误，造成不良影响的；

（二）评标工做出现错误，不积极配合复核或者复核时拒绝纠正的；

（三）评审意见与其他评标委员会成员存在重大分歧未做出书面说明，或者书面说明不合理的；

（四）承诺出席而实际未出席评标会议，且没有请假的；

（五）承诺出席但在预定评标开始时间前请假达到3次的；

（六）承诺出席但在预定评标开始时间后请假达到2次的；

（七）提前离开评标场所达到2次的；

（八）迟到时间累计满3小时（不计算其个人已补偿专家候场薪酬的时间）的；

（九）拖延评标进度或者提出不合理要求（如超标准索要评标薪酬等）的；

（十）其他不客观、不公正评标的行为。

暂停评标期满后，专家存在前款第（五）至（八）项情形的，重新计算次数。

第二十五条 专家有下列情形之一的，专家库组建人应当如实记录其不良行为，暂停其评标资格1年，并在专家库管理系统中公示5年：

（一）未按照相关规定及招标文件要求评标，评标工作存在错误，造成严重后果的；

（二）私下接触投标人并接受投标人请托的；

（三）无正当理由拒绝在评标报告上签字的；

（四）不及时报告可能影响评标公正性情况的；

（五）不遵守评标回避制度，应当回避而未回避的；

（六）招标人对专家评标质量评价为不客观、不公正的次数达到3次的；

（七）不配合招标投标监管部门监督检查、调查取证的；

（八）不服从评标现场管理，评标过程中擅离职守的；

（九）擅自复制或者以其他方式将其评标过程中接触的资料带离评标场所的；

（十）在专家库组建人组织的考试中有作弊或者其他不良行为的；

（十一）其他违反相关法律法规行为且情节较为严重的。

暂停评标期满后，专家存在前款第（六）项情形的，重新计算次数。

第二十六条 专家存在下列情形之一的，专家库组建人对专家予以出库处理：

（一）自行申请出库的；

（二）普通专家年满65周岁，资深专家年满70周岁的；

（三）因执业注册信息发生变化不再满足入库条件，或者出现其他不适宜继续担任专家情形的；

（四）提供虚假材料骗取入库资格的；

（五）收受投标人或者其他利害关系人利益的；

（六）标后评估发现其评标工作有重大过失，且造成严重后果的；

（七）因本办法第二十二条所规定的原因导致暂停评标次数达到3次的；

（八）其他违反法律法规行为且情节特别严重的。

因前款第（四）至第（六）项、第（八）项原因出库的，专家库组建人不再受理其入库申请；因前款第（七）项原因出库的，自出库之日起2年内，专家库组建人不再受理其入库申请。

第二十七条 专家库组建人按照本办法第二十二条、第二十三条、第二十四条、第二十五条的规定，对专家做出不良行为记录或者暂停评标资格决定的，或者按照本办法第二十六条第（四）至（八）项的规定对专家做出出库决定的，应当自上述决定做出之日起10个工作日内书面通报专家所在单位。

专家对专家库组建人的前款决定有异议的，可以自收到决定之日起10个工作日内向专家库组建人提出申诉；专家库组建人接到专家申诉后，应当对原决定进行复核，并做出复核决定。

第五章 附则

第二十八条 专家评标薪酬标准由专家库组建人根据实际情况制定，并作为招标人发放评标薪酬的参考。

截至预定评标时间，因部分评标专家迟到或者未到致使其他评标专家候场的，迟到或者未到专家应当承（均）担候场专家的候场薪酬。

前款所规定的专家候场薪酬，按评标薪酬的 50 支付，从迟到专家当次应得评标薪酬中扣除，不足部分由招标人根据标准进行发放。

第二十九条 本办法自 2018 年 12 月 1 日起施行，有效期 5 年。

附录 6 关于提升建设工程质量水平打造城市建设精品的若干措施

为深入推进建设领域供给侧结构性改革，提升建设工程质量水平，按照“世界眼光，国际标准，中国特色，高点定位”要求，弘扬“设计之都”文化，打造“深圳建造”品牌，根据《中共中央国务院关于开展质量提升行动的指导意见》和《中共深圳市委深圳市人民政府关于进一步加强城市规划建设管理工作的实施意见》，制定本措施：

一、坚持标准引领，强化质量优先

（一）提升工程建设和选材用材标准

贯彻“安全、适用、经济、绿色、美观”的建筑方针，从减少全生命周期综合成本出发，结合未来城市发展需求，科学、合理地确定我市建设工程项目的功能、规模、标准、造价、使用年限等相关指标；修订完善各类学校、医院、文体设施、交通工程、水务工程、保障性安居工程、园林绿化等公共建筑及市政基础设施的工程建设和选材用材标准，提升功能品质配套，建设富有活力、生态宜居、智慧人文的粤港澳大湾区中心城市（责任部门：市发展改革委、市住建局牵头，市财政委、市交通运输委、市卫生计生委、市教育局、市文体旅游局、市水务局、市城管局、市建筑工务署等配合）。

（二）完善工程建设技术标准体系

结合深圳发展实际，按照对标国际、领先全国的目标要求，对现行工程建设技术标准进行全面梳理，加快研究制订关键环节重点领域技术规范，编制设计图集，培育扶持团体标准，逐步建立体现国际一流水准的工程建设技术标准体系。重点完善轨道交通、综合管廊、海绵城市等基础设施建设以及装配式建筑、绿色建筑、建筑废弃物综合利用、BIM 应用等领域的工程建设技术标准（责任部门：市住建局牵头，市发展改革委、市交通运输委、市水务局等配合）。

（三）深化招投标制度改革

继续深化“评定分离、定性评审、过程公开、票决定标”的招投标制度改革，提倡择优竞价的定标原则，制定招标人定标工作指引，开展标后评估，推动建设工程招投标由“拼价格”向“拼质量”转变。

修订建设工程评标专家管理办法，增强评标专业性和科学性。扩大评标专家范围，广泛征集城市规划、建筑设计、景观设计、装配式建筑、BIM 应用等不同专业领域的专家并进行分类管理，满足招标人多元需求。

招标人认为投标人的报价明显低于成本价，有可能影响工程质量或者不能诚信履约的，可以在定标前要求其提供书面说明，必要时提交相关证明材料；投标人不能证明其报价合理性的，招标人可在定标时做出对其不利评价（责任部门：市住建局牵头，市规划国土委等配合）。

（四）建立创优质优秀工程激励机制

制定创国家优质优秀工程表彰奖励办法，每年定期召开全市建设工作会议，对获得国家优质工程奖、全国优秀工程勘察设计奖、全国安全文明施工最高奖等国家级奖项的工程项目进行表彰奖励。鼓励社会投资项目的建设单位对获得优质优秀工程奖项的单位进行奖励（责任部门：市住建局牵头，市发展改革委、市财政委、市交通运输委、市水务局、市城管局、市建筑工务署等配合）。

二、繁荣设计创作，打造建筑精品

（五）加强城市设计和前期策划工作

倡导城市设计的整体思维与设计方法，加强城市设计对建筑设计的统筹引导。高定位、高标准编制城市设计导则，协调建筑与城市空间及公共活动关系。建筑设计方案应当编制城市设计衔接专篇，并充分落实城市设计内容。

加强建设项目前期策划，强化建筑设计任务实效性，综合考虑城市规划和建设项目特点编制设计招标或设计竞赛文件，并报主管部门备案。重要或大型公共设施项目应在前期策划阶段组建管理运营团队，引入高水平技术单位提供咨询服务（责任部门：市规划国土委、市住建局牵头，市财政委、市审计局、市交通运输委、市水务局、市建筑工务署、各区政府、前海管理局等配合）。

（六）创新建筑方案设计优选制度

设计优选应结合建设项目特点，采取设计招标、设计竞赛和直接委托行业顶尖专家三种方式开展。设计招标为设计优选的普遍采用方式；设计竞赛适用于设计创意、概念征集的项目；直接委托适用于特定项目，可依法邀请中国工程院院士、全国工程勘察设计大师、梁思成建筑奖和普利兹克建筑奖得主，以及在特定领域具有行业影响力的建筑设计专家，领衔开展建筑方案设计，并向社会公示。

设计竞赛和设计招标推行“阳光评审”，设计优选全过程面向社会公开。建设单位通过指定网站及其他渠道发布公告信息，可自行选择评审场所。评审全过程应当录音录像，可追溯、可查询。评审委员会应当包括招标人代表及专家，专家特长应与项目特点相匹配。评审委员会在评标完成后，向招标人提出书面评标报告，推荐不超过3个中标候选人并排序。第一名得票票数高度集中的，原则上第一名中标。

市、区建设主管部门负责设计优选活动的监督管理。市规划主管部门负责城市重要地区、重要节点的建设项目，以及政府投资重大公共建筑项目设计优选活动的组织管理；前海管理局负责前海片区建设项目设计优选活动的组织管理（责任部门：市规划国土委、市住建局牵头，市财委、市审计局、市建筑工务署、市交通运输委、市水务局、各区政府、前海管理局等配合）。

（七）繁荣设计创作提升建筑文化

吸引业绩优、水平高、信誉好的国内外知名建筑师、设计单位或团队，积极参与深圳市的设计竞赛或设计方案招标，必要时可采用邀请招标的方式。通过项目分级、分类等有效手段，鼓励我市青年设计师、中小设计机构参与竞争，繁荣深圳设计创作。

建设单位选择设计单位或团队时，强化对整体方案、设计人员、既往业绩和企业信用等综合能力考评，在充分竞争的基础上按优质优价原则确定设计费用，并补偿未选中的优秀设计方案合理费用。

加强建筑文化推广活动，组织各类设计论坛，促进学术交流，普及公众设计教育；倡导开展建筑评论，提升社会公众对城市设计和建筑设计的关注度与参与度，提升社会整体的建筑文化鉴赏能力和艺术素养（责任部门：市住建局、市规划国土委牵头，市建筑工务署、各区政府、前海管理局等配合）。

（八）建立规划师、建筑师负责制

在城市重点片区试行聘请总规划师进行片区统筹，强化规划编制与实施的持续性服务，深化对建设项目的协调把控。通过长期跟踪规划建设，提供全过程、全系统、全方位的规划设计、咨询策划、实施管理等技术支持，有效保障城市规划的稳定实施，提升城市空间品质。

借鉴国际先进经验，结合深圳实际，在前海蛇口自贸片区试点建筑师负责制的基础上，制定深圳市建筑师负责制的实施方案和配套改革文件，拓展建筑师执业范围，明确其在建筑工程全生命周期内的权利和责任，为建筑师从事项目策划、工程监造、造价管理、后期跟踪及评估等服务提供制度和经费保障（责任部门：市住建局、市规划国土委牵头，市发展改革委、市建筑工务署等配合）。

（九）实施勘察设计前期文件论证制度

大型房屋建筑或市政基础设施工程，建设单位应当委托市建设科技委员会组织专家对项目勘察方案和初步设计文件的法规标准符合性、安全可靠性、经济合理性、施工可操作性进行论证（责任部门：市住建局牵头，市规划国土委、市发展改革委、市交通运输委、市水务局、市建筑工务署、市地铁集团等配合）。

（十）改进施工图审查委托方式

修订本市施工图设计文件审查管理办法，改进施工图审查委托方式，加大施工图审查环节对勘察设计质量的监管力度。完善勘察设计和施工图审查信息系统，加强合同备案管理，通过施工图审查全过程管控，建立健全勘察设计质量、市场、企业、人员的诚信联动机制（责任部门：市住建局牵头，市发展改革委、市交通运输委、市水务局、市法制办等配合）。

三、突出关键环节，强化过程管控

（十一）建立工期压缩预警机制

遵循工程建设客观规律和基本建设程序，原则上政府工程不设“关门”工期。修订完善各类工程勘察设计和施工工期定额及合同示范文本，满足建设工程工期管理需要。对合同工期低于定额工期80％的项目，建设单位应当组织专家论证，并采取相应的技术经济措施，确保工程质量安全。对实际工期低于定额工期80％的项目，未经专家论证并采取相应技术经济措施的，分部分项工程质量验收中监理单位不得签字认可。市建设、交通、水务等主管部门在合同备案环节建立工期预警机制，并在现场监督环节加强重点监管（责任部门：市住建局、市交通运输委、市水务局等）。

（十二）强化建材设备质量管理

采购、供应、检测各司其职，强化建材设备质量监管，完善见证取样和检验验收制度，防止使用不合格建材。建立健全建材和设备采购后评价机制、质量追溯机制和假冒伪劣建材曝光机制。探索建立政府工程建材和设备采购信息管理系统，与社会优秀企业建材和设备供应平台共享资源，实现建材设备价格透明化、合理化，来源留痕追溯（责任部门：市住建局牵头，市交通运输委、市水务局、市市场监管委、市建筑工务署等配合）。

（十三）规范工程检测市场

全面实施建设工程质量检测信息化管理，对工程检测全过程动态管控，规范检测行为，确保检测质量。工程质量检测必须由建设单位委托具有相应资质的独立第三方检测机构实施，检测费用纳入工程造价，专款专用。检测机构委托方式不符合规定的，检测报告不能作为工程质量验收依据（责任部门：市住建局、市交通运输委、市水务局牵头，市发展改革委、市建筑工务署等配合）。

（十四）完善施工质量控制体系

完善施工全过程质量控制体系，强化关键环节、关键工序的质量控制。实施“样板引路”，以实物样板作为质量控制和工程验收的标杆，进一步推广和完善独立第三方实测实量制度。编制完善各类建设工程质量通病防治指南，提出警示和防治措施，提高建设工程质量。

全面提升建筑工地文明施工管理水平和整体形象，着力提高施工围挡品质，有效控制施工扬尘和噪音污染，努力减少施工对市民生活的影响，打造与深圳市国际化现代化创新型城市相匹配的城市环境（责任部门：市住建局、市交通运输委、市水务局、市城管局牵头，市建筑工务署、市人居环境委等配合）。

（十五）落实实名制管理工作

完善建筑实名制管理系统，精确记录从业人员基本信息、劳务考勤、安全教育、技能培训、履职情况、工资支付等，确保工程建设关键岗位人员履职到位、持证上岗。逐步实现实名制管理系统与社会保障、公安机关、银行、征信等系统数据对接共享。

以实名制促进建筑用工方式转变，发展以施工总承包企业自有工人为骨干，专业承包和专业作业企业自有工人为主体，劳务派遣为补充的多元化用工方式（责任部门：市住建局牵头，市人力资源保障局配合）。

（十六）提升建设工程从业人员素质

倡导“建筑工匠”精神，落实企业培训主体责任，形成重技能、重技术、重教育的良好氛围。鼓励社会力量参与建筑工人职业技能培训，发挥职业院校、培训机构、行业协会的优势，创立建筑工人职业技能实操训练基地。

健全工程建设人才培育评价激励机制。鼓励行业协会开展建筑工人星级评价，编制建筑工人薪酬动态。进一步健全和完善建筑工人职业技能鉴定制度，畅通职业发展通道，定期组织建设领域职业技能大赛，培养选拔“建筑工匠”人才（责任部门：市住建局牵头，市人力资源保障局配合）。

四、强化质量监督，落实质量责任

（十七）创新质量监管模式

根据工程需要采取政府购买服务方式，委托具备条件的独立第三方社会机构开展工程质量安全巡查和工程质量抽检。及时通报工程质量事故及查处情况，公开曝光质量问题较多、投诉举报频发的工程项目和参建主体（责任部门：市住建局、市交通运输委、市水务局牵头，市财政委等配合）。

（十八）发挥项目示范作用

制定建设工程质量安全示范项目评定标准。承担投资建设职能的市直部门、市属国有企业，应在各自领域打造建设工程质量安全示范项目。原则上市管建设工程每年的示范项目不少于10个，区管建设工程每年的示范项目不少于3个（责任部门：各区政府、市住建局、市交通运输委、市水务局、市建筑工务署）。

（十九）落实参建各方质量责任

建设单位应当切实履行质量安全首要责任，依法组织发包，合理确定造价和工期，严格执行基本建设程序，加强质量安全控制。勘察、设计、施工、监理等单位应进一步完善工程质量管理制度，落实主体责任。

建立监理单位向行业主管部门直报制度，定期书面报告质量安全监理情况，充分发挥监理单位在质量安全控制中的作用。开展工程质量安全保险试点工作，防范和化解工程质量风险，保障工程所有权人权益。国有资金投资工程推广前海“廉政共建”模式，签订廉政建设协议书，打造廉洁品质工程。

建设工程实行总承包的，总承包单位应当对其所承包的全部建设工程质量负责。总承包单位依法将建设工程分包给其他单位的，分包单位应当按照分包合同的约定对其分包工程的质量向总承包单位负责，总承包单位与分包单位对分包工程的质量承担连带责任。禁止分包单位将其承包的工程再分包（责任部门：市住建局、市交通运输委、市水务局、市建筑工务署、前海管理局等）。

（二十）加大失信惩戒力度

建立健全动态化建设市场主体信用档案和科学化信用评价体系，与国家和省建筑市场信用平台、中国人民银行征信机构、深圳市信用网等实现数据共享，落实守信联合激励和失信联合惩戒制度。对发生质量安全事故、供应假冒伪劣建材设备、转包挂靠、拖欠工程款及农民工工资或者其他社会影响恶劣行为的建设市场主体，一定期限内列入“黑名单”管理，在市场准入、承接工程、企业资质审批、个人执业资格等方面采取限制措施（责任部门：市住建局牵头，市交通运输委、市水务局、市建筑工务署等配合）。

五、创新建设模式，推广建造新技术

（二十一）加快推进建筑工业化

大力发展装配式建筑，出台完善惠及各类建设工程的装配式建筑扶持政策。新建居住建筑全面实施装配式建筑，并向公共建筑、工业建筑等逐步覆盖。政府投资项目率先推广高标准的装配式建筑，引导社会投资项目因地制宜发展装配式建筑。积极发展钢结构，大跨度、大空间公共建筑优先采用钢结构，在桥梁、人行天桥、立体智能停车场等城市建设适用领域优先应用钢结构（责任部门：市住建局、市规划国土委牵头，市交通运输委、市水务局、市建筑工务署等配合）。

（二十二）大力推广应用新技术

定期发布重点专项领域新技术目录，加大建筑业“十项新技术”推广力度，鼓励应用先进、成熟、适用的新技术、新材料、新工艺和新设备。

对尚无相关工程建设标准依据的新技术、新工艺，经相关行业协会、学会等社会团体开展技术论证，并制定相应团体标准后，允许在工程实践中先行试用（责任部门：市住建局牵头，市交通运输委、市水务局、市建筑工务署等配合）。

（二十三）提高建设工程信息化管理水平

建立完善建设工程立项、勘察、设计、建造、运营全生命周期信息系统。推进建筑信息模型（BIM）项目示范及应用实施，建立基于地理信息系统与建筑信息模型相结合的建设工程协同审批平台，实现项目实景模拟，为工程建设全过程提供技术支持。建立建设工程质量安全智慧监管平台，利用物联网、自动监测、视频监控等方式实现对施工现场的信息化管控（责任部门：市住建局、市规划国土委、市政务办、市发展改革委牵头，市交通运输委、市水务局、市经贸信息委、市建筑工务署、市档案局等配合）。

（二十四）发展绿色建筑建设海绵城市

新建民用建筑100%严格执行绿色建筑标准。政府投资和国有资金投资的大型公共建筑、标志性建筑项目，应当按照绿色建筑国家二星级或深圳银级及以上标准进行建设。加大专项资金扶持力度，鼓励社会投资项目创建高星级绿色建筑，推进既有建筑节能改造，开展绿色建筑运行和绿色物业星级标识评价工作。引导和鼓励新建住宅一次装修到位或菜单式装修模式。

综合采取'渗、滞、蓄、净、用、排'等措施，最大限度地减少城市开发建设对生态环境的影响。城市道路与广场、公园和绿地、建筑与小区、水务工程以及城市更新改造、综合整治等建设项目，严格按照海绵城市标准进行规划、设计和建设，将我市打造成为国际一流的海绵城市（责任部门：市住建局、市水务局、市发展改革委牵头，各区政府、市规划国土委、市国资委、市建筑工务署等配合）。

本措施发布之日起6个月内，各相关职能部门、各区政府要针对牵头办理的事项制定实施细则；涉及法规规章及配套文件修订的，相关责任部门应在6个月内提交送审稿；涉及标准规范、设计图集制（修）订的，原则上相关责任部门应在12个月内通过专家评审报主管部门发布实施。

附录7　深圳市建设工程项目人员实名制管理办法

第一章　总则

第一条　为加强建设工程项目管理，提升工程质量安全水平，推动建筑市场信用体系建设，保障从业人员合法权益，根据《建设工程安全生产管理条例》、《关于全面治理拖欠农民工工资问题的意见（国办发〔2016〕1号）》等规定，结合本市实际，制定本办法。

第二条　本办法适用于本市行政区域内由建设行政主管部门监管的建设工程项目人员的实名制管理。

第三条　本办法所称建设工程项目人员，包括：

（一）建设单位的项目管理人员，包括项目负责人、质量负责人、安全负责人等；

（二）施工单位的项目管理人员及工作人员，包括项目经理、技术负责人、质量负责人、安全负责人及其他项目工作人员；

（三）监理单位注册监理工程师及其他项目工作人员；

（四）劳务工人。

本办法所称实名制管理，是指利用实名制信息管理系统，采集建设工程项目人员身份信息、居住信息、劳动关系、工资发放、考勤信息、工作经历、良好行为及不良行为、执业证书、安全培训证书等基本信息，建立现场人员的信息档案，对建设工程项目人员进行组织化、信息化管理的制度。

本办法所称施工单位，包括施工总承包单位、专业承包单位。

第四条　市建设行政主管部门（以下简称市主管部门）负责统筹全市实名制管理工作；建立全市统一的实名制信息管理系统，并提供信息管理系统终端设备技术标准，开放数据接口；负责市管建设工程实名制情况的监督管理。

区建设行政主管部门（以下简称区主管部门）按照职责分工，负责辖区内建设工程的实名制管理。

第五条　实名制信息管理系统应当逐步与人力资源和社会保障部门、公安部门、银行、征信单位等系统对接，实现数据共享。

第二章　主体责任

第六条　建设单位对本单位投资建设工程的实名制情况进行统筹管理，落实经费保障，履行以下责任：

（一）在招标文件和工程发包合同中列明实施实名制管理的条款；

（二）协调、检查、督促施工单位落实实名制管理的各项规定和措施；

（三）建设工程开工前，在实名制信息管理系统录入建设单位、监理单位项目人员的相关信息。

第七条　施工单位应当对所承包工程的实名制工作负总责，履行以下责任：

（一）建立健全项目人员登记、考勤、劳动合同签订、工资发放等劳务用工管理相关制度；

（二）在实名制信息管理系统录入第三条第（二）项、第（四）项中建设工程项目人员的相关信息；

（三）建设工程开工前，配备实名制管理员对项目人员进行管理；

第八条　施工总承包单位依法将建设工程分包给其他单位的，分包单位的用工管理纳入总承包单位的用工管理范畴。

第九条　监理单位负责对施工现场各参建单位的实名制管理工作进行监理，履行以下责任：

（一）主动及时向建设单位提供注册监理工程师等人员的真实信息；

（二）每月至少组织一次对施工单位实名制管理工作检查，检查内容包括现场人员信息采集情况、考勤记录、工资发放等；

（三）对未按本办法实施实名制管理工作的施工单位，及时督促整改并向建设单位和主管部门报告。

第十条　建设工程项目人员应当积极配合建设单位、施工单位（以下简称信息采集单位）落实实名制管理工作，如实提供个人的身份等基本信息。

第三章　信息采集

第十一条　信息采集录入实行诚信申报，由信息采集单位负责。

实名制采集信息包括：人员信息、个人近期证件照（3个月内）、居住信息、移动电话、劳动关系、工资发放、考勤信息、工作经历及业绩、良好行为及不良行为、执业（岗位）资格证书或者职称证书、安全培训证书、工种、特种作业证号等。

第二款所称人员信息，是指人脸、虹膜、指纹、掌型、二代身份证等个人信息。

第十二条　人员信息识别设备，由建设单位通过购买或者租赁等方式选定，费用在安全文明措施费中列支，施工单位应当专款专用。

政府投资在建项目配备人员信息识别设备的费用，按照规定程序增加。

第十三条　建设工程开工前，信息采集单位通过施工现场门禁系统、人员信息识别设备采集相关信息，并将采集的信息上传至实名制信息管理系统。

施工现场门禁系统、人员信息识别设备应当与实名制信息管理系统对接，实现数据共享。

第十四条　施工单位应当在建设工程开工前，依法与招用的劳务工人签订劳动合同并严格履行，及时将考勤情况实时上传至实名制信息管理系统。

施工单位应当组织班组、劳务工人签订进场承诺书、退场确认书。

第十五条　施工单位组织劳务工人进行岗前安全培训、三级教育培训及继续教育培训的，应当将培训考核等信息存档，并及时录入实名制信息管理系统。

第四章　应用与管理

第十六条　建设工程项目人员实行实名制管理的时间，从项目实际开工之日开始，到项目实际竣工之日终止。

建设工程项目人员实名制管理信息应当保存2年以上，从工程实际竣工之日起计算；工程实际竣工日期与工资结清日期不一致的，以工资结清之日起计算。

第十七条 录入实名制信息管理系统的信息可以作为工资发放、工伤保险理赔、劳资纠纷处理、转包挂靠行为认定的重要参考。

第十八条 建设单位应当对录入实名制信息管理系统的各项信息进行动态检查，确保信息的全面、真实、准确。

施工单位应当利用实名制信息管理系统对进出施工现场人员进行校验，强化施工现场考勤管理，禁止身份信息未通过校验人员进入施工现场。

第十九条 信息采集单位、项目人员等发现项目实名制信息管理设备发生故障的，应当及时告知主管部门，并及时进行维修。

维修期间，主管部门及其质量安全监督机构应当加强对在建工程的巡查。

第二十条 实名制信息管理设备维修期间，可以使用备份设备采集相关信息。

无备份设备的，由建设单位、施工单位、监理单位三方共同确认项目人员信息情况。设备维修完成后，施工单位应当及时补录相关信息。

第二十一条 实名制信息管理系统应当与劳务工人工资分账管理系统对接，实现信息共享。

实名制信息管理系统可以设置拖欠劳务工人工资预报警功能，以及劳务工人安全教育培训预警功能。

实名制信息管理系统可以对项目负责人、专职安全员、特种作业操作人员设置资格证件过期提示功能，以及对身份信息未通过校验的现场人员设置警报功能。

第二十二条 市、区人力资源和社会保障部门、公安部门等可以按照授权，查询实名制信息管理系统的相关信息，依法合理使用相关信息，并对个人隐私信息予以保密。

建设工程项目人员可以在实名制信息管理系统中查阅本人考勤记录、工资记录等信息，主管部门应当予以配合。

第二十三条 主管部门负责实名制管理的抽查工作，并实行差异化的管理：

（一）对按照本办法落实实名制管理的建设工程，对参建单位及其负责人在政府资金支持、政府采购、招投标、生产许可、资质审核、融资贷款、市场准入、税收优惠、评优评先等方面依法依规予以优先支持；

（二）对未按照本办法落实实名制管理的建设工程，责令整改，对参建单位及其负责人按规定予以不良信用记录，加大检查的频率，并在政府资金支持、政府采购、招投标、生产许可、资质审核、融资贷款、市场准入、税收优惠、评优评先等方面依法依规予以限制。

第五章 法律责任

第二十四条 建设单位未按本办法要求开展实名制管理工作的，由主管部门将相关情况通报行业主管部门。

建设单位属于行政机关、国有企业或者事业单位的，由主管部门通报其上一级行业主管部门。

第二十五条 施工单位未按本办法要求开展实名制管理工作或者在实施过程中弄虚作假的，由主管部门责令限期改正；逾期未改正的，主管部门将相关情况进行通报，并可以约谈主要负责人，同时按规定纳入信用管理。

第二十六条 施工单位未按本办法及相关规定开展实名用工管理的，由人力资源和社会保障部门责令限期改正；逾期未改正的，根据《广东省工资支付条例》第五十五条规定处以五万元以上十万元以下的罚款。

第二十七条 监理单位未按本办法要求开展实名制管理工作的，责令限期改正；逾期未改正的，主管部门将相关情况进行通报，并可以约谈主要负责人，同时按规定纳入信用管理。

第二十八条 对因未落实实名制、现场管理混乱引发劳务工工资纠纷事件、安全事故或者造成其他不良社会影响的，相关管理部门可以依法依规从重、从快处理，并可以将处理结果在网上公布。

第六章　附则

第二十九条　交通运输、水务、通信、铁路、电力等有关专业建设工程的实名制管理工作，由相关行业主管部门参照本办法另行制定。

第三十条　本办法自发布之日起施行，有效期5年。

附录8　深圳市工程建设领域工资保证金管理办法（试行）

第一条　为保障深圳市工程建设领域工资支付，预防化解欠薪问题，维护劳动者合法权益，根据《国务院办公厅关于全面治理拖欠农民工工资问题的意见》（国办发〔2016〕1号）、《广东省工资支付条例》《广东省人民政府办公厅关于全面治理拖欠异地务工人员工资问题的实施意见》（粤府办〔2016〕111号）等规定，结合本市实际，制定本办法。

第二条　本办法适用于本市工程建设领域从事工程项目新建、扩建、改建等活动的建设单位、施工总承包企业（包括直接承包建设单位发包工程的专业承包企业）和分包企业（包括承包施工总承包企业发包工程的专业企业）。

第三条　建立工程建设领域工资保证金制度。工程建设项目施工建设前，施工总承包企业按本办法规定缴存专项资金，用于保障工程建设项目工人工资支付。

本市工资保证金采取银行保函、保险机构保单保函或建设单位担保等第三方担保方式缴存。

第四条　施工总承包企业所有新建工程建设项目应当按照项目承包合同总造价3%的比例缴纳工资保证金，工资保证金总金额最高为300万元，最低为5万元。

前款规定的工程建设项目出现拖欠工资问题的，自人力资源行政部门认定之日起一年内，施工总承包企业所有新建工程建设项目均按照项目承包合同总造价5%的比例缴纳工资保证金，工资保证金总金额最高为500万元，最低为10万元。前款规定的工程建设项目自施工总承包企业首次缴纳工资保证金之日起3年内均未出现拖欠工资问题的，从3年期满之日起，该企业所有新建工程建设项目按照项目承包合同总造价1%的比例缴纳工资保证金，工资保证金总金额最高为100万元，最低为3万元。

第五条　在办理施工许可证（开工报告）时，施工总承包企业应当承诺依照本办法规定缴存工资保证金，并将书面承诺书提交项目行政主管部门。

施工总承包企业依照本办法规定缴纳工资保证金后，应当将银行保函、保险机构保单保函或建设单位担保等第三方担保材料提交所在区人力资源行政部门。

第六条　银行保函、保险机构保单保函或建设单位担保等第三方担保函应当为不可撤销工资支付保函，必须明确以下有关事项：

（一）受益人为人力资源行政部门；

（二）保函自开具之日起生效，保证期间为生效之日起至工程建设项目竣工（交工）验收之日后30天；

（三）施工总承包企业工程建设项目出现拖欠工资问题的，所在区人力资源行政部门会同项目行政主管部门核实确认后，向开具保函的银行、保险机构或建设单位发出书面索赔通知书，按核定工资额计提工资保证金。

第七条　动用工资保证金支付工人工资后，施工总承包企业应当按照本办法规定在30日内补足。

第八条　工资保证金不足以支付全部被拖欠工人工资的，按比例支付。

第九条　工资保证金实行专款专用，任何单位或个人不得挪用；违法挪用的，依法追究法律责任。

第十条　施工总承包企业未按本办法规定缴存工资保证金发生拖欠工资的，人力资源、住房建设、交通、水务等部门按照有关规定纳入信用记录并向社会公布，并在政府资金支持、政府采购、招投标和市场准入等方面依法依规予以限制。

第十一条 本办法自2018年12月1日起试行，试行期限为3年。

附录9 深圳市住房和建设局关于开展工程总承包企业编制施工图设计文件试点工作的通知

各有关单位：

住房城乡建设部办公厅已正式复函，同意在我市开展工程总承包企业编制施工图设计文件试点，同步开展建筑师负责制和全过程工程咨询试点。试点期限为3年，自2018年8月1日起至2021年7月31日止。现将改革试点有关事宜通知如下：

一、改革试点目标

贯彻落实《国务院办公厅关于促进建筑业持续健康发展的意见》（国办发〔2017〕19号）要求，改进工程建设组织方式，加快完善工程总承包相关的招标投标、施工图设计审查、施工许可、竣工验收等制度规定，实施工程总承包企业负总责；积极试点建筑师负责制，明确建筑师的权利和责任，提高建筑师的地位，推进全过程工程咨询服务，促进工程建设提质增效，推动建筑业和工程勘察设计咨询业高质量发展。

通过三年的项目试点，形成较为成熟的工程总承包、建筑师负责制和全过程工程咨询等项目管理方式，健全配套的体制机制，在我市培育一批工程总承包和全过程工程咨询骨干企业，以及一批既有国际视野、又有民族自信的建筑师。

二、改革试点范围

发挥深圳长期以来制度创新的先发优势，选取1-2个项目进行工程总承包企业自行编制施工图设计文件的试点。经试点探索，总结经验，形成可复制的改革创新成果，并逐步在全市范围内推广实施。

三、改革试点条件

项目工程总承包企业同时具备以下条件，可以申请开展自行编制施工图设计文件试点：

1. 取得施工总承包特级资质。

2. 拥有自行编制施工图设计文件所需的注册执业人员和专业技术人员。相关人员应与工程总承包企业建立劳动合同关系并缴交社保，执业人员必须注册在工程总承包企业。

上述专业技术人员的配置数量暂不做具体规定，但应满足《工程设计资质标准》中与申请项目对应的设计类型对人员配置的要求。工程总承包企业拥有相应专业技术人员的情况，不要求该单位在投标前已经满足，但应在施工图设计开始前完成人员配置。

四、改革试点工作相关要求

（一）完善工程总承包企业设计人员配置及变更信息

试点工程总承包企业应在工程开工前向建设行政主管部门及质量安全监督机构报送该项目设计人员的配置信息，并在施工阶段保持人员的相对稳定。特殊情况下需要变更的，应经建设单位法定代表人同意，并在变更后五个工作日内报送变更信息。

（二）确保施工图设计文件质量

试点工程总承包企业应严格按照国家法律法规、强制性标准以及其他标准与规范的要求开展施工图设计活动，由注册执业人员在设计文件上签字并加盖执业印章，试点工程总承包企业加盖施工图业务专用章。注册执业人员对其编制的施工图设计文件质量负责，试点工程总承包企业对施工图设计文件承担现有法律法规应由设计单位所承担的责任。工程总承包企业在施工图设计过程中应始终落实设计方案及初步设计要求，保持设计延续性，以保证工程质量及安全可控。

（三）发挥项目管理优势

试点工程总承包企业应充分发挥设计与施工深度融合的优势，增进两阶段的沟通配合，减少协调成本，提高工程建造质量和效益。设计人员应向施工管理人员阐述设计意图、详细说明设计文件、提供施工现场技术服务。施工管理人员应当按照审查合格的施工图设计文件和施工技术标准进行施工，实施过程中发现施工图设计文件有错漏的，应及时向设计人员提出，设计人员应及时处理和调整。

（四）严格施工图审查

施工图审查机构应当按照有关法律、法规和技术标准的规定，对施工图中涉及公共利益、公众安全和工程建设强制性标准的内容进行严格审查。审查中发现问题需要补充、修改的，施工图审查机构应当书面反馈建设单位和试点工程总承包单位。建设单位和工程总承包单位应当在5个工作日内进行书面答复或者改正。补正材料一次性送审查机构审查。

（五）推进全过程工程咨询，试行建筑工程项目建筑师负责制

鼓励同步试点建筑师负责制和全过程工程咨询，借鉴国际先进经验，逐步建立与国际接轨的建筑师负责制和工程咨询管理制度。试点工程咨询单位应完善组织结构和项目管理体系，由建筑师统筹协调建筑、结构、机电、环境、景观等各专业咨询，按照权责一致的原则，依据合同约定和收费，提供项目策划、工程设计、技术顾问咨询、合同管理、施工指导监督和后期跟踪等服务。

（六）相关部门对改革试点工作应予支持配合

如果试点项目的工程总承包企业不具备设计资质，未取得“广东省建设工程勘察设计出图专用章”，则允许其使用相关业务专用章替代。质量安全监督机构在日常监督和办理竣工验收备案、审图机构在对施工图进行审查、建设行政主管部门在审批施工许可等环节，认可试点工程的上述做法。

五、申请试点的有关事宜

（一）申请方式

由工程总承包企业会同建设单位自行选取符合条件的项目，备齐相关证明材料，由工程总承包企业到市住房建设局窗口递交申请（地址：福田区振华路8号设计大厦1楼）。

（二）申请截止时间

2018年12月20日。

（三）申请材料

1. 申请书；

2. 申请试点项目相关材料；

3. 申请试点项目工程总承包企业相关材料；

4. 建设单位同意该项目申请试点的相关材料；

5. 申请单位认为有必要提供的其他材料。

（四）批复试点

市住房和建设局依据本通知要求，批复试点项目。

（五）报告进展情况和总结材料

试点项目的工程总承包单位应在施工图设计、现场服务、项目验收等阶段分别报送试点项目的进展情况和总结材料。

开展工程总承包企业编制施工图设计文件试点，是建筑市场改革的一项尝试性创新举措，与国家现行资质管理规定在形式上存在一定差异，如在执行过程中出现质量安全等问题，且属于现行法律法规规定设计单位和设计人员责任的，由工程总承包单位和相关注册执业人员承担责任，不追究程序和形式差异的审批责任。

特此通知。

深圳市住房和建设局

2018年8月8日

附录 10　深圳市传统泥头车淘汰补贴办法

第一章　总则

第一条　为全面提升泥头车安全管理水平、改善大气环境质量，加快我市新型全密闭式智能泥头车的推广应用，按照市政府审议通过的《深圳市泥头车、搅拌车和非道路移动工程机械更新改造工作方案》，结合“深圳蓝”可持续行动计划安排，特制定本办法。

第二条　本办法所称传统泥头车是指在我市从事建筑废弃物、砂石等工程散体物料运输的三轴及以上传统敞开式自卸车，且车辆需依法取得市公安交管部门登记注册的机动车车辆号牌，并按要求申请获得市交通运输主管部门审核发放的有效《道路运输证》及资质正常的“档案号牌”；同时车辆需已按交通运输部门要求安装了正常运行的GPS终端，并将数据接入泥头车监控平台。

传统泥头车包括以传统燃油为主要动力的传统燃油类泥头车（不含污染物排放达不到国Ⅰ标准的汽油车和达不到国Ⅲ标准的柴油车，即黄标车）和以天然气为主要动力的传统LNG类泥头车。

第三条　本办法所称淘汰是指将传统泥头车通过报废和转出的方式自行处置。报废是指将传统泥头车交售给有资质的报废机动车回收企业进行拆解报废处理；转出是指将传统泥头车迁移出我市行政区域(含深汕合作区)，车辆办理转出手续，并在异地公安交管部门登记注册（车辆登记为非粤B车牌）。

本办法所称淘汰补贴，是指市交通运输部门将符合条件的车辆淘汰补贴及奖励资金发放给车辆所有权人。

第二章　补贴范围和标准

第四条　申请淘汰补贴的传统泥头车应符合以下条件：

（一）车辆初次登记时间为2004年8月6日及以后（六轴列车以重型自卸半挂车初次登记时间为准），且使用年限在国家强制报废标准年限提前1年以上（含1年）。

（二）报废车辆应取得市公安交管部门出具的《机动车注销证明书》。

（三）转出车辆已办理完毕《机动车登记证书》转出登记签注手续，且《机动车登记证书》登记栏载明的信息中“转入地车辆管理所名称”为异地车管所，车辆号牌为非粤B车牌。

第五条　我市传统燃油类泥头车淘汰补贴标准如下：

传统燃油类泥头车淘汰补贴标准（万元/台）

车型 \ 注册年份	2004—2007	2008	2009	2010	2011	2012	2013	2014	2015	2016	2017年及以后
三轴(18t至25t)	0.8	1.1	2.8	4.5	6.7	8.9	11.9	11.4	9.5	9.8	9.1
四轴(25t至31t)	0.8	1.4	3.2	5.4	8.0	10.6	14.4	13.8	11.4	11.8	10.8
六轴列车	0.8	1.5	3.8	6.6	9.7	13.6	18.2	17.4	14.6	15.3	14.0

第六条　我市传统LNG类泥头车淘汰补贴标准如下：

传统LNG类泥头车淘汰补贴标准（万元/台）

车型 \ 注册年份	2012	2013	2014
三轴(18t至25t)	12.1	15.7	14.9
四轴(25t至31t)	13.2	17.1	16.3
六轴列车	17.7	23.0	22.0

第七条　为鼓励传统泥头车淘汰，在本办法第五条、第六条补贴标准的基础上，对报废、转出时间越早的车辆给予一定的奖励。具体奖励标准为：

（一）在2018年8月6日（含）至2018年10月31日（含）间完成淘汰并在受理时间内提出申请的车辆，按第五条、第六条补贴标准的124%领取补贴。

（二）在2018年11月1日（含）至2018年11月30日（含）间完成淘汰并在受理时间内提出申请的车辆，按第五条、第六条补贴标准的120%领取补贴。

（三）在2018年12月1日（含）至2018年12月31日（含）间完成淘汰并在受理时间内提出申请的车辆，按第五条、第六条补贴标准的116%领取补贴。

（四）在2019年1月1日（含）至2019年1月31日（含）间完成淘汰并在受理时间内提出申请的车辆，按第五条、第六条补贴标准的112%领取补贴。

（五）在2019年2月1日（含）至2019年2月28日（含）间完成淘汰并在受理时间内提出申请的车辆，按第五条、第六条补贴标准的108%领取补贴。

（六）在2019年3月1日（含）至2019年3月31日（含）间完成淘汰并在受理时间内提出申请的车辆，按第五条、第六条补贴标准的104%领取补贴。

（七）在2019年4月1日（含）至2019年5月31日（含）间完成淘汰并在受理时间内提出申请的车辆，按五条、第六条补贴标准的100%领取补贴。

第三章　申请时间及审查程序

第八条　传统泥头车淘汰补贴的车辆淘汰时间为2018年8月6日（含）起至2019年5月31日（含）止。其中：

（一）报废车辆的淘汰时间以《机动车注销证明书》载明的“注销日期”为准。

（二）转出车辆的淘汰时间以《机动车登记证书》最后一次转出深圳市时签注的转出登记日期为准。

第九条　传统泥头车淘汰补贴的受理时间为本办法发布之日起至2019年9月30日（含）止。

第十条　申请淘汰补贴需提交以下材料或信息：

（一）《机动车注销证明书》或《机动车登记证书》，原件扫描上传。

（二）《深圳市传统泥头车淘汰补贴申请表》，在线填写。

（三）申请企业的统一社会信用代码或组织机构代码，申请表中在线填写。

（四）申请企业银行账户（要求在本市开户，需提供开户行及支行信息。账户或账号名称与车辆登记注册的名称一致，且账户处于正常状态），申请表中在线填写。

（五）《深圳市传统泥头车淘汰补贴资金发放承诺》，原件扫描上传。

第十一条　补贴申请程序：

（一）申报准备。

1. 报废车辆：将传统泥头车交售给具有资质的报废汽车回收企业，回收企业将车辆报废信息报送给市公安交管部门，由公安交管部门审核办理注销手续并出具《机动车注销证明书》；

2. 转出车辆：到本市和迁入地公安交管部门办理完毕《机动车登记证书》转出转入登记的签注手续。

（二）在线申报。

1. 申请企业登录深圳市传统泥头车淘汰补贴管理系统（以下简称补贴系统），在线填写《深圳市传统泥头车淘汰补贴申请表》，并打印、签字、加盖公章；

2. 在补贴系统上下载《深圳市传统泥头车淘汰补贴资金发放承诺》，并打印、签字、加盖公章；

3. 将本办法第十条载明的《机动车注销证明书》或《机动车登记证书》，以及《深圳市传统泥头车淘汰补贴申请表》和《深圳市传统泥头车淘汰补贴资金发放承诺》扫描件上传至补贴系统。

（三）受理及审查。

1. 补贴系统自动比对车辆信息、审核申请资料是否齐全，并对资料齐全的申请自动受理；

2. 市公安交管部门在10个工作日内完成车辆注销及异地签注情况的审核；

3. 市交通运输部门在市公安交管部门完成车辆注销及异地签注情况审核后5个工作日内完成申请资料的审核。

（四）公示。

市交通运输部门在完成审核后，将符合条件的车辆相关信息向社会公示5个工作日。

（五）发放。

1. 市交通运输部门在公示结束后的5个工作日内将补贴资金拨付给无异议的车辆所有权人；

2. 市交通运输部门统一注销领取补贴车辆的“档案号牌”，申请企业在领取补贴资金15个工作日内申请注销或迁出《道路运输证》。

第十二条 对车辆所有权有异议的，可在公示期内向市交通运输部门提出异议申请。异议申请需提交车辆购置发票、银行贷款证明、合作经营合同（需注明车辆权属）等证明材料。

第十三条 车辆权属异议的申请程序为：

（一）异议申请人前往市交通运输部门设立的传统泥头车淘汰补贴车辆权属异议申请受理点，递交异议申请和相关证明材料。

（二）市交通运输部门在受理有效的异议申请后2个工作日内，暂停有权属异议车辆的淘汰补贴资金发放。

（三）争议双方通过自行协商解决争议的，由提出异议方前往传统泥头车淘汰补贴车辆权属异议申请受理点提交异议撤销申请，市交通运输部门在收到撤销申请后5个工作日内，将补贴资金发放给所有权人。

（四）争议任意方向市交通运输部门提交司法或仲裁机关出具的确权文书。车辆确权人与申请人一致的，向申请人发放补贴；车辆确权人与申请人不一致的，由车辆确权人重新提出申请。

第四章 职责分工

第十四条 市泥头车整治办公室负责统筹传统泥头车淘汰补贴工作，同时对补贴工作的疑难问题进行决策。

第十五条 市交通运输部门负责本办法的组织实施工作。对符合本办法的传统泥头车进行资格认定，统计符合本办法的传统泥头车车辆清单电子数据；建立传统泥头车淘汰补贴管理系统，对申请资料进行审核，将补贴拨付给所有权人；注销或迁出车辆《道路运输证》及注销“档案号牌”。

第十六条 市环保部门负责向市交通运输部门提供已申请我市老旧车提前淘汰奖励补贴的传统泥头车电子数据。

第十七条 市财政部门负责补贴资金的筹集、落实，确保补贴工作稳步实施，并按照规定做好资金绩效的再评价。

第十八条 市经贸信息部门负责监督报废机动车回收企业做好传统泥头车报废回收工作，设立绿色通道。负责审核发放《报废汽车回收证明》，督促报废机动车回收企业做好服务工作，指导报废拆解企业提高服务质量和效率，方便办理交车或其他相关手续。

第十九条 市公安交管部门负责淘汰车辆的相关登记工作，设立绿色通道。对申请报废的车辆办理注销手续，并出具《机动车注销证明书》；对申请转出的车辆收回本地号牌和机动车《行驶证》，办理《机动车登记证书》转出手续，负责审核转出车辆《机动车登记证书》异地签注情况，并注销报废或转出车辆的临时通行证，提供车辆电子数据。

第五章 监督管理

第二十条 对挪用、骗取补贴资金的单位和个人，有关部门依据《财政违法行为处罚处分条例》（国务院令第427号）及其他有关法规进行处理，构成犯罪的，移送司法机关处理。

第二十一条 资金管理工作人员违反本办法，不认真履行职责，使资金管理工做出现失误，或利用职务之便，收受他人贿赂的，经查证属实的由市财政、监察等部门按照《财政违法行为处罚处分条例》

《深圳市行政机关工作人员行政过错责任追究暂行办法》规定的权限对责任人进行处理。构成犯罪的，依法移交司法机关处理。

第二十二条　未履行传统泥头车淘汰补贴资金发放承诺，或因车辆权属争议产生严重后果的企业，由市交通运输部门依法查处，并依法撤销该企业的达标资质。

第六章 附则

第二十三条　按《深圳市老旧车提前淘汰奖励补贴办法（2018—2020年）》申领了老旧车提前淘汰奖励补贴的传统泥头车，不得参与传统泥头车淘汰补贴。

第二十四条　本办法由市交通运输委负责解释。

第二十五条　本办法自2018年11月19日起施行，有效期至2020年10月31日。

附录11　深圳市纯电动泥头车超额减排奖励实施办法

为贯彻落实党的十九大关于持续实施大气污染防治行动、打赢蓝天保卫战的重大战略部署，推动纯电动泥头车在我市工程运输领域的使用，进一步改善我市大气环境，根据《关于2018年“深圳蓝”可持续行动计划》（深府办规〔2018〕6号）及《深圳市泥头车、搅拌车和非道路移动工程机械更新改造工作方案》（深建废管〔2018〕23号）等相关要求，结合我市实际，制定本实施办法。

一、奖励对象及条件

（一）奖励对象。

本办法实施之日起至2019年12月31日期间取得深圳市纯电动泥头车营运资格证件，并在我市从事泥头车运营的运输企业或设备租赁企业。

（二）奖励条件。

1. 纯电动泥头车技术标准应符合《全密闭式智能重型自卸车技术规范》（编号：SZDB/Z284-2017）的相关要求。

2. 纯电动泥头车车型应纳入工业和信息化部《新能源汽车推广应用推荐车型目录》（以下简称推荐车型目录）、《免征车辆购置税的新能源汽车车型目录》（以下简称免税车型目录）。

3. 纯电动泥头车的整车驱动电机峰值功率应大于350kW，满载最大爬坡度应大于50%，按照等速法，车辆满载续驶里程应大于300公里。

4. 纯电动泥头车应安装符合国家标准的卫星定位系统，并将数据接入我市泥头车安全监管平台，车辆年均行驶里程应达到4.5万公里及以上。

二、奖励标准

对符合奖励条件的纯电动泥头车给予超额减排奖励80万元/车。纯电动泥头车生产企业提供考核担保的，奖励资金一次性发放；没有提供考核担保的，奖励资金分年度考核发放（共5年），考核合格的，按照16万元/车/年发放。

三、奖励资金来源

深圳市纯电动泥头车超额减排奖励资金由市交通运输委根据我市纯电动泥头车年度推广应用计划、工作要求分年度向市财政委提出申请，并列入市交通运输委部门预算。

四、奖励资金申请、审核和拨付

（一）申请。

泥头车运输企业或设备租赁企业在取得纯电动泥头车营运资格证件后，即可向市交通运输委提交超额减排奖励申请。申请材料包括：

1. 奖励资金书面申请。

2. 纯电动泥头车纳入工业和信息化部颁布的推荐车型目录、免税车型目录的有关材料。

3. 泥头车运输企业或设备租赁企业道路运输许可证、工商注册登记证书副本、购车合同、泥头车营运资格证件及深圳市车辆管理机关印发的车辆行驶证等复印件（验原件）。

如泥头车运输企业通过第三方融资租赁企业购置车辆的，需提供泥头车运输企业与融资租赁企业签订的合同复印件（验原件）（泥头车运输企业与融资租赁企业签订的合同须明确奖励资金拨付到账的账户信息）。

4. 有纯电动泥头车生产企业进行考核担保的，需提供担保书原件。

5. 纯电动泥头车 GPS 设备安装及我市泥头车安全监管平台接入证明材料。

6. 根据有关规定应提交的其他文件、材料。

（二）审核。

市交通运输委受理泥头车运输企业或设备租赁企业的奖励申请之后进行审核，审核时间不超过 5 个工作日。审核合格后，市交通运输委对外公示，公示时间不少于 5 个工作日。公示期间，任何单位和个人有异议的，可以向市交通运输委提出，市交通运输委应进行调查并出具调查结论，必要时可组织复审。接受、处理投诉情况，包括投诉事项和原因、投诉处理情况等在市交通运输委门户网站上公开。

（三）拨付。

公示期满后，公示无异议或经调查异议不成立的，由市交通运输委按国库集中支付规定及本办法规定的奖励标准支付奖励款，奖励款支付到泥头车运输企业账户、设备租赁企业账户或泥头车运输企业与融资租赁企业协议指定的账户。

五、考核机制

市交通运输委建立纯电动泥头车超额减排奖励考核机制，对获得奖励的纯电动泥头车运营情况进行考核。

（一）考核时间。

有纯电动泥头车生产企业提供考核担保的，在纯电动泥头车投入运营后每年进行一次运营里程数据统计，运营时间达到 5 年后进行超额减排奖励效果考核。

没有提供考核担保的，纯电动泥头车投入运营后每年进行一次运营里程及超额减排奖励效果考核。

（二）考核内容。

以我市泥头车安全监管平台记录的纯电动泥头车行驶里程数据作为考核依据。

有纯电动泥头车生产企业提供考核担保的，纯电动泥头车 5 年行驶里程总数须达到 22.5 万公里。达不到 22.5 万公里的，要求所属泥头车运输企业或设备租赁企业按比例缴回不达标车辆数相应的超额减排奖励资金。由于其他原因，不能缴回泥头车运输企业或设备租赁企业相应资金的，由承担担保责任的纯电动泥头车生产企业缴回相应资金。

没有提供考核担保的，纯电动泥头车每年行驶里程数须达到 4.5 万公里，往年的超额行驶里程部分，可以加入本年度行驶里程数据进行考核。

具体考核工作由市交通运输委组织实施，考核办法另行制定。

六、其他事项

本办法实施后，由市交通运输委每年组织开展对泥头车运输企业或设备租赁企业经营纯电动泥头车成本、收益、运营里程等有关情况的监审，监审情况报告市审计部门。

对违规谋取和以虚报、冒领等手段骗取奖励资金的企业，应追回违反规定谋取、骗取的奖励资金，并依照《财政违法行为处罚处分条例》等有关规定对相关企业和人员予以处理，涉嫌犯罪的依法移交司法机关。

本办法自 2018 年 11 月 14 日起实施，有效期 5 年。

附录 12　关于加强建设工程安全文明施工标准化管理的若干规定

第一章　总则

第一条　为贯彻“创新、协调、绿色、开放、共享”五大发展理念，进一步提升我市建设工程安全文明施工标准，打造与现代化国际化创新型城市相匹配的建设工地，根据《中华人民共和国安全生产法》、《中华人民共和国建筑法》、《中华人民共和国大气污染防治法》、《建设工程安全生产管理条例》等法律、法规的规定，结合本市实际，制定本规定。

第二条　本规定适用于各类新建、扩建、改建的房屋建筑工程（包括与其配套的线路管道和设备安装工程、装饰工程）、市政基础设施工程、道路交通工程、水务工程、电力工程和拆除工程。

第三条　建设工程安全文明标准化管理工作应遵循“安全、绿色、美观、实用”原则：

（一）提高施工安全管理标准和设施设备安全性能标准，强化安全教育培训效能，提升建筑工地安全生产水平；

（二）贯彻绿色发展理念，优先使用可循环利用的材料及装配式产品，提升施工现场环境保护标准；

（三）提升现场设施设置标准，打造整洁、美观的外观形象，实现与城市景观的和谐统一；

（四）兼顾经济实用性和建设项目分类适用性，集成安全文明施工管理方面行之有效的技术、措施，推广智能化与信息化技术。

第四条　建设工程安全文明施工的具体标准，按《深圳市建设工程安全文明施工标准》（以下简称《安全文明施工标准》）执行。

市建设行政主管部门负责编制《安全文明施工标准》及其计价标准，根据需要动态调整；市交通、水务等部门可结合《安全文明施工标准》和本行业工程特征，制定相应实施细则。

第五条　建设、交通、水务等主管部门应当按照各自职能，依照《安全文明施工标准》等标准规范对建设工程安全文明施工措施落实情况进行监督检查。

发改、财政、审计等部门在工程立项、工程款拨付、造价审计等过程中，应统筹考虑安全文明施工费用。

环境、食品安全、人力和社会保障、医疗卫生等主管部门按照各自职能，督促指导建设工地开展环境保护、食品安全、教育培训、职业健康等方面的标准化管理工作。

第二章　主体责任

第六条　建设单位对建设工程安全文明施工标准化管理负总体责任：

（一）在建设工程和建（构）筑物拆除工程招标或者直接发包时，明确安全文明施工的要求和措施，按照建设主管部门和相关行业主管部门制定的安全文明施工管理和技术标准，依据市工程造价管理机构测定的相应费率和计价标准，合理确定并单列工程安全文明施工措施费。依法进行工程招投标的项目，安全文明施工措施费应当作为不可竞争费。

（二）督促参建单位落实安全文明施工标准化管理的相关措施和要求，对安全文明施工措施费的专款专用进行核查。

（三）在现场周边张贴开工通告，通告应当包括工程概况、施工计划、建设各方主体名称及项目负责人姓名、投诉举报电话等内容。对交通影响较大的城市道路占道施工工程，建设单位应当制定交通组织疏导方案、应急预案和道路修复方案，并通过市级以上电视台、报纸、广播电台等媒体发布施工通告、公交临时调整等信息。

（四）其他法律法规所规定的建设工程安全文明施工管理责任。

第七条　施工单位对安全文明施工标准化管理负主要责任：

（一）按照行业现行的规范、标准，编制安全施工专项方案及文明施工专项方案，落实安全防护用品和设施配备、施工风险源管控、安全教育培训、应急管理等方面的安全生产标准化以及文明形象、环境保护、现场卫生、职业健康等方面的文明施工标准化。

（二）确保安全文明施工措施费专款专用，在财务管理中单独列出安全文明施工措施项目费用清单备查。

（三）施工总承包单位对建设工程安全文明施工措施费的使用负总责；建设工程采用工程总承包形

式的，工程总承包单位对建设工程安全文明施工措施费的使用负总责。施工总承包单位或工程总承包单位（以下统称为“总承包单位”）应当按照本规定及合同约定及时向分包单位支付安全文明施工措施费。总承包单位不按本规定和合同约定支付费用而造成分包单位不能及时落实安全防护措施导致发生事故的，由总承包单位负主要责任。

（四）其他法律法规所规定的建设工程安全文明施工管理责任。

第八条 监理单位对安全文明施工标准化管理负监理责任：

（一）对施工单位落实安全文明施工标准化管理情况进行现场监理，应将安全和文明施工专项方案是否符合标准要求纳入开工条件审查内容，并组织建设、施工单位进行开工条件验收。专项方案不符合标准要求或开工条件验收不合格的，不得签发开工令。

（二）对施工单位未落实的安全文明施工措施的，应责令其立即整改；对施工单位拒不整改或未按期限要求完成整改的，应当及时向建设单位和主管部门报告，必要时责令其暂停施工。

（三）对施工单位已经落实安全文明施工措施的，总监理工程师或者造价工程师应当及时审查并签认所发生的费用。

（四）其他法律法规所规定的建设工程安全文明施工管理责任。

按照法律、法规规定不需要实施监理的工程，由建设单位履行本条规定的管理责任。

第三章 安全生产

第九条 施工现场实行标准化安全防护。临边、洞口、安全通道、加工棚和防护棚等现场安全防护设施应采用工具式、定型化防护。工地脚手架外立面应采用密目式安全网封闭，临街面应增设防穿刺钢丝网。

起重机械吊臂回转半径内的安全通道和加工棚应设置双层硬质防护。吊装作业时，应在吊臂回转半径内设立临时安全警戒区。

第十条 工地用人单位应当为员工、作业人员配备必要的劳动保护用品，并指导、督促正确使用。用人单位应建立和健全劳动防护用品的采购、验收、保管、发放、使用、更换、报废等管理制度。

第十一条 工地消防安全管理工作应立足于自防自救，合理引导作业人员生产生活习惯。消防安全管理应符合以下要求：

（一）应设置临时室内（外）消防给水系统。临时消防设施的设置应与工程施工同步。

（二）易燃易爆危险品存放、使用场所，可燃材料存放、加工及使用场所，动火作业场所、固定吸烟场所、厨房操作间、变配电室、办公房、宿舍等具有火灾危险的场所应配置灭火器。

（三）生活区用房实施电压分区，生活区宿舍采用36V以下低电压，禁止私自使用大功率电器。

（四）施工现场禁止流动吸烟。

第十二条 施工单位应加强对施工重大危险源的监测，充分利用现代化、信息化科技手段和数据分析成果，完善预警指标体系：

（一）大型起重设备使用过程中，应对超重、超载、限位装置、防坠装置、非持证上岗等关键指标信息进行监测；

（二）高大模板与支架、深基坑、高边坡、地下暗挖工程施工过程中，应对其主要结构支撑体系的受力、变形等情况进行监测；

（三）二级配电箱应进行线路过载、漏电监测；

（四）地下工程施工阶段应对周边建（构）筑物、重要管线、路面等的变形或位移情况进行监测；

（五）其他需要进行监测的危险源。

建设、设计、施工、监理、第三方监测等单位应共同明确大型起重设备、高大模板与支架、深基坑、高边坡、地下暗挖、电气线路等的主要监测指标，各方的监测数据均应实时上传，实现及时、自动预警。在现场技术条件许可的情况下，应优先采用监测数据自动化采集设备。

第十三条 施工单位应根据工程性质规模，建立现场视频采集系统，开展实时监控。

施工单位应当按照建筑从业人员实名制管理的相关要求，利用人脸、虹膜等生物活体信息技术，在工地出入口设立实名闸机通道，实行联网运行。

第十四条　施工单位应结合《安全文明施工标准》要求和工程规模，在工地设置班前讲评台、安全培训室、实体式安全体验馆或VR虚拟安全体验馆等必要的场所和设施，强化对工人的安全教育。

第十五条　施工单位应会同建设单位、监理单位等建立健全规范的应急体系：

（一）按要求编制应急预案，完善组织保障、技术保障、物资保障，规范应急处置工作流程，规范和加强现场安全事故、自然灾害、公共卫生、社会安全等不同类型事件的应急措施要求。每年应在工地开展不少于一次的综合性应急演练，每半年组织开展不少于一次的单项应急演练。

（二）在工地设置应急物资储备仓库。根据项目特点、施工阶段建立应急物资配备标准清单，定期检查、更新应急物资储备。

（三）应安排专人接收、处置气象预警信息。根据气象预警信息及政府通告，及时启动分级响应，落实灾害天气条件下的值班值守，强化信息报送。

第四章　文明施工

第十六条　施工单位应结合现场实际情况合理确定施工总平面图，并按照下列要求设置相关设施：

（一）在醒目位置设置施工铭牌，并张贴有关许可证件。施工铭牌内容包括消防保卫、安全生产、环境保护、文明施工、工程概况和施工现场总平面图和监督投诉电话等。

（二）施工作业区与办公、生活区应当分开设置，具有足够的安全距离，采取相应的隔离措施；危险施工区域设立警示标志，并采取警戒措施。

（三）建筑材料、构件、料具布置合理，堆放整齐，标明名称、品种、规格。

第十七条　施工单位应对工地主次入口大门、施工围挡、施工用房进行专项设计，保持外观风貌风格协调统一，与工程所在区域城市景观相匹配。并按以下要求实施：

（一）工地主次入口大门应采用钢结构形式，并设置门卫岗亭、实名制管理闸机、电子信息公示牌等配套设施。

（二）施工围挡根据工程类别、工期选用适当的材质及构造形式；砌筑式施工围挡应采用再生砌块砌筑。各类围挡高度统一为2.5米。围挡宣传画面应符合本市公益宣传要求，合理布置，不得擅自篡改、混搭。

（三）现场办公区推广使用模块化箱房，现场生活区可使用模块化箱房或拆装式板房。施工用房屋顶应采用保温隔热材料，办公用房宜使用封闭式走道和楼梯。

第十八条　施工单位应采取以下措施，控制施工扬尘：

（一）施工围挡应连续、封闭设置；脚手架外立面应全封闭；轨道交通工程竖井应采用厂棚式全封闭施工。

（二）出入口、主要道路、材料加工区应采用混凝土、预制混凝土板或者钢板进行硬底化。

（三）工地车辆出入口应配备车辆自动冲洗设备和沉淀过滤设施。出工地车辆的车身、车轮、底盘冲洗干净后方可上路。

（四）沿围挡全覆盖设置围挡喷雾降尘装置。土石方开挖作业、机械剔凿作业、构筑物拆除作业、易产生扬尘的废弃物装卸作业，作业过程中应采用移动式雾炮机喷雾或水车喷洒等降尘。

（五）裸露泥地应及时采用防尘网、碎石覆盖，或种植速生植物绿化。水泥、石膏粉、腻子粉等易起尘物料应采用专用仓库、储藏罐等方式集中储存并采取覆盖措施。

（六）应在施工现场按要求设置具有浓度超限报警功能的总悬浮颗粒物监测系统，并与环保部门监控平台联网；监测终端设备应配备电子屏装置，即时公开监测数据；监测设备应保持正常使用。

第十九条　建设工程需办理临时排水许可手续。现场废、污水在排入市政雨、污水管网前应达到规定排放标准。场地含泥废水、雨水排入市政雨水管网前应经过三级沉淀池处理。生活污水排入市政污水管网前应经过化粪池、隔油池处理。

第二十条 建设单位应会同施工单位按照《深圳市建筑废弃物减排与利用条例》等要求制定建筑废弃物减量化计划，加强建筑废弃物的回收再利用。

不能回收再利用的建筑废弃物应及时覆盖，及时清运。生活区及办公区生活垃圾按照生活垃圾分类处理的有关规定处置。

第二十一条 施工单位应合理安排施工工序，严格执行施工噪声许可和信息公开制度。

混凝土浇筑振捣午间、夜间施工时应使用低噪声环保振捣棒；噪音敏感区附近混凝土输送泵应设置隔声罩。

第二十二条 推广使用新能源、密闭式新型泥头车；施工采用的非道路移动机械排放标准应不低于国家第三阶段非道路移动机械污染物排放标准，不符合排放标准的非道路移动机械应加装颗粒物捕集器；严禁使用不符合国家强制性标准和相关技术标准要求的涂料和胶粘剂。

第二十三条 工地生活设施应符合以下要求：

（一）工地食堂应依法取得餐饮服务许可手续，食堂工作人员应持证上岗，定期体检。厨房应按规范要求与生活区保持防火间距，远离污染源，并配备必要的卫生设施。

（二）生活区应配置独立开水间，实行热水或直饮水集中供应；施工现场应设置工人茶水间，并提供热水、凉茶等解暑类饮品。

（三）工地宜设置医务室，配备简单医疗器械和常见伤病治疗药物。施工单位可与正规医疗机构签署服务协议，处理日常医疗事宜，定期进行体检。

（四）办公区、生活区推广物业化管理。

第五章　监督管理

第二十四条 建设、交通、水务等行政主管部门应将建设工程安全文明施工标准化管理情况纳入监督抽查范围，对未落实安全文明施工有关措施的违法违规行为，依据相关法律法规予以查处：

（一）建设单位未按本规定支付安全文明施工措施费的，建设、交通、水务行政主管部门依据《建设工程安全生产管理条例》第五十四条规定，责令限期整改；逾期未改正的，责令该建设工程停止施工。

（二）施工单位挪用安全文明施工措施费的，建设、交通、水务等行政主管部门依据《建设工程安全生产管理条例》第六十三条规定，责令限期整改，处挪用费用20%以上50%以下的罚款；造成损失的，依法承担赔偿责任。

（三）建设、交通、水务等行政主管部门对未按照规定和标准落实安全文明施工措施的建设工程，依据相关法律法规责令限期整改；逾期未改正的，责令该建设工程停止施工。

第二十五条 建设、交通、水务等行政主管部门应建立健全信用管理制度，对未落实安全文明施工标准化管理的建设、施工、监理等单位，除依据相关法律法规予以行政处罚外，应记录其不良行为，纳入诚信管理体系，并依据相关规定予以黄色、红色警示。有关黄色、红色警示的相关要求由市建设行政主管部门另行制定。

第二十六条 项目未按要求落实本规定标准化措施的，不予通过项目安全生产标准化评价，并不予推荐相关优质工程奖项的评选。

第六章　附则

第二十七条 本规定所称施工安全生产标准化是指施工企业在施工活动中，贯彻执行施工安全法律法规和标准规范，建立企业和项目安全生产责任制，制定安全管理制度和操作规程，监控危险性较大分部分项工程，排查治理安全生产隐患，使人、机、物、环始终处于安全状态，形成过程控制、持续改进的安全管理机制。

本规定所称文明施工，是指在工程建设和建（构）筑物拆除等活动中，按照规定采取措施，保障施工现场作业环境、市容环境卫生和施工人员身体健康，并有效减少对周边环境不利影响的施工活动。

第二十八条 本规定自2018年6月1日起施行，有效期5年。

本规定实施前本市相关管理规定与本规定不一致的，以本规定为准。

本规定由市建设、交通、水务主管部门按各自职责负责解释。

附录13 强化企业安全生产责令落实十项规定

一、强化“三层三级”检查。对以下行为责令停工整改，并以黄色警示，预期未整改或拒不停工整改的予以红色警示：

（一）未组织“三层三”级安全检查或者检查层级不全的；

（二）“三层三”级安全检查资料弄虚作假，安全检查结论与现场严重不符的。

二、强化管理人员履职。对义下行为责令停工整改，并以黄色警示逾期未整改或拒不停工整改的予以红色警示：

（一）企业主要负责人未按规定带队开展月（季度）检查或者在节假日、重要会议期间和特殊气候条件下，未带班值守和带队检查的（检查带班值守期间，应主动报告项目监督小组）；

（二）项目经理不在岗离职的；

（三）台风白色及以上预警和暴雨黄色及以上预警期间，施工单位项目经理、监理单位项目总监未在岗值守的；

（四）周末节假日未落实施工单位主要管理项目管理人员（项目经理、生产经理、安全总监）、监理单位主要项目管理人员（项目总监、总监代表）领导值班制度的；

（五）专职安全生产管理人员配备不符合要求的。

三、强化危大工程管理。对以下行为责令停工整改并以黄色警示预期未整改或拒不停工整改的予以红色警示：

（一）未按要求编审、论证、交底危大工程专项施工方案的；

（二）现场危大工程安全管理措施未落实，未按经审批合格的专项施工方案组织施工的；

（三）未按规定组织危大工程监测、巡视、旁站或者验收的；

（四）危大工程施工期间施工单位项目经理未在现场带班的。

四、是强化基坑、暗挖工程管理。对以下行为责令停工整改并以黄色警示，逾期未整改或拒不停工整改的予以红色警示：

（一）未根据专家评审意见对基坑、暗挖设计方案进行完善闭合的；基坑、暗挖工程未按经审查合格的施工设计文件组织施工的；重大设计变更未组织专家评审和第三方审图的；

（二）基坑、暗挖工程未按规定委托第三方监测单位的；监测数据累计值或者日增量超控制值，未及时有效处置措施并报告的；

（三）基坑、暗挖工程未按方案要求进行分层分级分段开挖，存在超挖的。

五、强化模板支架及脚手架管理。对以下行为责令停工整改并以黄色警示，逾期未整改或拒不停工整改的予以红色警示：

（一）模板支架体系与经审批合格的专项方案不一致的（立杆间距、水平杆步距、抱柱措施、水平及竖向剪刀撑的连贯性及间距、自由端及顶端伸出长度等）；

（二）脚手架搭设与经审批合格的专项方案不一致的（脚手架基础形式、杆件间距、剪刀撑连续性及连强杆设置等）；

（三）脚手架扣件、钢管等材料质量不符合要求的。

六、强化起重机械及吊装作业管理。对以下行为责令停工整改其中1、2、3条予以黄色警示，逾期未整改或不停工整改的予以红色警示；4、5条直接予以红色警示：

（一）安拆、顶升或附墙安装过程中未落实拆装令制度的；

（二）施工电梯的防坠器超过标定期限或未定期定期进行防坠落试验的；

（三）存在工人在吊物下方或者起吊位置附近作业、不同种类长度物料混合绑扎吊装、斜拉斜吊或者绑扎不牢进行吊装作业的；散料吊装未采用专用容器或者容器内的物品过满的；吊装区未设立警戒区，无人值守的；

（四）特种作业人员未取得特种作业资格、未进行安全技术交底、总包、监理等单位安全管理人员未在作业现场进行旁站和巡查的；

（五）未按规定办理安装告知、使用登记的；未经检测和验收合格投入使用的。

七、强化高处作业管理。对以下行为责令停工整改并以黄色警示，逾期未整改或拒不停工整改的予以红色警示：

（一）多种临边、洞口防护缺失，多名高处作业人员未系安全带，原有防护设施拆除后无替代方式，存在体系性安全隐患；

（二）超过 3.6m 的支模架未设置水平兜网的；

（三）高处作业吊篮未经检测或验收合格投入使用的；防坠安全锁超过标定期限的；高处作业吊篮内同时有两名以上作业人员的；

（四）移动操作平台未按方案搭设验收的。

八、强化施工用电管理。对以下行为责令停工整改并以黄色警示，逾期未整改或拒不停工整改的予以红色警示：

（一）未编制施工用电专项方案，临时用电未定期进行验收，电工未持证上岗的；

（二）外电与施工作业达不到安全距离，未按规范采取防护措施的；

（三）总箱漏电开关失灵的；现场施工机具和施工设备未配备开关箱用电的；

（四）现场电箱内 PE 线进出未连接完善，用电机具和设备未接好 PE 保护线的；

（五）现场交流焊机未使用二次空载降压保护器的。

九、强化工地消防管理。对以下行为责令停工整改并予以黄色警示，逾期未整改或拒不停工整改的予以红色警示：

（一）办公区和生活区板房所用材料燃烧性能等级不符合要求的；

（二）工人宿舍使用 220V 用电插座的；

（三）现场消防系统不符合要求，消防管、消防水源等不完善的；

（四）安全网燃烧性能不符合要求的。

十、强化隐患排查整改。监督机构下发整改通知后，各相关单位应按以下要求组织整改：

（一）施工现场存在重大安全隐患未按期整改，或者被责令停工拒不停工的予以红色警示；

（二）被责令期限整改的项目，应由设计、施工、监理单位项目主要负责人组织对项目进行全面自查，对发现的隐患及时整改，否则，责令停工整改予以黄色警示；

（三）被责令停工的项目，应由建设、施工、监理单位企业负责人组织，对项目进行全面自查，对发现的隐患及时整改，否则不予复工并予以黄色警示；

（四）对有两次以上被责令停工的项目，应由施工单位企业主要负责人住项目现场带班组织整改，否则，不同意复工申请并以红色警示。

附录 14　深圳市小散工程和零星作业安全生产纳管暂行办法

第一章　总则

第一条　为加强全市小散工程和零星作业安全生产管理，规范小散工程和零星作业安全生产，落实小散工程和零星作业安全生产主体责任，防止和减少安全事故发生，保障人民群众生命安全，依据《中华人民共和国安全生产法》《建设工程安全生产管理条例》等法律法规，结合本市实际，制定本暂行办法。

第二条　本暂行办法适用于在本市行政区域内从事小散工程的新建、改建、扩建和拆除等有关活动和零星作业的安全生产及其监督管理。

第三条　本暂行办法所称的小散工程，是指按规定无需办理或无法办理施工许可证的小型建设工程（含土木工程、建筑工程、线路管道和设备安装工程及装修工程）。具体包括：

（一）工程投资额在30万元以下或建筑面积在300平方米以下（以下统称限额以下）的小型房屋建筑工程（包括房屋建筑及其附属设施的建造和与其配套的线路、管道、设备的安装）；

（二）限额以下的水务、道路交通、城市管理等市政基础设施工程；

（三）限额以下的各类地下管线施工工程；

（四）限额以下的公共建筑、商铺、办公楼、厂房等非住宅类房屋装饰装修；

（五）限额以下的历史遗留违法建筑二次装修工程（不含加建、改建、扩建）；

（六）竣工验收合格后的住宅室内装饰装修；

（七）建筑面积在500平方米以下的房屋拆除工程；

（八）因城市建设需要对外接受工程弃土，消纳量在20万方以下的零星受纳工程；

（九）其他由市政府决定纳入小散工程予以安全生产监管的建设活动。

相关法律、法规、规章对施工许可限额予以调整的，按相关规定执行。

各区政府（含新区管理机构，下同）可以参照上述规定作适当细化的规定。其中，对于限额以上的历史遗留违法建筑二次装修工程（不含加建、改建、扩建）以及限额以上但暂未纳入我市施工许可范围的建设工程安全生产，由各区政府参照本暂行办法予以纳管。依法依规应予禁止或应当控停的违法建设活动除外。

第四条　本暂行办法所称的零星作业，是指在公共区域进行的存在高处坠落、触电、物体打击、坍塌等特定安全风险且依法无需许可审批的小规模非工程建设类生产作业经营活动。具体包括：

（一）小规模的空调、太阳能、雨棚、防盗网等非主体工程配套设备设施的安装、维护、拆除作业；

（二）小规模的建筑外墙清洗、修补、屋面检修等各类建筑外墙零星高处作业；

（三）小型临街广告牌的安装、维护、拆除作业；

（四）小规模的新能源汽车充电设施的安装、维护、拆除作业；

（五）小规模的展台、布景等搭设、拆除作业；

（六）其他由市政府决定予以安全生产纳管的零星作业活动。

在居民住宅以及生产经营单位内部进行的零星作业安全监管，按照有关法律法规执行，不适用本暂行办法。

各区政府可以参照上述规定作适当细化的规定。

第五条　我市相关国家机关、事业单位作为建设单位或业主的小散工程和零星作业，由相关国家机关、事业单位依法自行履行安全生产统一协调、管理职责，不适用本暂行办法。

依法应纳入施工许可等相关许可管理范围的建设工程和零星作业的安全生产，由法定主管部门按职责分工依法进行监管，不适用本暂行办法。

第六条　以下情形按有关规定进行监督管理：

（一）临时建设工程依据《深圳市临时用地和临时建筑管理规定》（深圳市人民政府令第149号）等相关规定进行监督管理；

（二）对违法占有、使用、转让土地使用权等土地违法行为，以及未取得建设工程规划许可证或未按建设工程规划许可证的规定进行建设的规划违法行为，由规划土地监察机构依法进行查处。

第七条　小散工程和零星作业安全生产纳管应遵循“全面纳管与分类纳管相结合”、“社区网格化巡查为主，物业服务企业巡查为辅”、“属地管理和行业督导相结合”的原则。

第二章　属地管理职责

第八条　各区政府履行以下职责：

（一）负责组织领导辖区小散工程和零星作业的安全生产工作，组织辖区各街道办事处和区相关行业主管部门具体实施小散工程和零星作业安全生产纳管工作；

（二）组织制定辖区小散工程和零星作业安全生产纳管实施细则，明确安全管理职责分工，建立健全安全管理体制机制；

（三）加强人员、经费保障，建立健全对辖区各街道办事处、社区工作站、基础网格员（以下简称网格员）队伍和物业服务企业履职活动予以补贴、扶持等激励机制，统筹组织各街道办事处加强小散工程和零星作业安全生产管理力量，实现辖区小散工程和零星作业的安全生产全纳管和常态化监管；

（四）整合网格化管理信息，组织建立本辖区小散工程和零星作业安全生产管理智慧监管系统，实现安全生产备案、信息上报信息化，实现信息分流、跟踪督办智能化和自动化，提高信息流转和处理效率；

（五）其他法律、法规、规章以及上级规范性文件规定的职责。

第九条　各街道办事处履行以下职责：

（一）负责具体组织实施街道辖区小散工程和零星作业的安全生产管理工作，落实辖区小散工程和零星作业安全生产全纳管和常态化监管；

（二）细化完善辖区小散工程和零星作业安全生产管理机制，建立“安全生产备案，日常安全巡查，组织执法查处”等链条清晰、分工明确的工作流程；

（三）充实辖区网格员力量或通过购买服务等形式，进一步加强日常安全巡查和执法力量，并落实相关激励机制，确保工作质量和成效；督促指导辖区物业服务企业建立健全工作机制，落实物业管理区域的安全生产备案服务以及日常安全巡查等要求；

（四）细化完善辖区小散工程和零星作业安全生产备案服务制度，组织和指导委托的社区工作站和物业服务企业设立一站式备案服务窗口，受理小散工程和零星作业安全生产备案申请；并收集汇总委托的社区工作站和物业服务企业上报的备案信息、日常安全巡查信息，建立辖区小散工程和零星作业的管理台账，全面掌握辖区小散工程和零星作业动态；

（五）建立辖区各社区、网格日常安全巡查制度，指导委托的物业服务企业建立日常安全巡查制度，组织落实巡查要求和安全生产违法行为移送查处要求；

（六）组织对发现的小散工程和零星作业安全隐患及时进行整治；

（七）组织街道有权执法机构依据授权的执法事项和执法权限，依法查处小散工程和零星作业中存在的安全生产违法行为和其他违法行为；对非授权范围的执法事项，及时上报相关部门查处；

（八）组织开展辖区小散工程和零星作业安全生产宣传培训教育工作，督促指导建设单位或业主、生产经营单位依法严格履行安全生产主体责任；

（九）受理有关小散工程和零星作业违法行为和安全隐患的投诉，及时组织核查处理；

（十）其他法律、法规、规章以及上级规范性文件规定的职责。

第十条　社区工作站履行以下职责：

（一）按照街道办事处统一部署，具体负责社区范围内小散工程和零星作业备案服务；

（二）落实小散工程和零星作业安全生产备案服务制度，设立社区备案服务窗口，指定专人负责受理小散工程和零星作业备案申请；

（三）配合街道办事处组织开展的日常安全巡查；

（四）负责收集汇总本社区工作站受理备案信息和本社区范围的日常安全巡查信息，建立社区小散工程和零星作业台账；

（五）组织开展社区小散工程和零星作业安全生产宣传培训教育工作，指导建设单位或业主、生产经营单位按照有关规定和技术指引开展小散工程和零星作业活动；

（六）其他法律、法规、规章以及上级规范性文件规定的职责。

第三章　部门职责分工

第十一条　市住房建设、交通运输、水务等建设工程主管部门（以下统称建设工程主管部门）按各自职责分工，负责协调指导本部门监管范围内小散工程安全生产的监督管理工作。

第十二条　市安全监管、公安消防监管等负有安全监管职责的部门，按照各自职责分工，负责协调指导相关零星作业安全生产违法行为的查处工作。

市城市管理、物业管理、教育、卫生、文体旅游等行业监管部门按照各自职责分工，分别负责协调指导零星作业涉及的其他违法行为的查处工作。

第十三条　市其他相关行业主管部门根据“管行业必须管安全、管业务必须管安全、管生产经营必须管安全”的要求，依各自职责分工，从行业规划、产业政策、法规标准、行政许可等方面加强各自行业领域小散工程和零星作业安全生产监督管理工作，指导督促相关企事业单位加强安全管理。

第十四条　区住房建设、交通运输、水务等建设工程主管部门依各自职责分工，分别负责具体协调指导本辖区内相关小散工程安全生产监督管理工作。

区安全监管、公安消防监管等负有安全监管职责的部门，按照各自职责分工，负责具体协调指导相关零星作业安全生产违法行为的查处工作。区城市管理部门负责具体协调指导本辖区零星作业涉及的违反城市管理法律法规行为的查处工作。区物业管理、教育、卫生、文体旅游等监管部门按照各自监管职责分工，分别负责查处街道办事处上报的零星作业涉及的其他违法行为。

区其他相关行业主管部门根据“管行业必须管安全、管业务必须管安全、管生产经营必须管安全”的要求，依各自职责分工履行各自行业领域小散工程和零星作业安全生产监督管理职责。

第十五条　小散工程安全生产的执法查处职责纳入街道综合执法职责范围，由街道综合执法机构根据建设工程安全生产管理方面的法律、法规、规章，对小散工程安全生产违法行为进行查处。

第四章　主体责任

第十六条　建设单位或业主应在小散工程或零星作业开工前，按本暂行办法规定办理安全生产备案手续，依法接受安全生产监督管理及相关的安全指导。

第十七条　小散工程的建设单位应依法履行以下安全生产主体责任：

（一）应当依法将小散工程委托给具备相应资质的生产经营单位进行施工，并与其签订书面合同，明确双方关于安全生产方面的权利义务；

（二）应依法履行安全生产统一协调、管理职责，督促承包小散工程的生产经营单位严格落实小散工程安全生产法律法规和相关技术标准。发现存在安全隐患或安全生产违法违规行为的，应当立即制止；

（三）应将小散工程的备案回执、安全生产承诺书、风险告知书等内容张贴在小散工程所在醒目位置，依法自觉接受、配合有关部门的监督管理，不得拒绝、阻碍有关部门依法依规对施工活动进行监督检查。

支持和鼓励建设单位委托监理单位对小散工程进行工程监理。

第十八条　雇请他人进行零星作业的业主应依法履行以下安全生产主体责任：

（一）对于涉及高处作业（特指专门或经常在坠落高度基准面2米及以上有可能坠落的高处进行的作业）、电工作业、焊接与热切割作业等依法需要取得特种作业操作证的人员实施的零星作业，应督促承揽业务的生产经营单位依法执行；

（二）应督促被委托人和作业人员采取必要的安全措施，确保安全生产；发现存在安全隐患或安全生产违法违规行为的，应当立即制止；

（三）应依法自觉接受、配合监管单位的监督管理，不得拒绝、阻碍监管单位依法依规对作业活动进行监督检查。

第十九条　承接小散工程或零星作业的生产经营单位对小散工程和零星作业负安全生产主体责任，应当严格按照国家法律、法规及相关技术标准、规范开展小散工程和零星作业活动，确保施工或作业安全。

第二十条 承接小散工程或零星作业的生产经营单位应当加强施工或作业活动的安全管理，提升安全管理水平，自觉接受、积极配合监管单位的监督管理，并依法落实以下要求：

（一）施工或作业前，应对施工作业人员进行安全生产作业交底，保证施工作业人员充分了解施工、作业中的安全风险、注意事项、禁止行为和应急措施。属于小散工程的，生产经营单位还应当制定安全可靠的施工作业方案，严格落实各项安全生产措施；

（二）涉及特种作业的，应安排依法取得特种作业操作证人员从事相关特种作业；

（三）配备符合规范标准的安全防护用品和防护装置，督促进入现场及现场作业的人员正确穿戴和坚持使用安全防护用品；

（四）依法严格落实对地铁隧道、油气管线等影响公共安全的公共设施设备的安全保护措施；

（五）保障安全生产经费的投入，使用合格的工具、器材和设备设施；

（六）加强施工或作业现场的安全管理，配备专人负责施工或作业现场安全管理工作，及时排查整改事故隐患，纠正施工作业人员的违法违规行为；

（七）依法为从业人员缴纳工伤保险费。鼓励为从事高处施工或作业等危险作业的从业人员购买意外伤害保险；

（八）其他法律法规规定的要求。

第二十一条 任何单位和个人不得从事违法建设以及生产作业活动。

第五章 纳管工作程序

第二十二条 小散工程和零星作业实行安全生产备案服务制度，由所在街道办事处具体承担备案服务职责。街道办事处可以根据以下情形分别委托辖区社区工作站或物业服务企业代为受理备案：

（一）对于物业管理区域外、没有物业服务企业的物业管理区域内或物业服务企业自行组织实施的小散工程和零星作业，可以委托所在社区工作站代为受理备案并予公告；

（二）对于有物业服务企业的物业管理区域内的小散工程和零星作业，可以通过购买服务等形式委托相关物业服务企业代为受理备案并予公告。

建设单位或业主在开工前，应当按照前款规定到所在街道办事处或其委托的社区工作站、物业服务企业办理安全生产备案手续。上述备案为告知性备案，仅作为安全生产纳管的依据，不作为确认相关工程建设活动或零星作业活动合法性的依据，不视为对违法建设施工或违法生产作业的许可。

第二十三条 各区政府应结合本辖区实际情况，制定有关安全生产备案流程和受理材料清单，并对外公示。其中，零星作业的备案手续应予简化，仅需报备零星作业的时间、地点、雇请单位或人员及其作业内容。

街道办事处或其委托的社区工作站、物业服务企业（以下统称备案受理单位）受理安全生产备案申请时，应对建设单位或业主（以下统称备案申请人）提交的材料进行形式审查：对符合备案规定的，予以备案；对不符合备案规定的，应当一次性告知予以修改完善，经修改完善符合规定的予以备案。备案的同时，应通过签署安全生产承诺书、发放安全生产指引、风险告知书等方式，督促引导备案申请人按照本暂行办法规定落实安全生产主体责任。

鼓励各区加大对安全生产备案服务制度的配套政策支持力度，在办理备案手续时，一并为备案申请人免费或优惠提供相关安全生产防护工具。

第二十四条 备案受理单位在备案过程中发现以下情形的，分别作相应处理：

（一）属于依法需要取得施工许可或其他许可的，告知备案申请人依法向有关部门申请取得相关许可证后方可开工，并及时上报街道办集中受理平台转区建设工程主管部门组织人员跟进检查，防止未经许可擅自开工；

（二）属于依法依规应予禁止或应当控停的违法建设活动或违法生产作业活动的，依法告知备案申请人不得开工建设和生产作业，并及时上报街道办集中受理平台转街道相关执法机构跟进处理；

（三）属于其他不符合备案规定情形的，依法告知并做出相应处理。

街道办事处委托社区工作站或物业服务企业代为受理备案的，应当加强对其执行前款规定的培训和指导。

第二十五条　日常安全巡查工作按以下分工进行：

（一）街道办事处负责受理备案的小散工程和零星作业，由其自行组织属地网格员或委托的机构开展日常安全巡查工作；

（二）社区工作站代为受理备案的小散工程和零星作业，应当及时报告街道办事处，由街道办事处组织属地网格员或委托的机构开展日常安全巡查工作；

（三）物业服务企业代为受理备案的小散工程和零星作业，所在街道办事处可以委托其组织开展日常安全巡查工作。

第二十六条　网格员、街道办事处委托的机构工作人员或物业服务企业巡查人员（以下统称巡查人员）应按照有关检查指引的规定，对巡查发现的问题及时进行处理：

（一）发现未办理安全生产备案手续、擅自进行小散工程建设或零星作业活动的，应立即制止，并督促指导其按规定办理安全生产备案手续，并向本单位报告；对拒不执行的，于当日上报街道相关执法机构依法查处；

（二）发现小散工程和零星作业未按照相关安全技术标准施工、作业，未采取必要安全防护措施的，应立即制止，并督促整改，并向本单位报告；对拒不执行的，于当日上报街道相关执法机构依法查处；

（三）发现有违反土地、规划法律法规的违法建设活动，或应当办理施工许可而未办理施工许可手续、擅自开工建设的违法建设行为的，应立即制止，并上报辖区相关执法部门依法查处。

第二十七条　对于拒不执行制止或整改要求的，按照以下情形分别予以查处：

（一）涉及小散工程的，由巡查人员上报街道综合执法机构依据建设工程安全生产管理方面的法律、法规、规章进行查处；

（二）涉及零星作业安全生产违法行为的，由巡查人员上报街道集中受理平台，再由平台管理部门按执法事权分工转街道安全监管、派出所等负有安全监管职责的机构依据安全生产、消防等法律法规进行查处；

（三）涉及零星作业其他违法行为的，由巡查人员上报街道集中受理平台，再由平台管理部门按执法事权分工转街道城市管理执法机构依据城市管理等法律法规进行查处。超出街道相关执法机构权限的，按执法事权分工上报区物业管理、教育、卫生、文体旅游等部门依据相关法律法规进行查处。

市、区建设工程主管部门应加强对街道综合执法机构的业务培训、指导和监督考核，明确对小散工程安全生产违法行为查处工作的执法指引。市、区安全监管、公安消防监管、城市管理部门应按照职责分工加强对街道相关执法机构的业务培训、指导和监督考核，明确零星作业安全生产违法行为以及其他常见违法行为查处工作的执法指引。

第二十八条　市负有安全监管职责的部门和相关行业主管部门、各区政府、各街道办事处应全面加强小散工程和零星作业安全生产宣传培训教育，提高市民群众安全意识，提升小散工程和零星作业从业人员及业主的安全生产意识和水平。

第二十九条　物业服务企业依法协助有关部门开展以下物业管理区域内小散工程和零星作业安全事故防范工作：

（一）根据所在街道办事处委托，负责物业管理区域内小散工程和零星作业的安全生产备案服务，配合街道办事处及其辖区有关部门开展日常安全巡查工作，并定期将安全生产备案信息以及日常安全巡查信息上报所在街道办事处；

（二）将小散工程或零星作业的有关注意事项、禁止行为、安全生产指引等内容提前告知建设单位或业主；

（三）建立健全日常安全巡查制度，及时组织巡查物业管理区域内小散工程施工和零星作业活动；

（四）配合有关部门、街道办开展物业管理区域内小散工程和零星作业安全生产宣传教育。

第六章　惩处与考核

第三十条　小散工程发生死亡1人以上或重伤3人以上安全事故，或施工现场存在重大安全隐患未按期整改，或被责令停工拒不停工的，由街道综合执法机构依法查处，并报送区建设工程主管部门依据市有关规定采取公开曝光、约谈、限制或禁止市场准入等惩戒措施。

第三十一条　建设单位以及承接小散工程的生产经营单位是小散工程安全生产的责任主体，业主以及承接零星作业的生产经营单位是零星作业安全生产的责任主体。小散工程或零星作业发生安全事故的，应依法调查处理，依法严肃追究相关责任单位或人员的责任；涉嫌犯罪的，移送司法机关依法追究刑事责任。

第三十二条　存在下列失信行为的，按照《深圳市贯彻落实守信联合激励和失信联合惩戒制度实施方案》（深府〔2017〕57号）等有关规定，纳入全市失信联合惩戒体系，对相关责任单位或个人实施联合惩戒：

（一）未按照相关安全技术标准施工、作业，对较大以上生产安全事故以及造成人员死亡的一般生产安全事故负有责任的；

（二）被责令停止施工或作业，但拒不执行的；

（三）施工或作业活动存在严重安全生产违法行为，危及公共安全的；

（四）其他法律法规规定的失信行为。

第三十三条　市、区有关部门、街道办事处及其工作人员违反相关法律、法规及本规定，不履行或不正确履行小散工程和零星作业安全生产管理职责的，依法依规予以问责处理。具体问责办法由各区政府规定。

第三十四条　小散工程和零星作业安全生产纳管工作情况，纳入市各级年度安全生产责任制考核范围。

第三十五条　鼓励市民群众通过12350热线等渠道积极参与小散工程和零星作业违法违规行为的监督举报。任何单位或个人都有权检举、控告、投诉小散工程和零星作业中存在的安全事故隐患和相关安全生产违法违规行为。举报事项符合有关奖励办法规定并经核查属实的，按照相关规定发放奖金。

第七章　附则

第三十六条　本暂行办法所称的建设单位，是指投资进行小散工程的任何单位或个人；本暂行办法所称的业主，是指投资进行零星作业的任何单位或个人。

本暂行办法所称的生产经营单位，依法是指从事生产或经营活动的基本单元，包括企业法人、不具备企业法人资格的合伙组织、个体工商户和自然人等生产经营主体。

第三十七条　各区政府应当在本暂行办法施行后3个月内制定或修订具体的实施细则。

第三十八条　本暂行办法由市住房建设部门会同市安全监管部门负责解释。

第三十九条　本暂行办法自发布之日起施行，有效期3年。

附录15　深圳市建筑业新技术应用示范工程管理办法

第一章　总则

第一条　为促进深圳市建筑业新技术的推广、应用，提高我市建筑业的科技含量，根据国家建设部《建设部建筑业新技术应用示范工程管理办法》（建质〔2002〕173）号文件的要求及省、市建设行政主管部门的相关规定，制定本办法。

第二条　本办法所称建筑新技术是指建设部当前重点推广的“建筑业10项新技术”。本办法所称深圳市建筑业新技术应用示范工程（以下简称示范工程）是指通过专家评审、经深圳建筑业协会总工程师委员会审定并授予称号的工程。

第三条　示范工程的评选工作，遵循“协会组织，专家评审，社会监督”及自愿的原则，每年在当年8-9月份评选一次。

第二章　评审机构

第四条　深圳建筑业协会常务理事会授权深圳建筑业协会总工程师委员会常务委员会（以下简称评委会）为示范工程的审定机构。

第五条　评委会下设日常工作办公室，由协会秘书处工程技术管理部负责。评委会主要职责为：

一、向企业发放评选通知；

二、受理申报材料；

三、示范工程的立项审批；

四、组织专家实施过程监督；

五、编制评选方案；

六、组织专家对验收资料进行评审；

七、对评审结果进行审定。

第六条　示范工程的具体检查、评选验收工作由专家组负责，其主要职责为：执行评审方案；资料审核及现场检查；提出示范工程的入围名单。

第三章　立项条件

第七条　示范工程的立项条件：

一、申报项目规模：

（一）工业与民用建筑工程

1. 单体建筑面积在5000平方米以上的公共建筑工程和住宅工程；

2. 建筑面积在30000平方米以上设施配套的住宅小区或群体工程；

3. 1000座位以上的剧院或礼堂、3000座位以上的体育馆、20000座位以上的体育场；

4. 5000平方米以上的生产厂房、仓库。

（二）市政工程

1. 投资在1000万元以上的桥梁、城市道路、给排水管线、防洪、垃圾处理场等基础设施工程。

2. 投资在5000万元以上的污水处理厂、水厂、城市轨道交通、隧道等工程。

二、采用6项及6项以上建设部重点推广的建筑业10新技术以及企业根据工程特点采用的其他创新技术的工程；

注：6项技术是指建设部推广的10项新技术中的6大项。

三、三年内需完成申报的全部新技术内容。

四、申报项目必须同时或随后申报深圳市优质结构工程奖。示范工程验收时，该项目必须获得深圳市优质结构奖，否则不予以验收。

注：深圳市属企业在外地施工的项目，示范工程验收时需提供深圳市优质结构工程奖或工程所在地的优质结构工程奖；未开展结构创优活动的地区，请项目所在地的工程质量监督部门出具相关质量证明。

第八条　立项申报方式：

一、申报单位进入“深圳建筑业网（http://www.jianzhuxh.com/）/资料下载”栏目中下载“深圳市建筑业新技术应用示范工程新技术应用计划（2010网络版）”、“深圳市建筑业新技术应用示范工程网上申报操作说明”、“新技术应用示范工程评审资料编写指南”文件；

二、网上申报具体操作方法见：深圳市建筑业新技术应用示范工程网上申报操作说明；

三、申报单位从网上填写《深圳市建筑业新技术应用示范工程申报书》；

四、申报完成后打印“深圳市建筑业新技术应用示范工程申报书”送交深圳建筑业协会工程技术管理部。

第九条 示范工程的立项审查主要审查以下内容：

一、对申报示范工程的项目是否符合示范工程的条件和申报程序、以及申报资料的完整性进行审查；

二、组织专家对申报单位提出的示范工程实施计划、相关技术文件进行审查。

第十条 示范工程的立项经审查符合要求的，由总工委批准实施，在深圳建筑业协会网站上以书面形式告知。

第十一条 已经被列为示范工程的项目遇特殊情况不能实施，实施单位应及时向深圳建筑业协会报告，并提出停止实施的申请。

第四章 评审程序和成果评审

第十二条 没有进行立项的项目不能参加示范工程的验收活动。

第十三条 申请评审示范工程应提交下列资料：

一、《深圳市建筑业新技术应用示范工程申报书》；

二、施工许可证；

三、示范工程新技术应用实施计划；四、示范工程应用成果评审资料。

第十四条 评委会将组织专家对示范工程实施定期监督检查。

第十五条 示范工程实施单位全部完成了《深圳市建筑业新技术应用示范工程申报书》中所列出的全部新技术内容后，且应用新技术的分部、分项工程质量达到现行质量验收标准，示范工程实施单位应准备好应用成果评审资料，并填写《深圳市建筑业新技术应用示范工程申报书、申请书、评审意见书》，报工程技术管理部申请应用成果评审验收。

第十六条 示范工程实施单位应提交以下应用成果评审验收资料（网上传送）：

一、《深圳市建筑业新技术应用示范工程申报书、申请书、评审意见书》；

二、工程施工组织设计（有关新技术应用部分）；

三、应用新技术综合报告（扼要叙述应用新技术内容、综合分析推广应用新技术的成效、体会与建议）；

四、单项新技术应用工作技术总结（每项新技术所在分项工程状况，关键技术的施工方法及创新点，保证质量的措施，直接经济效益和社会效益）；

五、每项新技术内容所采用的材料的产品合格证、进场检验报告及相关试验报告；

六、工程质量证明（整个工程以及分项、分部工程质量验收证明）；

七、经济效益汇总表；

八、各项新技术施工过程的照片及其他有关文件和资料。

注：审报单位进入“深圳建筑业网（http://www.jianzhuxh.com/）/资料下载”栏目中下载“深圳市建筑业新技术应用示范工程网上申报操作说明”，成果评审验收资料序号二至八作为附件上传；

第十七条 示范工程应用成果评审的主要内容：

一、提供评审验收的资料是否齐全；

二、是否完成了申报书中提出的全部推广应用新技术内容；

三、施工企业应用新技术中有无创新内容；

四、应用新技术后对工程质量、工期、效益的影响。

第十八条 评审验收专家组应认真审核示范工程实施单位报送的评审资料，对该示范工程应用新技术的整体水平做出综合评价。评审验收专家组对申报项目应提出初步评审意见，并报评委会审定（当有三分之一及以上的评委对该审查结果提出不同意见时，该评审验收意见不能成立）。

第十九条 示范工程通过评审验收，其中应用的新技术水平达到国家、部、省、市内先进或领先水平时，可综合评价为示范工程国家、部、省、市内先进或领先水平。

第二十条 通过评审验收的示范工程，将授予“深圳市建筑业新技术应用示范工程”称号，同时报深圳市建设局备案。

第五章　奖励

第二十一条　对获奖的企业，深圳建筑业协会将发文表彰并在《深圳建筑业》杂志、互联网和深圳有关媒体通报，同时对获奖的企业分别授予奖牌、证书。

第六章 附则

第二十二条　对已授予称号的示范工程，如发现其工程质量存在问题，经查证属实，批准单位将取消其示范工程称号，并予以公告。

第二十三条　深圳建筑业协会将从示范工程中择优推荐申报上一级建筑业新技术应用示范工程。

第二十四条　每年深圳建筑业协会将定期发布“深圳市建筑业新技术应用示范工程新技术应用计划”。

注：深圳市建筑业新技术应用示范工程新技术应用计划可从“深圳建筑业网（http：//www.jianzhuxh.com/）/资料下载”栏目中下载。

第二十五条　深圳市建筑业新技术应用示范工程评审资料编写指南由深圳建筑业协会总工程师委员会负责编制。

第二十六条　本办法自公布之日起执行。原《深圳市建筑业新技术应用示范工程管理办法》（深建协字〔2014〕056号）同时废止。

第二十七条　本办法由深圳建筑业协会负责解释。

附录16　深圳市建筑节能发展专项资金管理办法

第一章　总则

第一条　为促进建筑领域节能减排和绿色创新发展，加强建筑节能发展专项资金（以下简称专项资金）使用管理，提高资金使用效益，根据《中华人民共和国预算法》、《深圳经济特区建筑节能条例》、《深圳市绿色建筑促进办法》等有关规定，制定本办法。

第二条　本办法所称专项资金，是指每年从市财政预算中安排用于支持我市建筑领域节能减排和绿色创新发展的专项资金。

第三条　专项资金的主要来源：

（一）循环经济与节能减排专项资金；

（二）社会捐助等其他来源。

第四条　专项资金的使用和管理遵循“公开、公平、公正”的原则，实行“专家评审、社会公示、政府决策、绩效评价”的管理模式。

第二章　职责及分工

第五条　市住房和建设部门的职责：

（一）编制和发布年度专项资金资助项目申报指南，受理项目申报、对申报资料进行形式审查，组织项目筛选、专家评审、现场核察和公示等，负责项目库的管理。

（二）向市财政部门提出年度专项资金支出计划。

（三）负责执行专项资金年度支出计划，审核拨付各具体项目资金，跟踪、检查专项资金使用和项目实施情况。

（四）负责项目验收，组织开展项目绩效评价。

（五）按规定进行专项资金相关信息公开工作。

（六）建立专项资金使用单位和项目的档案。

（七）会同市财政部门制定本办法有关配套文件。

（八）职责范围内的其他工作事项。

第六条 市财政部门的职责：

（一）审核专项资金年度支出计划并纳入部门预算管理。

（二）批复专项资金年度支出计划并下达专项资金指标至市住房和建设部门。

（三）监督检查专项资金使用情况，并根据需要对专项资金支出绩效实施重点绩效评价或者再评价。

（四）协同市住房和建设部门制定本办法有关配套文件。

（五）指导专项资金信息公开工作。

（六）职责范围内的其他工作事项。

第七条 市审计部门负责对专项资金管理和使用情况进行审计监督。

第八条 市监察机关负责对专项资金管理和使用进行监督、监察。

第九条 专项资金使用单位的责任：

（一）如实提供相关的申报资料。

（二）按规定用途使用专项资金。

（三）落实项目实施条件，按要求落实配套资金。

（四）对专项资金进行财务管理和会计核算。

（五）接受有关部门的监督检查、验收、评价和审计。

（六）按要求提供项目执行情况的报告及有关材料。

第三章 资助对象和范围

第十条 专项资金资助和支持的对象，为在中国国（境）内注册、具有独立法人资格的机关、企事业单位或者其他社会组织。

第十一条 申请专项资金的单位或者其他社会组织应当具备健全的财务核算和管理体系，企业须正常经营满 1 年以上。专项资金资助和支持的项目必须符合国家、广东省和深圳市产业政策，项目成果应当在深圳市实施，能够促进建筑领域节能减排和绿色创新发展，具有较好的经济、社会和环境效益。

第十二条 专项资金资助和支持的范围：

（一）建筑领域节能减排和绿色创新发展示范项目。包括绿色建筑、既有建筑节能改造、可再生能源建筑应用、装配式建筑、建筑信息模型（BIM）技术应用、绿色物业、预拌混凝土和预拌砂浆生产专用设施绿色技术改造、绿色建材应用、建筑废弃物减排与综合利用，以及建筑新技术应用等领域的示范项目。

（二）建筑领域节能减排和绿色创新发展能力建设。包括重要科研课题研究、标准规范编制、公共技术平台建设、产业基地培育、产业人才培训，以及有关技术应用推广活动。

（三）在工程建设项目中应用本市建筑废弃物综合利用产品。

（四）法律、法规、规章规定的其他需要专项资金支持的项目。

第十三条 有下列情形之一的，专项资金不予资助：

（一）与建筑领域节能减排、绿色创新发展无关的。

（二）知识产权有争议的。

（三）申报项目使用政府投资资金的。

（四）其他不符合国家、广东省和深圳市有关产业政策规定的。

第四章 资助项目和标准

第十四条 绿色建筑示范项目的资助标准：

（一）新建绿色建筑示范项目。

项目要求：获得高星级绿色建筑评价标识并建成的新建建筑项目。

资助标准：按建筑面积，二星级或者银级每平方米补贴 20 元，三星级或者金级每平方米补贴 40 元，铂金级每平方米补贴 50 元。其中，二星级或者银级项目资助上限为 180 万元，三星级或者金级项目资助上限为250万元，铂金级项目资助上限为300万元；且资助金额均不超过申请项目建安工程费用的3%。

（二）既有绿色建筑示范项目。

项目要求：已投入使用1年以上并获得绿色建筑运行评价标识的建筑项目。

资助标准：按建筑面积，一星级或者铜级每平方米补贴10元，二星级或者银级每平方米补贴20元，三星级或者金级每平方米补贴40元，铂金级每平方米补贴60元。其中，一星级或者铜级项目资助上限为100万元，二星级或者银级项目资助上限为200万元，三星级或者金级项目资助上限为300万元，铂金级项目资助上限为350万元；且资助金额均不超过申请项目建安工程费用的3%。

既有建筑通过绿色改造并获得相应运行评价标识的项目，参照上述标准予以资助。

（三）绿色建筑标识评价费用。

资助条件：实行绿色建筑标识免费评价制度，本市评价机构不得收取任何评价费用，由市住房和建设部门予以资助。

资助标准：对本市评价机构实施的绿色建筑评价，原则上以建设工程项目为单位对评价机构予以资助，每个项目资助3万元。对市住房和建设部门认可的本市外第三方评价机构评定的国家最高等级绿色建筑标识项目，对项目申报单位按规定支出的评价标识费用予以最高5万元资助。

第十五条　既有建筑节能改造示范项目的资助标准：

（一）既有建筑节能改造示范项目。

项目要求：通过节能量审核，单位建筑面积能耗下降不低于10%；按规定应当安装用电等能耗分项计量装置和建筑能耗实时监测设备的，改造单位应当将监测数据实时传输至深圳市建筑能耗监测平台数据中心。

资助标准：单位建筑面积能耗下降20%及以上的，受益面积每平方米补贴30元；单位建筑面积能耗下降10%（含）至20%（不含）的，受益面积每平方米补贴15—30元。资助金额不超过申请项目改造成本的40%，上限为300万元。

（二）既有建筑外窗或者外遮阳节能改造示范项目。

项目要求：建筑外窗节能改造的，应当符合深圳市建筑节能设计规范中对外窗的技术要求；建筑外遮阳节能改造的，应当符合国家建筑遮阳工程技术规范的技术要求。

资助标准：按照窗面积每平方米补贴150元；对同时实施建筑外窗和外遮阳节能改造的，按照窗面积每平方米补贴250元。资助金额不超过申请项目改造成本的30%，上限为100万元。

第十六条　可再生能源建筑应用示范项目的资助标准：

项目要求：太阳能光热工程、光伏工程应当通过能效测评。新建建筑应当采用可再生能源与建筑一体化方式建设，既有建筑利用可再生能源的项目应当完成设计验算并通过验收。

资助标准：对于太阳能光热项目，每平方米集热板面积补贴390元，资助金额不超过光热项目工程费用的30%，上限为200万元；按规定必须安装太阳能热水系统的项目不予资助。

对于太阳能光伏项目，根据年度实际发电量对项目投资主体给予0.4元/千瓦时补贴，补贴时间为5年。单个项目年度资助金额不超过50万元。

第十七条　装配式建筑示范项目的资助标准：

项目要求：装配式建筑项目应当符合国家、广东省和深圳市装配式建筑相关标准要求。

资助标准：按建筑面积，每平方米最高资助100元。资助金额上限为500万元，且不超过申请项目建安工程费用的3%。

土地出让合同中明确要求实施装配式建筑的项目，或者政府回购或者定价销售的装配式建筑项目，或者获得建筑面积奖励的装配式建筑项目，专项资金不予资助。

第十八条　绿色物业示范项目的资助标准：

项目要求：物业管理项目获得深圳市级绿色物业管理评价标识。

资助标准：按绿色物业管理评价标准，一星级最高资助 5 万元，二星级最高资助 10 万元，三星级最高资助 20 万元，总资助额不超过前一年度物业管理费总额的 20%。同一项目获得更高星级标识的，申请资助额度应当扣减之前已申请相应等级标识的资助金额。

第十九条 预拌混凝土和预拌砂浆生产专用设施绿色技术改造工程的资助标准：

项目要求：预拌混凝土和预拌砂浆生产专用设施完成绿色技术改造，达到相关标准要求并通过市住房和建设部门组织的评审。

资助标准：对预拌混凝土和预拌砂浆生产专用设施绿色技术改造的项目投资总额（不含土建）的 20%进行资助，资助金额最高不超过 50 万元。

第二十条 新技术应用示范项目的奖励标准：

项目要求：建设工程项目获得建筑节能、绿色建筑科技创新、建筑行业新技术应用、装配式建筑等领域的国际、国家或者广东省相关重要奖项，具体奖项范围由市住房和建设部门另行确定。

奖励标准：获得国际重要奖项的奖励上限为 40 万元；获得国家重要奖项的奖励上限为 30 万元；获得省级重要奖项的奖励上限为 20 万元。同一项目只能申请一种奖项，予以一次性奖励。

第二十一条 建筑领域节能减排和绿色创新发展能力建设的资助标准：

项目要求：经市住房和建设部门组织认定，对推动建筑领域节能减排和绿色创新发展有关工作具有重要指导、引领、支撑作用，实施效果显著的社会申请类项目。被资助的项目成果信息应当向社会公开。

资助标准：

（一）重要科研课题研究：资助金额不超过经费支出总额的 50%，单项资助额最高不超过 100 万元。

（二）标准规范编制：资助金额不超过经费支出总额的 50%，单项资助额最高不超过 50 万元。

（三）公共技术平台项目：对国家或者深圳市认定的建筑领域生产性、服务性公共技术平台，按不超过实际投入的 30%的标准资助。

（四）产业基地培育：国家级示范基地资助上限为 100 万元；广东省、深圳市级示范基地资助上限为 50 万元。省级或者市级示范基地获评国家级示范基地的，按国家级示范基地资助标准予以补差，省级、市级示范基地不重复给予资助。

（五）产业人才培训：对本市工程建设领域代表性强、认知度高的行业协会、学会等社会组织、行业代表性企业，在本市组织举办人才技术和管理培训，按最高 200 元/人·次予以资助。同一组织举办的人才培训，每年资助不得超过 1 次，总人数不得超过 5000 人次。

（六）技术应用推广活动：对本市工程建设领域代表性强、认知度高的行业协会、学会等社会组织，组织举办或者参加国际、国内重要技术推广专业展会或者高端论坛等活动，资助金额不超过经费支出总额的 50%，单项资助额最高不超过 80 万元。同一组织举办或者参加的国内或者国际同类专业展会或者高端论坛等活动，每年分别只限资助 1 次。

其他属于政府购买服务的有关能力建设项目，按政府采购相关规定执行。

第二十二条 建筑信息模型（BIM）技术应用示范项目、绿色生态城区或者园区示范项目、绿色建材应用示范项目、建筑废弃物减排与综合利用示范项目，以及应用本市建筑废弃物生产的绿色再生产品等支持领域相关资助标准，由市住房和建设部门会同市财政部门另行制定。

第二十三条 除第二十条规定的奖励外，同一项目原则上按照本办法资助和支持范围中的一项资助标准予以资助，不予重复资助。

第五章 年度资金计划制定与审核

第二十四条 项目申请单位应当按照市住房和建设部门发布的申报指南提出资助申请，并对申报材料的真实性、完整性、有效性负责。

第二十五条 市住房和建设部门组织对申报项目进行形式审查、项目筛选、专家评审、现场核察等，提出初步资助计划。

第二十六条 市住房和建设部门应当将初步资助计划向社会公示，公示时间不少于 5 个工作日，公示内容包括但不限于项目单位、项目名称、资助金额等，同时征求市相关行政职能部门的意见。对有异议的项目，由市住房和建设部门组织重新审核。异议成立的，取消资助。

第二十七条 专项资金资助计划经公示及征求意见无异议的，由市住房和建设部门将其纳入专项资金支出计划报送市财政部门审核。

第二十八条 市财政部门对年度资金支出计划进行审核并随部门预算项目一并报市人大批准。

第二十九条 专项资金在申请受理、专家评审、预算评估、委托管理、节能量审核、项目验收、绩效评价等过程中所需的管理经费，纳入市住房和建设部门的部门预算。

第六章 资金拨付和管理

第三十条 市财政部门按照市人大批准后的专项资金年度支出计划，将专项资金指标下达到市住房和建设部门。

第三十一条 市住房和建设部门按照下达的专项资金指标办理拨款手续。

第三十二条 受资助项目在执行过程中因特殊原因需要变更相关执行条件和要求时，须报告市住房和建设部门、市财政部门，经同意后方可实施变更。

第七章 监督和责任

第三十三条 专项资金应当专款专用，严格按有关规定进行财务管理。

第三十四条 项目单位有以下情形之一的，追回专项资金，5年内不受理其专项资金申请，按规定列入财政资助不诚信名单，向社会公开其违法违规信息，并依法追究项目单位及其负责人和有关人员的责任：

（一）提供虚假材料，骗取专项资金的；

（二）同一项目多头或者重复申请市级财政资金资助且未及时退返的；

（三）转移、侵占或者挪用专项资金的；

（四）法律法规规章和相关政策文件规定的其他情形。

第三十五条 建立项目经费支出绩效考评制度，由市住房和建设部门按规定组织开展绩效评价，市财政部门可以实施重点绩效评价或者再评价。

绩效评价结果作为项目单位以后年度申报项目资格审查的重要依据。

第三十六条 受委托的社会中介机构在项目考察、评审、预算评估、验收、审计等过程中，存在弄虚作假、隐瞒事实真相或者与申请资助单位串通作弊并出具相关报告的，解除委托关系，并按照有关规定追究责任。涉嫌犯罪的，依法移送司法机关处理。

受委托的评审专家违反本办法规定或者职业道德，在评审工作中滥用职权、徇私舞弊的，取消其专家资格，通报所在单位，并按照有关规定追究责任。涉嫌犯罪的，依法移送司法机关处理。

第八章 附则

第三十七条 各区政府（新区管委会）可以参照本办法安排区级有关专项资金，用于支持本区域建筑领域节能减排和绿色创新发展。

本办法所称“以上”、“不低于”、“不超过”，均包含本数。

第三十八条 本办法由市住房和建设部门会同市财政部门解释。

第三十九条 本办法自2018年5月24日起施行，有效期5年。

附录17 深圳市人民政府关于加强棚户区改造工作的实施意见

深府规〔2018〕8号

各区人民政府，市政府直属各单位：

为加强我市棚户区改造工作，根据《国务院关于加快棚户区改造工作的意见》（国发〔2013〕25号）、《广东省人民政府关于加快棚户区改造工作的实施意见》（粤府〔2014〕2号）、《关于完善人才住房制度的若干措施》（深发〔2016〕13号）等规定，制定本实施意见。

一、基本规定

（一）棚户区改造政策适用范围。本实施意见适用于我市范围内使用年限20年以上，且符合下列条件之一的老旧住宅区：

1. 存在住房质量、消防等安全隐患；

2. 使用功能不齐全；

3. 配套设施不完善。

使用年限不足20年，且按照《危险房屋鉴定标准》（JGJ 125—2016）鉴定危房等级为D级的住宅区，经区政府（含新区管理机构，下同）批准可以纳入棚户区改造政策适用范围。

符合《关于加强和改进城市更新实施工作的暂行措施》（深府办〔2016〕38号）第六条规定，无法独立进行改造的零散旧住宅区可以不纳入棚户区改造政策适用范围。

鼓励各区政府根据实际情况，探索将辖区内具备改造条件的城中村、旧屋村有序纳入棚户区改造政策适用范围。

（二）搬迁安置补偿和奖励标准。棚户区改造搬迁安置补偿采取货币补偿、产权调换以及货币补偿和产权调换相结合等方式，由权利主体自愿选择。

各区政府应当根据实际情况，按照套内建筑面积1∶1或不超过建筑面积1∶1.2的比例，确定辖区内老旧住宅区棚户区改造项目的产权调换标准。货币补偿标准应当按照《深圳市房屋征收与补偿实施办法（试行）》（深圳市人民政府令第292号）的规定确定。

各区政府可以根据项目实际情况，奖励权利主体每套住房增购不超过10平方米的建筑面积，增购面积的价格按照同地块安居型商品房的价格计收，最高不超过被搬迁住房类似房地产的市场价格。

（三）棚户区改造项目实施模式。棚户区改造以公共利益为目的，主要通过拆旧建新的方式，由各区政府主导，以人才住房专营机构为主，其他企业可以参与。棚户区改造项目在满足基础设施及公共服务配套设施要求的基础上，其住宅部分除用于搬迁安置住房外，应当全部用作人才住房和保障性住房，以租为主，租售并举，统一由人才住房专营机构运营管理。

棚户区改造项目建设的人才住房由人才住房专营机构持有或回购，项目建设的保障性住房由区政府回购。人才住房回购政策另行制定。

二、组织机构

（四）市级棚户区改造工作领导机构。市保障性安居工程建设指挥部（下称市指挥部）负责统筹协调全市棚户区改造工作，研究解决有关重大问题。市指挥部办公室设在市住房建设主管部门（下称市主管部门），负责指挥部日常工作。

市指挥部建立例会制度，召开协调会议研究解决棚户区改造工作涉及的重点、难点问题。针对项目实施涉及的政策适用等问题，有关部门应当在规定时间内提出切实可行的解决措施和方案，报市指挥部审议。

（五）市主管部门工作职责。市主管部门负责起草我市棚户区改造政策，下达各区棚户区改造工作任务指标，并对各区棚户区改造工作进行指导、监督、考核。

（六）区级棚户区改造工作领导机构。各区政府应当成立区棚户区改造工作指挥部（下称区指挥部），负责组织实施辖区棚户区改造工作。区指挥部负责审议辖区棚户区改造年度计划、项目实施方案等工作，并召开协调会议研究解决辖区棚户区改造工作涉及的重点、难点问题。区指挥部办公室原则上设在区住房建设主管部门（下称区主管部门），负责指挥部日常工作。

（七）区主管部门工作职责。区主管部门负责起草本辖区棚户区改造实施细则，编制辖区棚户区改造年度计划、项目实施方案、项目概念规划、项目专项规划，以及确定项目实施主体等工作。

（八）街道办事处工作职责。街道办事处负责调查所辖区域老旧住宅区项目综合情况，征集居民改造意愿，初审棚户区改造项目，编制项目搬迁安置补偿方案等工作。

三、工作流程

（九）实行棚户区改造项目申报常态化。区主管部门应当按照本实施意见有关规定，制定辖区棚户区改造项目的申报指引，明确申报流程、申报途径、申报材料等事项，实行辖区棚户区改造项目申报常态化。

（十）调查老旧住宅区项目综合情况。街道办事处应当在完成老旧住宅区项目的土地与建筑物信息、住房产权、房屋质量、周边公共配套设施等综合情况调查的基础上，根据区主管部门编制的项目概念规划，征集居民改造意愿，提请市、区主管部门对未取得商品性质房地产证的住房信息进行核查，并对项目进行初审。初审合格的项目，报区主管部门审核。核查中发现存在违反我市住房改革政策行为的，市、区主管部门根据相关规定予以处理。

（十一）审核棚户区改造年度计划。区主管部门应当全面审核街道办事处所报项目信息，汇总具备改造条件的项目报区指挥部审议。审议通过的项目纳入区棚户区改造年度计划，并报市主管部门备案。纳入区棚户区改造年度计划的项目应当纳入年度城市建设与土地利用实施计划，同时由区房屋征收部门申请纳入下一年度房屋征收计划，并开展项目立项、选址等工作。

（十二）编制棚户区改造项目实施方案。区主管部门应当根据项目实际情况，编制项目实施方案，报区指挥部审议。项目实施方案中应当明确项目实施主体的选择方式、组建项目现场指挥部等重要事宜。

（十三）确认棚户区改造项目实施主体。区主管部门按照项目实施方案，可确认人才住房专营机构作为项目实施主体，也可通过招标等方式确认项目实施主体。区主管部门确认项目实施主体后，应当核发实施主体确认文件，并与其签订项目监管协议。监管协议中应当明确基础设施和公共服务设施、搬迁安置住房、人才住房和保障性住房的建设移交要求、项目进度安排、安置补偿相关费用支付、土地使用权出让等事宜。

（十四）编制棚户区改造项目专项规划。区主管部门应当根据城市总体规划、土地利用总体规划和法定图则的要求，考虑片区公共配套设施和市政交通基础设施承载能力、人才住房和保障性住房建设等因素，组织编制棚户区改造项目专项规划，报区城市更新主管部门审查。区城市更新主管部门应当将项目专项规划在我市主要媒体、官方网站、项目现场公示，公示期不少于30个自然日。

公示期满，区城市更新主管部门应当将公示期间收集的意见及其处理情况连同项目专项规划一并报区政府审议，审议通过的报市城市规划委员会建筑与环境艺术委员会审批。审批通过的项目专项规划由区主管部门在项目现场公示，或以其他方式通知权利主体，并作为棚户区改造项目相关行政许可的依据，同时依程序纳入规划国土“一张图”综合管理信息系统。

项目专项规划需将法定图则规划的工业仓储及商业等用地主导功能调整为保障性住房的，应当先按简易程序办理法定图则调整。

（十五）制定项目搬迁安置补偿方案。街道办事处应当组织项目实施主体，依据本实施意见有关规定和区棚户区改造相关政策，充分征求权利主体意见，制定本项目的搬迁安置补偿方案（下称补偿方案），并编写社会稳定风险评估报告，报区政府审议。审议通过后，区主管部门应当将补偿方案及社会稳定风险评估报告报市主管部门备案。区主管部门、街道办事处应当在取得市主管部门同意备案的意见后，将补偿方案在项目现场公示，或以其他方式通知权利主体。

（十六）签订项目搬迁安置补偿协议。在根据补偿方案确定的项目签约期限内，由区政府确定的部门、项目实施主体与权利主体三方签订搬迁安置补偿协议（下称补偿协议）。补偿协议应当明确安置补偿标准、搬迁安置住房面积、搬迁费、临时安置费、停产停业补偿费、搬迁奖励等事宜。各区政府可以通过货币奖励等方式引导权利主体在签约期内完成签约。项目实施主体应当按项目监管协议、补偿协议约定，支付安置补偿等相关费用。

（十七）依法实施房屋征收、行政处罚。签约期内达不成补偿协议，或房屋所有人不明确的，区政府可以根据公共利益的需要依法实施房屋征收。如发现涉及违法行为的，区政府依法启动行政处罚程序。

（十八）申请建筑物拆除工程备案。补偿协议签订完成后，项目实施主体应当按规定向区主管部门申请房屋拆除工程备案，并在区主管部门的监督下完成建筑物拆除。

（十九）办理不动产权利证书注销登记。建筑物完成拆除后，项目实施主体应当持区主管部门核发的棚户区改造项目实施主体确认文件、补偿协议、不动产权利证书以及注销不动产权利证书的委托书等相关材料，向不动产登记机构申请办理与补偿协议相对应的产权证书注销登记。项目实施主体可以协助权利主体处理被搬迁房屋的抵押事宜。

（二十）棚户区改造项目用地审批。棚户区改造项目的用地审批由各区政府负责，并通过协议方式出让土地使用权。建筑物拆除和不动产权利证书注销后，实施主体应当持项目立项批复、环境影响评价批复、实施主体确认文件、项目监管协议、补偿协议等相关材料，向区城市更新主管部门申请办理建设用地审批手续。经区政府审批通过的，区城市更新主管部门应当核发建设用地方案图和建设用地规划许可证，并待安置补偿面积明确后，与实施主体签订土地使用权出让合同。

（二十一）棚户区改造项目地价计收标准。棚户区改造项目的搬迁安置住房与被搬迁住房产权性质相同，其中：

1. 用于安置补偿已取得房地产证（不区分商品房性质及非商品房性质）部分的建筑面积，按照现行基准地价标准计收；

2. 用于安置补偿未取得房地产证部分的建筑面积，按照现行基准地价标准的 1.1 倍计收。

棚户区改造项目中用于出租的人才住房和保障性住房，除产权归政府的免收地价外，按现行基准地价 50%的标准计收；用于出售的人才住房和保障性住房，地价按照我市宗地地价测算规则规定的标准计收。

棚户区改造项目中公共服务配套设施产权归政府的免收地价。其他用途部分按照基准地价标准计收的，仅限整体转让；按市场评估地价标准计收的，可以分割销售。配套商业产权归政府的免收地价，但不得进入市场。

（二十二）棚户区改造项目建设工程规划许可与验收。区城市更新主管部门负责辖区棚户区改造项目建设工程规划许可证核发，建设工程规划验收，以及其他相关规划管理工作。

四、保障措施

（二十三）简化棚户区改造项目审批程序。市规划国土、环境保护、消防等部门应当为棚户区改造工作提供绿色通道，各相关部门应当简化程序、主动服务，缩短棚户区改造项目专项规划、不动产权利证书注销、建设用地规划许可等审批时限。

（二十四）建立棚户区改造工作考核机制。棚户区改造工作考核指标纳入全市保障性安居工程考核管理体系。区政府应当加强搬迁安置工作的组织协调，明确项目实施进度，督促项目按时开工。市指挥部对各职能部门、各区政府的棚户区改造工作进行督办。

（二十五）提升棚户区改造项目品质。棚户区改造项目应当推广设计、采购、施工一体化（EPC）等建设模式，通过推进建筑工业化和建筑信息模型（BIM）应用，提升项目工程质量，优化户型及景观活动空间设计，完善公共服务配套，将棚户区改造项目建设成高品质的绿色宜居社区。

（二十六）拓宽棚户区改造金融支持渠道。鼓励项目实施主体与金融机构合作，以棚户区改造专项贷款支持项目实施。建立棚户区改造项目贷款还款保障机制，在风险可控、可持续的原则下，争取商业金融机构的长期贷款支持。

（二十七）落实棚户区改造项目税费支持政策。棚户区改造项目依法免收各种行政事业性收费和政府性基金，并依法享受相应的税收优惠；电力、通讯、市政公用事业等单位应当对棚户区改造项目适当减免入网、管网增容等经营性收费。

（二十八）加快各区棚户区改造制度建设。本实施意见自公布之日起施行，有效期5年。各区政府应当认真研究当前棚户区改造中出现的问题，结合辖区实际情况，积极探索棚户区改造的新路径和新方法，制定具备可操作性的实施细则，加快依法推进棚户区改造工作。

深圳市人民政府

2018年5月17日

附录18　深圳市装配式建筑专家管理办法

第一章　总则

第一条　为加快深圳市装配式建筑的发展，充分发挥装配式建筑专家的智力支持和技术支撑作用，规范装配式建筑专家的管理，根据《国务院办公厅关于大力发展装配式建筑的指导意见》（国办发〔2016〕71号）、《广东省人民政府办公厅关于大力发展装配式建筑的实施意见》（粤府办〔2017〕28号）等文件要求，结合我市实际，制定本办法。

第二条　本办法所称装配式建筑专家（以下简称“专家”）是指符合本办法规定条件，经市建设行政主管部门（以下简称“市主管部门”）审核纳入深圳市装配式建筑专家库（以下简称“专家库”），并以独立身份提供装配式建筑领域专业技术服务的专业人员。

第三条　市主管部门负责制定专家管理办法，遴选专家组建专家库，建立专家库信息管理系统，组织专家继续教育培训，对专家进行监督和管理。

市建设科技促进中心受市主管部门委托负责专家库信息管理系统的管理和使用，对专家履职提供必要的服务。

第四条　装配式建筑专家实行分类管理。纳入专家库的专家由建设、设计、施工、质监检测、部品部件生产、装饰装修、建设经济和科研咨询等专业领域的专家组成。

第五条　纳入专家库的专家实行信息化管理。按照不同专业对专家进行分类编号、一人一档，记录其基本信息（包括姓名、单位、职务、职称、从事年限和专业业绩）、工作质量情况（包括工作次数、工作完成情况、业务水平、工作能力、职业道德、不良行为情况、继续教育情况）等内容。

第二章　专家入库的条件及程序

第六条　专家入库应同时满足以下基本条件：

（一）遵守宪法、法律，具有良好的职业道德和敬业精神，作风正派，富有社会责任感；

（二）年龄一般不超过65周岁，身体健康，能胜任工作；

（三）相关专业本科以上文化程度，具有副高级及以上专业职称，从事装配式建筑相关工作2年以上，或具有中级以上专业职称，从事装配式建筑相关工作5年以上；

（四）具备坚实的专业基础知识，熟悉国内外装配式建筑发展方向、政策动态、标准规范。

第七条　专家入库除满足第六条规定的基本条件外，还应具有以下专业条件之一：

（一）近5年内主持或参与过市级以上装配式建筑课题研究或标准规范编制工作；

（二）主持或承担过2项以上装配式建筑工程项目。

第八条　以下人员原则上不得作为专家申报入库：

（一）各级政府部门的现职工作人员；

（二）因违法行为而受过行政处罚的人员；

（三）已被调整出专家库的人员；

（四）其他不宜从事专家工作的人员。

第九条　装配式建筑相关专业的中国科学院或工程院院士、主持或主编过国家级装配式建筑重点课题研究和标准规范的人员，可不受第六条第（二）项所规定的年龄条件和第七条所规定的专业条件的限制。

第十条 专家申请入库应遵循以下程序：

（一）市主管部门发布专家征集的通知；

（二）申请人按照通知要求，由个人所在单位或行业协会推荐、个人自荐等方式，向市主管部门递交申请；

（三）市主管部门对申请人是否符合本办法第六条和第七条的资格条件进行初审；

（四）对通过初审的专家进行装配式建筑相关知识考核；

（五）通过资格初审和知识考核的申请人，由市主管部门向社会公示五个工作日；

（六）公示期满无异议或异议不成立的，市主管部门将专家信息纳入到专家库。

符合本办法第九条规定的中国科学院或工程院院士等有关人员，提供相关证明材料，经市主管部门审核后直接纳入到专家库。

第十一条 专家申请入库应提供以下申请材料：

（一）专家入库申请表；

（二）专家的身份证明；

（三）个人学历、职称、专业能力、业绩等证明材料；

（四）其他相关材料。

第十二条 专家入库后，出现个人工作单位、学历、职称、联系方式等信息变动的，专家应在20个工作日内带齐相关证明材料到市主管部门办理信息变更手续。

第三章 专家的职责及其权利义务

第十三条 专家受市、区主管部门委托提供以下专业技术服务：

（一）装配式建筑政策技术文件、发展规划以及科研项目的咨询和论证，装配式建筑项目技术认定；

（二）为装配式建筑项目建设过程提供咨询与技术服务；

（三）装配式建筑产业基地的评审认定和咨询工作；

（四）装配式建筑技术培训工作；

（五）协助市、区主管部门开展与装配式建筑有关的检查、督查工作；

（六）市、区主管部门委托的其他专项工作。

第十四条 专家享有以下权利：

（一）接受市、区主管部门委托从事专业技术服务工作；

（二）在专业技术服务中，独立发表个人意见和建议，不受任何单位或个人的干预；

（三）获得我市与装配式建筑有关的信息及技术资料；

（四）按照深圳市专家酬劳发放标准获取相应的工作报酬；

（五）依法享有的其他权利。

第十五条 专家应当履行以下义务：

（一）廉洁自律，自觉遵守国家法律法规，接受主管部门的监督与管理；

（二）以科学、公正的态度积极参与市、区主管部门委托的专业技术服务工作，对本人提出的意见负责；

（三）在专业技术服务工作中，不得私自收受他人财物或者其他好处；

（四）与其所从事的工作存在利害关系的，应主动回避；

（五）对涉及的商业秘密和决定负有保密义务；

（六）法律、法规规定的其他义务。

第四章 专家的管理与监督

第十六条 市、区主管部门定期将专家的工作质量情况（包括工作次数、工作完成情况、业务水平、工作能力、职业道德、不良行为情况、继续教育情况）录入到专家库信息管理系统。

第十七条 市主管部门根据需要组织对入库专家的工作质量情况进行复审，对复审不合格的调整出专家库。

第十八条 专家每年应至少参加一次市主管部门组织的装配式建筑相关培训，培训证明将作为专家资格复审中的完成继续教育的依据之一。

第十九条 专家有下列情况之一的，将作为不良行为予以记录，并录入专家库信息管理系统：

（一）已接受邀请参加工作的专家，未按规定时间参加且未说明原因或未提前请假的；

（二）两次无故不参加主管部门组织的工作活动的；

（三）违反有关规定向外界透露有关评审认定或咨询情况及其他信息，但未给事件结果带来实质性影响的；

（四）其他不良行为。

第二十条 专家有下列情况之一的，取消其专家资格，调整出专家库：

（一）弄虚作假骗取专家资格的；

（二）违反国家有关廉洁自律规定，收受有关单位或个人财物或者其他利益的；

（三）与其他专家相互串通，违背公平、公正原则，影响和干预事件结果的；

（四）违反执业规范或职业道德，故意损害有关单位正当权益的；

（五）违反有关规定向外界透露有关评审认定或咨询情况及其他信息，并给事件结果带来实质性影响的；

（六）评审认定或咨询意见严重违反建设管理有关规定的；

（七）专家在一年内发生两次以上不良行为记录的；

（八）有其他严重违法违规行为的。

第二十一条 专家有下列情形之一的，终止专家资格，调整出专家库：

（一）自愿申请退出的；

（二）因年龄、职称等变化不再满足本办法所规定的专家入库条件的。

第二十二条 对调整出专家库有异议的专家，可以书面形式向市主管部门提出复核申请。市主管部门应当自收到复核申请之日起20工作日内完成复核。

第二十三条 专家在专业技术服务工作中因违法违规行为给他人造成损失的，依法承担相应的法律责任，构成犯罪的，移送司法机关处理。

第五章 附则

第二十四条 本办法由深圳市住房和建设局负责解释。

第二十五条 本办法自2018年10月1日起实施，有效期五年。

附录19 深圳市装配式建筑产业基地管理办法

第一章 总则

第一条 为贯彻《国务院办公厅关于大力发展装配式建筑的指导意见》（国办发〔2016〕71号）、《广东省人民政府办公厅关于大力发展装配式建筑的实施意见》（粤府办〔2017〕28号）文件要求，促进我市装配式建筑产业企业发展，加强我市装配式建筑产业基地建设和管理工作，根据住房和城乡建设部《装配式建筑产业基地管理办法》、《深圳市装配式建筑发展专项规划（2018—2020）》等有关文件，结合深圳实际，制定本办法。

第二条 本办法所称深圳市装配式建筑产业基地（以下简称“市产业基地”）是指具有明确的发展目标、较好的产业基础、技术先进成熟、研发创新能力强、产业关联度大、注重人才培养培训、能够发挥示范引领和带动作用的装配式建筑相关单位。

第三条 本办法适用于市产业基地的申报、评审、认定、发布和监督管理等。

第四条 市建设行政主管部门（以下简称“市主管部门”）负责市产业基地的统筹管理工作，由其自行或者委托市建设科技促进中心负责基地认定的具体评审工作。鼓励市产业基地与辖区主管部门开展合作与交流，为辖区装配式建筑发展工作提供协助和相关服务。

第五条 将装配式建筑产业列入先进制造业的范围，市产业基地可依法享受建筑节能发展资金、绿色金融等相关扶持政策，市主管部门从市产业基地中择优向市科技创新部门推荐申报重点扶持对象，以及向住房和城乡建设部推荐申报国家装配式建筑产业基地。

第二章 基地申请

第六条 市产业基地分为以下四类，单位在当次申报时应根据实际情况选择其中一类申报：

工程应用类（建设、设计、施工、监理等单位）

部品生产类（构件生产、配套产品、装备制造等单位）

科研教培类（咨询教培、科研院校等单位）

综合产业类（具备工程应用、部品生产、科研教培等其中两项或以上示范条件的单位）

第七条 市产业基地应具备下列基本条件：

（一）在深圳市行政区域（含深汕特别合作区）注册，具备独立法人资格的单位；

（二）在装配式建筑领域具备一定的专业实力，具有较强的技术创新和管理能力，市场信誉良好，技术或产品在行业发展中有一定影响力；

（三）具备完善的管理制度和产品质量管控体系；

（四）具有装配式建筑项目实践经验，且参与项目具有示范作用；

（五）近三年内未发生较大及以上安全生产事故。

除以上基本条件外，各类市产业基地应符合市主管部门每年度发布的市产业基地申报通知中要求其应当具备的资格和业绩条件。

第八条 市产业基地实行自愿申报原则，市主管部门原则上每年组织开展一次市产业基地评审认定工作，具体时间以及要求以当年通知为准。

第九条 申请市产业基地的企业向市主管部门提出申请，并提供以下材料：

（一）市产业基地申报表；

（二）市产业基地可行性研究报告；

（三）营业执照、资质证明或资格证明、科技成果、专利证书等相关材料；

（四）符合本办法第七条要求的证明材料。

第三章 评审认定

第十条 市主管部门收到申请材料后，组织专家对申报材料进行评审，并出具评审意见，必要时组织专家进行现场核查。

第十一条 市主管部门根据申报单位类型，从深圳市装配式建筑专家库中随机抽取相关领域的专家组成评审专家组，一般由五人及以上单数组成，评审专家组选出一名组长，负责主持评审工作，评审专家应客观、公正，遵循回避原则，并对评审结果负责。

第十二条 评审内容主要包括：

（一）市产业基地的基础条件；

（二）人才、技术和管理等方面的综合实力；

（三）实际应用业绩；

（四）发展装配式建筑的目标、计划安排及保障措施；

（五）其他应评审的内容。

第十三条 市主管部门对评审符合条件的基地予以公示，公示期为五个工作日，公示期间无异议或异议不成立的，予以认定和公布，不符合条件的不予认定。

第十四条　已评定为国家、省装配式建筑产业基地的单位可以直接认定为市产业基地，并遵循本办法原则，接受市主管部门的监督管理。

第四章　监督管理

第十五条　市产业基地应在编写可行性研究报告时有明确的发展目标，制定详细的实施计划及保障措施，并认真组织实施，规划期限原则上不少于三年。

第十六条　市产业基地应于每年 1 月 15 日前向市主管部门报送年度工作报告、计划完成情况、统计报表等材料，并确保报告材料的真实性、准确性和连续性。

第十七条　市产业基地应加强经验交流与宣传推广，积极协助行业内相关单位参观学习，发挥示范引领作用。

第十八条　市主管部门负责市产业基地的监督管理，定期组织对基地工作任务、计划完成情况、工作成果等进行抽查，并通报抽查结果。

第十九条　对未完成工作目标和实施计划的市产业基地，由市主管部门提出处理意见，要求限期整改，在规定整改期限内仍不能达到要求的，由市主管部门撤销其市产业基地的资格，三年内不得再次申报。

第二十条　市产业基地认定有效期为三年，期满后可以按照当年度市产业基地申报通知的相关要求重新申报。

第二十一条　市产业基地有以下情况之一的，终止其资格：

（一）自愿申请退出的；

（二）有效期满后不再重新申报的；

（三）主营业务发生变更，不开展装配式建筑领域相关业务工作的。

第二十二条　市产业基地有以下情况之一的，撤销其资格并予以通报：

（一）提供虚假材料或采取其他手段骗取市产业基地资格的；

（二）发生相关较大质量安全事故，有不良行为信用记录的；

（三）存在其他重大违法、违规行为的。

第五章　附则

第二十三条　本办法自 2018 年 10 月 1 日起实施，有效期五年。

第二十四条　本办法由深圳市住房和建设局负责解释。

附录 20　深圳市深基坑管理规定

第一章　总则

第一条　为加强深基坑工程管理，保障深基坑和相邻建（构）筑物、道路、地下管线等的安全，依据《中华人民共和国建筑法》《建设工程安全生产管理条例》《建设工程质量管理条例》等法律、法规及相关技术标准，结合本市实际，制定本规定。

第二条　本规定适用于本市行政区域内深基坑工程建设、勘察、设计、施工、监理、施工图审查、监测及监督管理。

第三条　本规定所称深基坑工程，是指《危险性较大的分部分项工程安全管理办法》（建质〔2009〕87 号）所规定的下列工程：

（一）开挖深度超过 5 米（含 5 米）的基坑（槽）的土方开挖、支护、降水工程；

（二）开挖深度虽未超过 5 米，但地质条件、周围环境和地下管线复杂，或者影响毗邻建（构）筑物安全的基坑（槽）的土方开挖、支护、降水工程。

第四条 本规定所称相邻设施，是指深基坑施工可能影响到的相邻在建和已建建（构）筑物、道路、地下管线、地铁等。

本规定所称岩土工程专家，是指建设行政主管部门公布的岩土工程专家库中的专家。

第二章 建设单位职责

第五条 建设单位是深基坑工程质量安全第一责任人，应当督促各有关责任单位履行职责，并做好统筹协调工作。

第六条 建设单位应当按规定将深基坑工程的勘察、设计、施工图审查、施工、监理、检测、监测等发包给具有相应资质的单位。

深基坑工程施工的招标，应当按审查合格的施工图设计文件作为招标依据，不宜采用经评审的最低投标价法评标。建设单位不得要求施工单位以低于成本的价格投标，不得压缩合理工期，不得降低工程质量、安全标准，不得减少施工过程中的监测项目。

第七条 工程勘察前，建设单位应当组织对相邻设施的现状调查，并将调查资料，包括深基坑周边建（构）筑物基础、结构型式、地下管线分布图等提供给勘察、设计、施工、监理和监测单位。

建设单位无法获取前款规定的资料时，应当委托有资质的勘察单位进行调查。调查范围根据地质条件和相邻设施情况确定。一般应当自深基坑顶边线起向外延伸相当于 3 倍深基坑开挖深度或者降水深度的距离。

在燃气管道（综合管廊）安全保护范围内从事深基坑工程作业的，建设单位和施工单位应当与燃气管道经营企业（综合管廊运营企业）签订安全保护协议，制定燃气管道（综合管廊）安全保护方案并采取安全防护措施。

在城市轨道交通安全保护范围内从事深基坑工程作业的，建设单位应当按照《深圳市城市轨道交通运营管理办法》第四十条的规定，委托专业机构对规划设计方案、施工方案进行城市轨道交通运营安全影响及防范措施可行性评估，根据评估意见进行修改，并书面征求城市轨道交通运营单位的意见。

第八条 建设单位应当组织岩土工程专家对深基坑工程设计方案进行专家论证，专家人数不少于 5 人。建设单位组织的深基坑工程设计方案专家论证，应当重点考虑支护体系结构选型、基坑开挖及降水对周边环境影响等安全因素。

施工图完成后，建设单位应当委托有勘察文件审查资质的施工图审查机构进行施工图审查。施工过程中涉及支护结构和周边环境安全的重要设计方案变更，建设单位应当将设计变更送原施工图审查机构重新审查。

第九条 深基坑工程施工前，建设单位应当委托具备相应资质的第三方检测单位对基坑边 3 倍基坑深度或者 3 倍降水深度范围内的建（构）筑物、设备设施及场地等进行裂缝及结构体系调查，测量初始倾斜值，并将测量数据和现状调查结果书面告知相关单位或者业主。

深基坑开挖前和开挖后，建设单位应当组织施工和监理单位对可能受到影响的相邻设施，或者可能发生争议的事项做好观测记录，拍摄影像资料，并将有关情况书面告知相关单位或者业主。

深基坑施工或者降水可能损害相邻设施的，建设单位应当督促施工单位采取专项防护措施。施工造成相邻设施损害的，建设单位应当及时召集有关责任单位与受损方进行协商处理，并承担赔偿责任。

第十条 建设单位应当组织有关责任单位联合编制符合工程特点、切实可行的深基坑工程及周边设施的安全应急预案，对施工安全等级为一级的深基坑工程，应当组织相关单位进行应急演练。

施工过程中，建设单位应当配备专人，会同监理、施工单位对深基坑和相邻设施进行巡查。发生质量安全事故或者出现严重威胁相邻设施安全的险情时，必须迅速启动应急预案，采取措施控制事态发展。

对于施工过程中所产生的余泥渣土，建设单位应当督促施工单位按照相关规定处理。

第十一条 深基坑工程施工中，建设单位应当委托具备相应资质并与施工单位无隶属关系的第三方监测单位对深基坑工程和相邻设施进行监测。

当深基坑监测数据达到控制值时，各方责任主体应当分析原因，并由建设单位组织岩土工程专家进行评估，根据评估结果采取相应措施。

当深基坑周边地面沉降超控制值且出现变形开裂时，建设单位应当委托有资质的单位进行地下孔洞探测，并依据探测结果采取预防地面塌陷措施。

第十二条　深基坑工程不能及时完成，暴露时间超过支护设计规定使用期限的，建设单位应当委托设计单位进行复核，并采取相应措施。

深基坑工程在停工期间，建设单位应当继续委托第三方进行巡查、监测；停工后恢复施工时，建设单位应当组织岩土工程专家对深基坑质量安全现状进行评估。

第三章　勘察单位职责

第十三条　勘察单位编制的勘察方案、勘察过程、勘察报告必须满足深基坑工程设计和施工的要求。

勘察点数量、布置、勘测深度、勘察指标和精确度应当符合技术标准规范的规定。

勘察报告应当对支护结构选型、地下水控制方法、深基坑施工对相邻设施的影响、开挖过程中应当注意的问题及防治措施提出意见和建议。

勘察成果报告应当经勘察文件审查机构审查合格。

第十四条　勘察单位应当做好勘察报告技术交底，定期到工地现场进行查勘，协助处理施工过程中出现的质量安全问题，并参加深基坑工程的验收。

当发现场地和周边地质条件与勘察报告不相符，或者工程条件发生变更时，建设单位应当委托勘察单位进行补勘，勘察单位应当出具补充勘察报告。

第四章　设计单位职责

第十五条　设计单位应当具有相应的岩土工程设计资质。设计人员应当具有岩土工程专业工程师资格。深基坑工程施工图设计文件应当加盖设计单位图章和注册土木（岩土）工程师执业章。

第十六条　设计单位应当在充分掌握相邻设施信息的基础上，根据地质条件和施工条件，确定深基坑工程设计方案。建设单位组织专家对设计方案进行专家论证后，设计单位结合专家论证意见出具施工图。

设计单位应当结合实际的施工场地布置、施工工况、作业流程及使用年限复核支护结构的安全性。同时应当充分考虑台风、暴雨、周边动静荷载及基础施工对深基坑安全的影响。设计单位应当对相邻设施采取保护措施。当不能确定周边建（构）筑物基础形式及埋深时，应当按最不利基础条件进行保护。

第十七条　深基坑施工图应当包括下列内容：深基坑工程安全等级，深基坑工程设计使用年限，支护结构设计，监测要求，支护结构及相邻设施变形预警值和控制值，相邻设施保护措施，深基坑周边地面允许荷载，深基坑内外地表水排放系统，地下水位控制，支护结构施工，土方开挖，基本试验和检测，应急措施等。

深基坑施工图经审查机构审查后，设计单位应当落实审查机构和评审专家对深基坑评审提出的修改意见，出具落实情况书面说明；一级深基坑评审修改意见的落实情况书面说明，应当经审查机构确认。

第十八条　采用土钉或者锚杆（索），设计文件应当说明是否伸入相邻建（构）筑物红线范围、地铁安保区或者燃气管道（综合管廊）安全保护范围内。当土钉或者锚索需伸入相邻建（构）筑物红线范围、地铁安保区或者燃气管道（综合管廊）安全保护范围内时，设计方案应当经相邻建（构）筑物物权人或者地铁建设及管线运营单位的认可。

天然地基或者浅基础建（构）筑物基础下，以及其他周边相邻设施对变形控制要求特别严格的地段和部位，禁止采用土钉或者锚杆（索）。

第十九条　当深基坑周边存在对地下水位变化敏感的相邻设施时，应当采用可靠的封闭截水措施，在进行截水设计前应当进行地下水渗流分析，评估坑内地下水位的下降对周边环境的影响。当临近地铁或者天然地基基础建筑物时，应当采用混凝土连续墙或者咬合桩截水措施。

第二十条 深基坑支护结构采用与主体结构相结合的支护形式的，设计时还应当结合工程建筑设计和结构设计文件资料，并考虑支护结构和主体结构基础变形的适应性。

负责主体结构设计的注册结构工程师应当参与深基坑图纸会审，并出具书面会审意见。

第二十一条 设计单位应当对施工单位和监测单位进行技术交底并参与审查其施工方案和监测方案。

第二十二条 施工过程中，设计单位应当指派专人对现场定期巡查，对重要部位的施工提出指导意见，及时按施工现场的地质和施工实际情况处理相应的设计问题。

施工过程中，设计单位应当随时掌握深基坑及相邻设施监测情况，当施工过程中出现异常情况或者监测值达到预警值时，应当分析原因，对原设计进行重新验算或者评估，并根据情况采取相应措施。

第五章 审查机构职责

第二十三条 深基坑工程施工图应当由与项目建设单位和设计单位无隶属关系的第三方机构进行审查。审图机构应当具有勘察文件审查资质。审查人员应当有 15 年以上相关专业工作经验，并具有高级工程师职称和注册岩土工程师资格。

第二十四条 施工图审查机构应当以相关法律法规、技术标准和本规定为依据，将深基坑工程安全和对周边环境的保护措施作为审查重点。当深基坑为一级基坑时，审查机构还应当组织岩土工程专家进行专家评审，专家人数不少于 3 人。

第二十五条 深基坑工程施工图审查完成后，审查机构应当结合专家评审意见出具施工图审查意见书，一级基坑应当附上专家评审意见书。专家评审意见书应当由专家签名，施工图审查意见书应当加盖审查机构图章。经审查合格的施工图应当加盖审查机构图章。

第六章 施工单位职责

第二十六条 深基坑工程专业承包单位应当具有相应的地基基础工程施工资质。施工单位项目负责人应当具有中级以上岩土工程专业技术职称。

第二十七条 施工单位应当编制深基坑工程安全专项施工方案，并按本规定组织岩土工程专家对安全专项施工方案进行评审。安全专项施工方案应当包括下列内容：项目管理机构，施工环节，施工机具，材料保障，土方开挖及运输方案，地面堆载，地表水、地下水控制措施，相邻设施的保护、监控措施，出现异常或者险情时的应急措施等。

第二十八条 离深基坑边 1 倍基坑深度范围内，不应当建造生活或者办公临时设施。必须建造时，应当经深基坑设计单位复核，并采取保护措施。

第二十九条 当深基坑周边有对地下水位变化敏感的相邻设施时，深基坑开挖前应当进行局部降水试验，以检查截水效果是否达到设计要求并形成检查记录，如不符合的，应当采取补充措施，直至达到设计要求方可进行施工。

第三十条 施工单位应当严格按照审查通过的施工图设计文件、施工方案及相关技术规范进行施工。注意开挖深度和支护时间的关系，及时施工支护结构。

严禁超挖或者超过设计允许荷载值在深基坑周边堆载；严禁在锚杆未经抗拔检验或者未张拉锁定的情况下开挖下层土方。

第三十一条 施工单位应当配备专人 24 小时值班，对相邻设施和基坑变化情况进行巡查，并做好巡查记录。灾害性天气发生时，应当加强检查频次，重点检查深基坑内外排水，深基坑侧壁漏水、支护结构开裂、周边环境沉降裂缝等异常情况，以及深基坑临边堆载超限等情况。

第三十二条 深基坑工程应当实施信息化施工。施工单位应当随时观察和掌握降水过程、支护结构施工、土方开挖、基础施工等各阶段对深基坑及相邻设施的影响。当发现支护结构、相邻设施或者地质条件出现重大异常情况时，应当及时报告各有关单位和工程质量安全监督机构，并采取必要的应急措施；当发生事故时，应当立即报告建设行政主管部门和工程质量安全监督机构。

第七章 监理单位职责

第三十三条 监理单位应当根据技术标准、设计方案、施工方案、监测方案等，针对深基坑工程的不同特点，制定监理方案。监理方案应当明确旁站监理部位和施工环节。

第三十四条 监理单位应当加强对重要部位和重要施工环节巡视或者旁站，形成记录。重要部位和重要施工环节应当包括支护桩施工，土方分层开挖、锚杆（索）抗拔检测、坑内外排水、坑边堆载等。

第三十五条 土方开挖前，监理单位应当组织有关单位进行开挖条件验收。开挖条件应当包括：具备合法的深基坑工程施工图，经审查的施工方案，深基坑监测方案已经开始实施，已完成的支护结构检测合格，截水排水检查通过或者检测合格等。

第三十六条 监理单位应当对施工方案及监测方案进行实质性审查，核对各项施工数据和监测数据的真实性，并严格监督方案的实施。

第三十七条 监理单位应当按照监理方案的要求实行旁站监理，严格检查施工各个环节的工程质量和施工安全，做好日常检查记录。发现质量安全问题时，应当立即签发整改通知书，并对整改全过程进行跟踪，直至问题处理完毕。

第三十八条 监理单位应当对各有关单位的信息化施工进行协调，及时向相关单位和工程质量安全监督机构报送有关施工信息。施工信息的报送，正常情况下实行周报，出现险情时实行快报和日报。

第三十九条 监理单位在深基坑变形超出预警值时，应当下发暂停施工的通知，及时通报建设单位和设计单位，由设计单位进行安全复核。当变形达到设计控制值，或者周边建筑、地表、管线变形速率加大，出现渗水、流沙、管涌等险情时，应当立即要求施工单位停止作业，协助建设单位召开专家会议，及时按专家和设计的要求责令施工单位采取卸载、回填反压、加固等措施。情况严重时，应当采取应急措施，撤离人员。

第四十条 深基坑开挖完毕，监理单位应当及时组织有关单位对深基坑工程进行中间验收。参加中间验收的各单位应当对深基坑工程安全状况出具书面验收意见，验收未通过的，不得准予进行后续的桩基或者承台施工。

第八章 监测单位职责

第四十一条 监测单位应当具备勘察或者检测类相应资质，同时应当取得工程监测与测量CMA计量认证资质。监测单位不得与深基坑工程的建设单位和施工单位有隶属关系。

第四十二条 监测单位应当根据设计方案和技术标准的要求，针对深基坑特点和相邻设施现状，制定监测方案。监测方案应当经过设计单位和监理单位审查确认。

监测方案应当包括下列内容：监测项目、监测点布置、监测频率、监测方法、监测精度、监测结果分析和监测信息反馈等。

监测项目应当齐全，监测范围应当覆盖深基坑开挖所有影响面，监测点布置科学合理，数量足够，监测频率满足要求，监测精度满足规范要求，监测数据真实全面。

第四十三条 深基坑工程及周边环境监测工作应当从深基坑施工开始，至深基坑回填后结束。当遇到雨天或者实测变形接近预警值时，应当增加监测频率。

深基坑工程不能及时完成，暴露时间超过支护设计规定使用期限的，应当根据具体情况制定和实施暴露期间的监测方案。

第四十四条 监测报告应当包括下列内容：监测数据表、典型测点的时间—监测值变形曲线图和监测结果分析。

监测单位应当及时向相关单位提供监测报告。同时，监测单位还应当及时向建设、监理、设计、施工单位报告最新监测结果，正常情况应当在24小时内报告，异常情况或者超预警值时应当立即报告监测结果。

第九章 监督管理

第四十五条 建设行政主管部门可以委托工程质量安全监督机构对深基坑工程的质量安全措施进行监督检查。

工程质量安全监督机构应当加强对深基坑工程的监管，加强开工前提条件检查。对不具备开工条件或者没有落实质量安全措施的，责令停工整改。

第四十六条 市建设行政主管部门应当建立并管理岩土工程专家库，定期更新专家名录，对于不能有效履行评审职责的专家，应当及时清退出专家库。

第四十七条 工程质量安全监督机构可以根据工程实际情况，组织岩土工程专家对深基坑工程设计和施工方案进行抽查；在施工过程中，工程质量安全监督机构可以根据需要，组织岩土工程专家对深基坑工程的施工现状进行安全评估。对于经评估不满足质量安全要求的，责令责任单位整改。

第四十八条 工程质量安全监督机构应当加强深基坑工程质量安全监督，建立监督档案，了解深基坑和相邻设施安全动态。如发现基坑处于危险状态时，应当立即责令相关单位采取措施，及时消除安全隐患。

第十章　附则

第四十九条 深基坑工程建设除执行本规定外，还应当执行相关法律、法规及工程建设强制性标准。

第五十条 本规定自公布之日起施行，有效期5年。

附录21　关于市财政支持海绵城市建设实施方案（试行）

为支持和推进深圳市国家试点区域及其他区域的海绵城市建设，鼓励全社会遵循生态优先的原则，树立海绵城市发展理念，从城市规划、设计到项目建设、运行维护等各个环节全面践行海绵城市建设标准，充分发挥建筑、道路和绿地、水系等生态系统对雨水的吸纳、蓄渗和缓释作用，有效控制雨水径流，实现“自然积存、自然渗透、自然净化”的城市发展方式，制订市财政支持海绵城市建设实施方案，以发挥市级财政资金对海绵城市建设的引导和激励作用，积极推动我市建成国际一流的海绵城市。

一、指导思想

全面贯彻党的十九大精神、习近平总书记系列重要讲话精神和对广东工作重要批示精神，落实“建设自然积存、自然渗透、自然净化的海绵城市”要求和“创新、协调、绿色、开放、共享”五大发展理念。落实国务院关于加强城市基础设施建设、排水防涝设施建设、海绵城市建设工作部署，围绕市委市政府推进深圳治水提质计划、打造美丽深圳的工作目标，按照新《预算法》规定和国务院关于预算管理改革系列文件精神，以财政政策为导向，推进深圳海绵城市建设。

二、总体目标

保障《深圳市推进海绵城市建设工作实施方案》确定的各项工作顺利开展，把深圳建设成为海绵城市先进典范，调动市、区（新区）和社会资本实施海绵城市建设的积极性，通过合理有效的市财政资金投入，加快深圳海绵城市建设进程，鼓励区（新区）财政加大对海绵城市建设的投入，引导和鼓励社会资本参与或实施海绵城市建设。实现深圳市2020年20％以上建成区面积，2030年80％以上建成区面积达到海绵城市要求的目标。

三、方案遵循的原则

（一）明晰职责，支持引导。市、区（新区）按照市、区事权划分和财政体制，切实履行财政提供基本公共产品的职责，属公益性非营利的海绵城市建设项目，主要由政府财政投入；可由市场自行配置资源、社会资本自愿投入的，鼓励社会资本参与或实施海绵城市建设，政府予以引导和激励。市财政充分发挥统筹、平衡作用，适当倾斜，重点支持，注重引导。

（二）发挥合力，协调推进。海绵城市建设是系统性、综合性、创新性的工作，涉及城市建设的各个方面和多个部门，既充分发挥政府财政的引导或一定程度上的主导作用，也积极吸引社会资本参与；既发挥市财政的投入支持功能，也发挥区（新区）财政的投入作用；既发挥海绵城市建设牵头主管部门的部门预算资金投入作用，也发挥各协同参与部门的部门预算资金投入作用。财政投入与社会资本的投入统筹协调，各项目的资金投入相匹配，年度资金投入与中期预算规划相结合，确保各项目统筹实施，协调推进。

四、具体措施

针对《深圳市推进海绵城市建设工作实施方案》、《深圳市海绵城市建设试点三年实施计划（2016-2018）》、《深圳市海绵城市建设专项规划和实施方案》确定的各类海绵城市建设项目，市财政通过以下措施予以重点支持。

（一）市本级实施的海绵城市建设相关工作经费，市财政年度预算和中期财政规划重点保障。

1. 属市政府投资范畴的海绵城市建设项目，市发展改革委在年度政府投资计划或中期规划重点保障。（市发展改革委牵头，市财政委、海绵办及领导小组成员单位配合）

2. 属市本级各主管部门实施的非基本建设类海绵城市项目及相关工作，包括海绵城市建设规划设计、相关机构运转和一般性项目经费，市财政预算重点保障。（市财政委牵头，市海绵办及领导小组成员单位配合）

3. 属市本级各类专项资金扶持范围的，对海绵城市建设项目给予重点保障。（市财政委牵头，市海绵办及领导小组成员单位配合）

（1）水务类项目除已纳入市本级政府投资计划安排以外的，符合市水务发展专项资金管理规定的，市水务局列入项目库优先安排立项。

（2）节约用水奖励资金，同等条件下优先考虑海绵城市建设试点区域或重点推广片区。

（3）相关建筑符合深圳市地方绿色建筑标准的，市住房建设局列入市财政建筑节能专项资金项目计划安排补助。

（4）其他各成员单位主管的专项资金，符合相关专项资金管理规定的，由各成员单位列入相应专项资金项目计划予以扶持。

（二）市财政对社会资本（含PPP模式中的社会资本）出资建设的相关海绵设施，包括既有项目海绵化改造和新建项目配建海绵设施两类给予奖励，奖励总额为5亿元。（市财政委和市海绵办牵头，领导小组各成员单位配合）

1. 新建项目（含拆除重建）配建海绵设施的，须向市海绵办报送载有海绵城市建设相关内容的规划审批“两证一书”、竣工验收证明和达标评价等相关材料，经市海绵办确认后，按照占地面积15万元/公顷予以奖励，同时按照占地面积5万元/公顷对设计予以奖励，单个项目奖励最高不超过400万元。规模较大的项目主体工程分期实施的，可分期进行申报。

2. 既有项目进行海绵化专项改造的，如非公立的民办医院、学校等社会化对公服务机构，以及合法经营并经区相关部门认可的工业园区、居住小区、单体建筑等项目，方案设计在改造前应充分征求业主意见（居住小区应进行公示并由业委会审议），经区海绵办初步审核后，报市海绵办组织第三方机构或专家进行评审确认。项目按评审确认的方案完成后，经市海绵办组织第三方机构或专家复核，按照海绵设施的竣工面积以及对应类型设施改造平均成本的50%予以奖励，同时按同类型设施改造平均成本的5%予以设计奖励。各类型海绵设施的奖励标准见下表。

已建项目海绵化改造的核定海绵设施单位面积奖励情况表 单位：元/m^2

名称	成本	中位值	单位面积奖励（成本中位值的50%）	单位面积设计费奖励（成本中位值的5%）
绿色屋顶	100～300	200	100	10
透水铺装	100～300	200	100	10
下沉式绿地	40～80	60	30	3
雨水花园	600～800	700	350	35
转输型植被草沟	30～50	40	20	2

续表

名称	成本	中位值	单位面积奖励（成本中位值的50%）	单位面积设计费奖励（成本中位值的5%）
过流净化型植被草沟	100～300	200	100	10
土壤渗滤池	800～1200	1000	500	50
湿塘	400～800	600	300	30
人工湿地	500～800	650	325	32.5
雨水收集回用设施（回用规模）	800～1200	1000	500	50

按占地面积每公顷获得的此项奖励累计不超过60万元，单个项目奖励累计不超过1000万元。

上述对社会资本新建和改造的海绵城市建设项目奖励资金年度总额不超过5亿元。如实际核定的奖励金额不超过5亿元的，按实际核定金额奖励；如核定的奖励金额超过5亿元的，每个项目的奖励额度按5亿元与应奖资金总额的比值进行同比例核减，最终确定项目的实际奖励额度。奖励资金从市水务发展专项资金中安排。

（三）深圳市注册的企业或分支机构自筹资金制订海绵城市建设相关行业标准或规范，被国家相关部门认定采用并发布实施的，市财政给予30万元/项奖励；被深圳市主管部门采用并发布实施的，市财政给予10万元/项奖励。项目申报时需递交有关部门发布标准的文件、标准规范正式文件、申请单位营业执照等相关证明材料。奖励资金从市水务发展专项资金中安排。（市财政委和市海绵办牵头，领导小组各成员单位配合）

（四）符合深圳市节水型工艺、设备、器具标准且纳入《深圳市节水型工艺、设备、器具名录》的产品，或被纳入国家住房城乡建设部科技中心认定的《海绵城市建设先进适用技术与产品名录》的产品，在实施政府采购时采取适当方式优先采购。（市财政委和市海绵办牵头，领导小组各成员单位配合）

（五）设立海绵城市建设项目优质奖，对获得市级或以上优质工程奖、詹天佑奖、鲁班奖、绿色建筑创新奖、金匠奖、金牛奖、大禹奖等奖励的项目，达到海绵城市建设要求的，择优评选发放海绵城市建设项目优质奖。市海绵办每年组织评选，奖励项目不超过2个，市财政给予80万元/个项目奖励，奖励总额不超过160万元/年。奖励资金从市水务发展专项资金中安排。（市财政委和市海绵办牵头，领导小组各成员单位配合）

（六）设立优秀规划设计、施工、监理奖，对已竣工海绵城市建设项目的参与规划设计、施工、监理等单位或团队进行奖励，由市海绵办每年组织评定并根据评定结果给予奖励。（市财政委和市海绵办牵头，领导小组各成员单位配合）

1. 设立海绵城市建设项目优秀规划设计奖：一等奖2个，奖金30万/个；二等奖4个，奖金20万/个；三等奖8个，奖金10万元/个。奖励资金共220万元。

2. 设立海绵城市建设项目优秀施工奖：一等奖2个，奖金20万/个；二等奖4个，奖金10万/个；三等奖8个，奖金5万元/个。奖励资金共120万元。

3. 设立海绵城市建设项目优秀监理奖：一等奖2个，奖金10万/个；二等奖4个，奖金6万/个；三等奖8个，奖金4万元/个。奖励资金共76万元。

以上三项奖励金额总计416万元/年，从市水务发展专项资金中安排。

（七）鼓励社会主体申报海绵城市建设研究类项目，具体按照市水务发展专项资金水务能力建设项目管理要求申报。

设立海绵城市建设优秀研究成果奖，对社会自筹资金为我市海绵城市建设的基础理论研究和应用推广做出突出贡献的科研成果进行奖励，奖励项目的数量每年不超过5个，由市海绵办组织专业机构认定后评定，根据评定结果按每项课题研究经费的50%且最高不超过30万元给予奖励，每年奖励总额不超过150万元。

对由社会资本自筹资金在深圳设立的海绵城市研究机构（或平台），由市海绵办进行认定后，给予一次性50万元补助，奖励对象每年不超过10个，每年奖励总额不超过500万元。

以上奖励总额每年不超过650万元，从市水务发展专项资金中安排。（市财政委和市海绵办牵头，领导小组各成员单位配合）

（八）对PPP模式中社会资本自筹资金制订的前期研究方案进行奖励，每年奖励数量不超过2个，由市海绵办组织第三方机构进行评审认定后，给予30万/个奖励，奖励总额不超过60万元，从市水务发展专项资金中安排。（市财政委和市海绵办牵头，领导小组各成员单位配合）

五、其他事项

（一）本方案自发布之日起试行三年，之后进行评估并根据评估结果作相应修订。

（二）上述第（二）至（八）项海绵城市建设项目奖励相关的实施细则由市海绵办牵头另行制订。

（三）本方案涉及的财政资金按部门预算归口管理原则，分年度纳入各单位部门预算。其中属市水务发展专项资金安排的奖励或补助资金，在每年市海绵办组织完成上年度海绵城市建设情况及具体项目考核后，根据考核结果核定的奖励资金，由市水务局纳入下一年度市水务发展专项资金支出预算管理。

附录22　深圳市海绵城市建设管理暂行办法

第一章　总则

第一条　为全面贯彻落实习近平生态文明思想及习近平总书记视察广东重要讲话精神，加快推进海绵城市建设，修复城市水生态、涵养水资源，增强城市防涝能力，提高城市发展质量，朝着建设中国特色社会主义先行示范区的方向前行，努力创建社会主义现代化强国的城市范例，结合工作实际，特制定本办法。

第二条　海绵城市是指通过加强城市规划建设管理，充分发挥建筑、道路和绿地、水系等生态系统对雨水的吸纳、蓄渗和缓释作用，有效控制雨水径流，实现自然积存、自然渗透、自然净化的城市发展方式。

海绵城市建设应遵循“生态优先、因地制宜、协调统筹、经济适用、安全美观”原则，源头减排、过程控制、系统治理相协调，降低与修复城市开发建设对自然水循环的不利影响，有效改善城市生态环境、提升城市防灾减灾能力。

第三条　本办法适用于深圳市行政区域（含深汕特别合作区）内各类建设项目的海绵城市规划、设计、建设、运行维护及管理活动，包括新、改、扩建建设项目，旧城改造、园区改造、环境提升等改造类建设项目。列入豁免清单的建设项目除外。

列入豁免清单的建设项目，在建设项目许可环节对其海绵城市建设管控指标不作要求，由建设单位根据建设项目特点因地制宜建设海绵设施。豁免清单由各行业主管部门根据实际需要制定，按有关规定程序发布实施。

第四条　市政府相关部门及各区政府（含新区管理机构，下同）切实加强对海绵城市建设工作的组织实施，动员全社会共同推动海绵城市建设。

各区政府成立海绵城市建设工作领导机构（下称区级海绵城市工作机构），在市级海绵城市工作机构的统一协调下，开展海绵城市建设统筹协调、技术指导、监督考核等工作。

市前海深港现代服务业合作区管理局、深汕特别合作区管委会在市政府授权的职责范围内做好海绵城市规划、设计、建设、运行维护及管理等相关工作。

第五条　按照审批制度改革的要求，不新增审批事项和审批环节，通过细化管控要求、引导与激励并重等多种方式，建立政府职能清晰、主体责任明确、事中事后监管到位的海绵城市建设管理长效机制。

第六条 市发展改革、财政、规划国土、人居环境、交通运输、住房建设、水务、城市管理、建筑工务等部门及各区政府等海绵城市建设参与单位在各自职权范围内，依据本办法规定，结合行业、地区特点制定有关工作要求，建立内部工作协调和信息共享机制，共同推进海绵城市建设工作。

第二章 规划管理

第七条 市规划国土部门负责组织编制或修编市级海绵城市专项规划，在建立“多规合一”信息平台时，应整合海绵城市相关规划信息，纳入全市空间规划一张蓝图。各区政府根据市级海绵城市专项规划，结合辖区内重点区域建设及本地区实际情况，组织编制区、片区级海绵城市专项规划（详细规划），并滚动编制建设计划。

第八条 市规划国土部门编制或修编城市总体规划、国土空间规划时，应当按照批准的海绵城市专项规划，纳入主要的海绵城市建设目标指标，并提出与该目标指标相匹配的建设、管理措施，全面贯彻海绵城市理念，保护自然生态空间格局，构建现代化市政设施体系。

编制或修编法定图则时，应当依据海绵城市专项规划和详细规划的分区目标，根据实际情况，确定法定图则范围内建设用地的年径流总量控制率等海绵城市建设管控指标。

编制详细蓝图、更新单元规划等详细规划时，应当编制海绵城市专题（专项）。海绵城市专题（专项）内容包括但不限于明确区域开展海绵设施建设的条件与要求，明确区域内生态控制线、蓝线等相关范围，并根据管控指标布局地块海绵设施等。

编制或修编各层次城市竖向、道路、绿地、水系统、排水防涝等专项规划时应当与各层级海绵城市专项规划充分衔接。

第九条 市规划国土部门编制或修编《深圳市城市规划标准与准则》等各类城市规划技术规定时，应当纳入海绵城市的技术要求。

第十条 海绵城市专项规划（详细规划）的组织编制单位在编制工作中应广泛听取有关部门、专家和社会公众的意见。

第三章 建设管理

第十一条 城市建设各参与单位应在各自职责范围内，按照国家、省、市有关规定、标准及要求，全面落实海绵城市理念。

第十二条 建设单位应按海绵设施与主体工程同步规划、同步设计、同步施工、同步使用的要求组织实施，将海绵城市建设要求贯穿于建设项目规划、设计、建设、运行维护等各个阶段，科学实现海绵城市建设目标。

建设单位不得明示或暗示设计单位、施工单位、施工图审查单位违反本办法进行设计、建设或审查。

本办法所称建设单位是指建设项目的投资人、投资人代表或者由投资人设立的建设项目法人。

第十三条 相关部门应在立项或土地出让及用地规划许可、建设工程规划许可、施工许可、竣工验收等阶段，将海绵城市管控要求细化纳入建设项目报建审批流程。

第十四条 政府投资建设项目可行性研究应当就海绵城市建设适宜性进行论证，对海绵城市建设的技术思路、建设目标、具体技术措施、技术和经济可行性进行全面分析，明确建设规模、内容及投资估算。

发展改革部门在政府投资建设项目的可行性研究报告评审中，应当强化对海绵设施技术合理性、投资合理性的审查，并在批复中予以载明。

在审核政府投资建设项目总概算时，应当按相关标准与规范，充分保障建设项目海绵设施的规划、设计、建设、监理等资金需求。

第十五条 依据海绵城市建设豁免清单，市规划国土部门及其派出机构在建设项目选址意见书、土地划拨决定书或土地使用权出让合同中，应当将建设项目是否开展海绵设施建设作为基本内容予以载明。各区城市更新机构在城市更新建设项目土地使用权出让合同中，应当将建设项目是否开展海绵设施建设作为基本内容予以载明。

立项或土地出让阶段明确开展海绵设施建设的项目，依据相关规划，市规划国土部门及其派出机构、各区城市更新机构在《建设用地规划许可证》中应当列明年径流总量控制率等海绵城市建设管控指标。

不需办理选址、土地划拨或土地出让的项目，由区级海绵城市工作机构在项目立项环节征求部门意见阶段明确海绵城市建设管控指标。

第十六条　建设项目方案设计阶段，建设单位应当按照《深圳市海绵城市规划要点与审查细则》的要求，编制海绵城市方案设计专篇，填写自评价表连同承诺书一并提交方案设计审查部门。

市政类线性项目方案设计海绵城市专篇应随方案设计在用地规划许可前完成。市规划国土部门及其派出机构对海绵城市方案设计专篇进行形式审查。市级海绵城市工作机构联合市规划国土等行业主管部门加强事中、事后监管，以政府购买服务的方式委托第三方技术服务机构对海绵城市方案设计专篇进行监督抽查，相关费用由财政保障。第三方技术服务机构名录应按要求确定并向社会公布。

第十七条　交通运输、水务等需编制初步设计文件的建设项目应当按《建设用地规划许可证》的管控指标要求，编制海绵城市设计专篇。在组织审查时，应对该部分内容进行审查，并将结论纳入审查意见。

第十八条　施工图设计阶段，建设单位应当组织设计单位按照国家和地方相关设计标准、规范和规定进行海绵设施施工图设计文件编制，设计文件质量应满足相应阶段深度要求。

施工图设计文件审查机构应当按照国家、地方相关规范及标准对施工图中海绵城市内容进行审查，建设单位应当组织设计单位对施工图审查机构提出的不符合规范及标准要求的内容进行修改。

住房建设等行业主管部门应整合施工图审查力量，将海绵城市内容纳入统一审查。

第十九条　市规划国土部门及其派出机构、各区城市更新机构应当根据方案设计自评价、抽查意见，或对施工图审查意见在建设工程规划许可中作形式审查，列明有关海绵城市管控指标落实情况。

第二十条　海绵设施应当按照批准的图纸进行建设，按照现场施工条件科学合理统筹施工。建设单位、设计单位、施工单位、监理单位等应当按照职责参与施工过程管理并保存相关材料。

未列入豁免清单的项目，不得取消、减少海绵设施内容或降低建设标准，设计单位不得出具降低海绵设施建设标准的变更通知。

第二十一条　施工单位应当严格按照设计图纸要求进行施工。对工程使用的主要材料、构配件、设备，施工单位应当送至具有相应资质的检测单位检验、测试，检测合格后方可使用，严禁使用不合格的原材料、成品、半成品。施工过程应当形成一整套完整的施工技术资料，建设项目完工应编制提交海绵设施专项竣工资料。

第二十二条　监理单位应当严格按照国家法律法规规定履行工程监理职责，对建设项目配套的海绵设施建设加大监理力度，增加巡查、平行检查、旁站频率，确保工程施工完全按设计图纸实施。应当加强原材料见证取样检测，切实保证进场原材料先检后用，检测不合格材料必须进行退场处理，杜绝工程使用不合格材料。

第二十三条　质量监督管理部门应加强对项目建设各方主体行为的监督管理，在工程原材料、工艺、施工质量检查监督、工程验收等环节加强对海绵设施建设的监督检查。

第二十四条　建设单位提交的建设项目竣工文件中应完整编制海绵设施的相关竣工资料。

建设项目竣工验收组织方应当在竣工验收时对海绵设施的建设情况进行专项验收，并将验收情况写入验收结论。推行采用联合验收，住房建设、交通运输、水务等行业主管部门牵头实行联合验收或部分联合验收，统一验收竣工图纸、统一验收标准、统一出具验收意见。

市级海绵城市工作机构应协调相关行业主管部门加强有关验收管理，组织制定海绵设施验收标准及要求。

第二十五条　海绵设施竣工验收合格后，应随主体工程同步移交。

第四章　运行维护

第二十六条　海绵设施移交后应及时确定运行维护单位。政府投资建设项目的海绵设施应当由相关职能部门按照职责分工进行监管，并委托管养单位运行维护。社会投资建设项目的海绵设施应当由该设施的所有者或委托方负责运行维护。若无明确监管责任主体，遵循“谁投资，谁管理”的原则进行运行维护。

第二十七条　海绵设施运行维护单位应当按相关规定建立健全海绵设施的运行维护制度和操作规程，加强设施的运行维护，确保设施正常运行。

第二十八条　市级海绵城市工作机构负责组织制定我市海绵设施运行维护相关技术标准。

各行业主管部门按职责分工对所属行业海绵设施的运行维护效果进行监督，制定服务标准，按效付费，充分调动运行维护单位积极性。

第五章　能力建设

第二十九条　市政府对社会资本参与海绵城市规划、设计、建设、施工、运行维护、标准制定、产品研发等工作给予激励。具体激励政策由市级海绵城市工作机构会同市相关部门另行制定。

第三十条　市政府对市相关部门和各区政府海绵城市建设情况进行年度实绩考评，并将考评结果纳入政府绩效考核体系、生态文明考核体系。海绵城市建设年度实绩考评由市级海绵城市工作机构负责组织实施，具体考评细则由市级海绵城市工作机构制定，经批准后执行。

第三十一条　市政府鼓励创新建设运营机制，积极支持相关单位自主创新，开展海绵城市新产品、新材料研发，带动我市绿色建筑、建材产业发展。

第三十二条　市、区两级海绵城市工作机构及市、区相关部门应当加强对从事海绵设施规划、设计、建设、运行维护活动人员的培训，积极开展海绵城市建设宣传引导活动。

第六章　法律责任

第三十三条　对政府部门工作人员违反本办法规定，不履行或不正确履行所应担负职责的，依法依纪追究责任。

第三十四条　建设、规划、设计、施工、监理、运行维护、第三方技术服务机构等有关单位违反本办法规定的，相关主管部门可视情节轻重，将违规行为纳入不良行为记录、将违规单位纳入失信名单或依法追究责任。

第三十五条　任何单位和个人有权对海绵城市建设活动进行监督，发现违反本办法规定的行为，可向海绵城市工作机构、规划建设行政主管部门、纪检监察机关举报。

第七章　附则

第三十六条　本办法自印发之日起施行，有效期 3 年。有效期满前 6 个月，市级海绵城市工作机构应当组织开展本办法的完善和修订工作。

附录 23　深圳市政府投资建设项目施工许可管理规定

第一章　总则

第一条　为加快转变政府职能，建设服务型政府，营造最优营商环境，按照“投资服务需求、设计服从规划、保证质量安全”的要求，构筑政府管理和项目管理“双流程、双优化、共提效”的政府投资建设项目施工许可办理流程，结合本市实际，制定本规定。

第二条　本规定适用于在深圳市行政区域内利用市财政性资金开展的用于民生改善、城市基础设施等涉及空间的固定资产投资建设项目，主要包括房建类和市政类。

轨道交通项目、围填海项目不适用本规定。

第三条　政府投资建设项目施工许可办理全流程遵循主动服务、优化审批，强化职责、放管并重、流程管控、信息共享的原则。

第四条　各部门按照政府职能转变的要求，改善职权行使方式，简化审批受理材料，优化办理环节，加强各部门之间的协作，实行主办负责制，避免重复审批、重合管理，在审批过程中主动指导、协同推进，积极协调解决相关问题。

第五条　各部门要按照要求统一审批标准，简化业务流程，开放业务数据，提供工作指引，规范办理行为。改变坐等审批、以批代管的审批管理观念和模式，增强职能履行和职责意识，加强事中事后监管。

除法律法规另有规定或上级部门新下放的审批事项外，各审批部门严禁在公布的审批事项目录之外擅自增加或拆分审批事项、许可条件和受理材料，严禁擅自延长办理时限。

凡实行告知性备案管理的事项，实行收件确认，建设单位对所申报备案材料的真实性、有效性负责，审批部门对备案内容承担检查管理职责。

第六条　投资项目在线审批监管平台（工程建设项目管理系统，以下简称在线平台）应满足审批部门、建设单位、中介机构等多方使用单位共同应用的要求，各部门审批系统与在线平台对接，数据双向实时流转，在线平台实现审批事项、受理材料、批复文件、流转信息等的强制共享、结果互认，实现项目建设的全流程覆盖、全业务流转、全方位监管，严禁在在线平台之外业务流转。

第七条　政府投资建设项目施工许可流程按照项目建设的时序，分为立项及用地规划许可、建设工程规划许可和概算批复、施工许可三个阶段，竣工验收和不动产登记与社会投资建设项目相同。

每个阶段包括应办理审批事项和可能涉及办理的审批事项，两类事项并行推进。各阶段内办理的审批事项均不互为前置，具备必要条件即可办理。政府投资建设项目报建流程图、各阶段具体事项由市政务服务管理部门依据本规定制定并公布。

截至施工许可办理完成，房建类（含市政非线性）建设项目审批时间控制在85个工作日以内，市政线性建设项目控制在90个工作日以内。

第二章　立项及用地规划许可

第八条　项目首次前期经费下达2个工作日内办结，确定选址及用地预审意见书、用地规划许可证（或规划设计要点）核发25个工作日内办结。

第九条　市发展改革部门对符合条件的项目赋码并纳入年度政府投资项目计划。年度政府投资项目计划经市人大审议通过并印发相关文件后，市发展改革部门即按照计划所列项目向使用单位（建设单位）直接下达前期经费。

各部门报市委市政府决策议定的其他建设项目，市发展改革部门根据市委常委会会议纪要、市政府常务会会议纪要完成赋码并下达首次前期经费。

项目首次前期经费文件下达即为项目启动，并作为项目立项文件。

建设项目提交市政府研究决策之前，项目提出部门应充分征求发展改革、规划国土、住房建设、交通运输、人居环境、水务、工务等相关部门意见，对项目涉及的规划、用地、资金等重大问题充分研究，提出立项建议。

第十条　前期经费下达文件应包含项目名称、项目单位、项目代码、建设内容及规模、总投资、房建项目总建筑面积、地上地下建筑面积、主体功能和附属设施的建筑面积、建设起止时间、经费额度等内容。

前期经费可用于项目的可行性研究报告编制、项目概算编制、资金申请报告编制、环境影响评估、勘察、设计、工程监理、五通一平、生活临建设施建设、场地平整、基坑开挖及基坑相关工程等施工前期准备工作。

前期经费按照项目总投资的3%～5%安排，对于重大项目或需开展场地平整、基坑开挖及基坑相关工程等施工前期准备工作的项目，应根据项目实际需求下达经费。

第十一条　市规划国土部门建立“多规合一”信息平台，整合规划国土、发展改革、交通运输、环境保护、海洋、林业、水务、气象、海绵城市等各领域空间性规划和相关规划信息，形成全市空间规划一张蓝图。

“多规合一”信息平台为项目论证、项目生成提供平台支撑，为在线平台提供空间数据和相关功能支撑，为项目建设提供信息查询。

第十二条 对于房建类项目，规划国土部门及其派出机构提出初步选址方案并结合辖区政府及环境保护、水务、林业、国家安全、交通运输、安全生产、轨道、文物、民航、机场、燃气、电力等主管部门出具的对于项目选址及用地的意见，确定项目用地并出具选址及用地预审意见，办理用地规划许可（或出具规划设计要点）。选址意见书、用地预审意见作为项目审批的用地证明文件。

第十三条 对于市政线性类项目，规划国土部门及其派出机构根据人居环境、交通运输、安全生产、水务、林业、轨道、文物、民航、机场、燃气、电力等主管部门提出的意见，对方案设计出具方案设计审查意见，再办理选址及用地预审手续。

市政道路、交通枢纽场站、公交首末站等交通工程项目，由市交通运输部门与规划国土部门同步对方案设计进行审查，并由市交通运输部门先行出具专业审查意见。

第十四条 建设单位获得建设项目选址及用地预审意见、首次前期经费下达文件或资金申请报告批复后，即可办理用地规划许可证。

房建类项目涉及国家、省事权的审批等原因暂时无法办理用地规划许可证的，规划国土部门及其派出机构先出具规划设计要点。规划设计要点应包括用地性质、建筑规模、容积率、建筑限高、建筑退红线要求、车辆出入口等信息，暂无法明确的要点先提出最低限度要求，满足项目方案设计的需要。

第十五条 凡符合城市规划和土地利用总体规划、纳入城市建设与土地利用年度实施计划、用地规模符合《深圳市城市规划标准与准则》、不涉及土地整备及农转用问题的建设项目，土地利用年度计划经市政府批准后，规划国土部门及其派出机构核发划拨土地决定书或签订土地使用权出让合同。

其他项目，规划国土部门及其派出机构在出具项目选址及用地预审意见书、核发用地规划许可证（出具规划设计要点）时，即启动用地报批、项目报建工作。

第三章 建设工程规划许可和概算批复

第十六条 建设工程规划许可证核发（出具工程规划审查意见）15个工作日内办结，可行性研究报告批复20个工作日内办结，市政线性建设项目初步设计审查5个工作日内办结，概算批复20个工作日（或概算备案5个工作日）内办结。

第十七条 建设单位取得规划国土部门及其派出机构出具的用地规划许可或规划设计要点后，开展设计招标，即可会同中标单位进行方案设计。

规划国土部门及其派出机构进行方案设计审查，并办理建设工程规划许可（工程规划审查意见），发展改革部门批复可行性研究报告后开展初步设计，批复概算后开展施工图设计。市政道路建设项目初步设计，经交通运输部门审查通过后，再申报概算。

在项目设计过程中，需要查询地下管线信息或档案的，建设单位凭选址意见或规划设计要点向规划国土部门及其派出机构或档案部门查询，规划国土部门及其派出机构或档案部门应予支持。

第十八条 可行性研究报告编制内容包括项目背景、可行性分析、技术工艺方案、选址与建设工程方案、节能节水措施、环境影响分析、招标与实施进度、投资估算、社会效益评价、综合结论等内容，根据有关定额测算项目估算总投资。

对于总投资5000万元以下或经市委市政府确定的应急、抢险、救灾工程项目，发展改革部门免于可行性研究报告审批，直接审批项目总概算。

第十九条 项目总概算编制内容包括编制说明、土建工程、安装工程、室外配套工程、其他工程、工程建设其他费、预备费等内容，根据有关定额测算项目概算总投资。

对于项目申报概算的总投资在可行性研究报告批复范围内，建设内容及规模与可行性研究报告批复范围基本一致的，实行告知性备案。

项目概算超批复可行性研究报告估算 20%以内的，由建设单位报发展改革部门审核。概算超批复可行性研究报告估算 20%以上的，由建设单位开展可行性研究报告修编，经市政府同意，调整功能定位、建设内容及规模、标准等的项目，免于可行性研究报告修编，直接审批项目概算。

第二十条　资金申请报告编制内容包括资金申请原因、项目背景、建设必要性和可行性、支撑条件、建设方案、总投资估算、实施进度安排等内容。

对于单纯装修装饰、设备购置、维修改造、绿化提升以及公交停靠站、交通安全设施、城市照明等建设项目或投资补助类项目，发展改革部门免于可行性研究报告审批和概算审批，直接审批资金申请报告。项目资金申请报告批复即为项目启动。

第二十一条　凡符合下列条件之一的建设项目，在项目可行性研究报告或项目资金申请报告中加入对项目能源利用情况、节能措施和能效水平分析等相关内容，发展改革部门不再另行进行节能审查：

（一）抽水蓄能电站、水利、城市道路、公路、电网工程、输油管网、输气管网等项目；

（二）年综合能源消费量不满 1000 吨标准煤，且年电力消费量不满 500 万千瓦时的项目。

第二十二条　建设单位取得选址意见书、用地预审意见和用地规划许可证（规划设计要点），完成建设工程方案设计文件，即可办理建设工程规划许可证。取得规划设计要点尚未取得用地规划许可的应在施工许可前取得用地规划许可。

若项目位于国家安全、轨道保护、文物保护范围内的，需取得主管部门的批准。

第二十三条　对于房建类项目，规划国土部门及其派出机构根据国家安全、轨道安全、文物保护等事项主管部门出具的建设工程方案设计审查意见，办理建设工程规划许可证。涉及大型建设项目的，规划国土部门及其派出机构可视需要征求交通运输部门意见。涉及国家、省事权的审批暂时无法办理建设工程规划许可证的，先出具建设工程规划审查意见，审查意见应满足初步设计需要。

规划国土部门及其派出机构的建设工程方案设计审核、地名批复（包括建筑物命名/公共设施名称核准/专业设施名称备案）与建设工程规划许可事项合并办理，分别核发相关证件；开设永久路口审批与市政管线接口审批合并办理，分别核发相关证件。

交通运输部门不再办理开设永久路口审批及交通影响评价审查。占用挖掘道路、开设临时路口由交通运输部门和公安交警部门从产权管理和交通秩序管理方面分别并行办理，统一出证。

第二十四条　对于市政线性类项目，规划国土部门及其派出机构在施工图设计完成后核发建设工程规划许可证。涉及国家、省事权暂时无法办理建设工程规划许可证的，先出具建设工程规划审查意见，可作为施工许可的依据。

河道整治项目的防洪、截污治污、生态修复等工程无须办理建设用地审批，按照选址及用地预审意见，直接办理建设工程规划许可证。

第二十五条　体育馆、展览馆、博物馆、车站、影剧院、图书馆、医院、学校、幼儿园、养老院、福利院等法定大型人员密集场所和特殊建设工程项目，初步设计完成后即可办理消防设计审核。

除前款规定外的建设项目，应在取得施工许可后 7 个工作日内将消防设计文件报消防部门备案。

第二十六条　建设单位完成方案设计后，人防主管部门根据建设单位申请对自建、免建及易地修建人防工程的项目提出人防工程建设要求，需建设人防工程的，相关设计可以纳入施工图审查。

第二十七条　建设单位在可行性研究或初步设计阶段同步申请办理建设项目水土保持方案审批、建设项目用水节水评估报告告知性备案。如涉及不跨市级行政区划的珠江河口滩涂开发利用工程建设方案审批、河道范围内工程建设方案审批、水工程范围内工程建设方案审批、拆除改动城镇排水与污水处理设施审批的也同步办理。

第二十八条　建设项目应按照水土保持技术规范和标准采取水土保持措施，预防和治理水土流失。除可以免于办理水土保持审批的建设项目外，在城市已开发区域的建设项目实施告知性备案管理。

第四章　施工许可

第二十九条　施工许可在 3 个工作日内办结。

第三十条 建设单位可视项目建设情况自行决定是否委托第三方开展施工图审查，对建筑规模较小、技术要求简单等无需委托审查的，在项目申请施工许可时做出书面说明。

各审批部门不再对施工图的技术内容进行实质性审查和审批。项目建设、设计单位或审查单位及其相关负责人员、执业资格人员对建设工程的质量负相应终身责任。

建设单位委托具备资格的服务机构对规划、建筑、人防、防雷、海绵城市等设计内容技术进行统一图审的，均实行告知性备案。

第三十一条 环境影响报告书（表）应在项目开工前取得环保部门批准或完成备案，在此之前可开展地质勘探、平整场地、基坑支护、桩基、拆除旧有建筑物、临时建筑、施工用临时道路、通水、通电等工作。

对城市道路、桥梁、隧道、水利、自来水生产和供应、燃气生产和供应、油气站、保障性住房、学校（有实验室的大学除外）、市政公园、公共场馆、综合管廊、码头等需编制环境影响报告表的建设项目，只要不涉及环境敏感区的，均实行告知性备案。

对原应填报环境影响登记表的建设项目，免于开展环境影响评价。

第三十二条 法律、法规规定必须办理的各类许可证件或批复文件，建设单位应及时办理，对于因国家、省事权等客观原因暂时无法完成的，须在房建类项目主体开工前或市政线性类项目实体开工前办理完毕。凡需报国家、省审批的事项，市对口部门负责与上级部门主动协调，建设单位积极协助。

第三十三条 建设单位取得前期经费下达文件或资金申请报告批复，即可开展施工招标。

建设项目实行招投标告知性备案，尊重建设单位自主权，招标条件、招标组织应根据项目实际设置，体现公平、公正、公开和择优原则，招标人全面负责。住房建设部门应做好指导，加强监管。

需尽快开展实质性工作的民生实事工程、应急工程及其他工期紧急工程，依法采取简易程序进行快速发包。

第三十四条 对于房建类项目，凡已依规定确定施工单位、监理单位及有保证工程质量安全措施，已完成基坑支护、土石方、桩基础施工图的，住房建设、水务等行业主管部门合并办理施工许可（专项）及质量安全监督登记手续后即可开工。

对于市政道路项目，凡已依规定确定施工单位、监理单位，临时设施搭建（含临时施工便道）、交通疏解、管线和绿化迁改方案经相关主管部门批复同意的，交通运输部门合并办理施工许可（专项）及质量安全监督登记手续后即可开工。

第三十五条 建设单位完成施工图设计，确定施工、监理单位，有保证工程质量安全措施的，住房建设、交通运输、水务等行业主管部门合并办理施工许可证及质量安全监督登记手续。

第三十六条 建设单位书面承诺后，办理施工许可无需提供工伤保险参保证明、劳务工工资分账协议，无需核验安全生产许可证、人员资格证书等原件。

第五章　配套措施

第三十七条 建设单位可根据工程实际选择联合验收或分项验收。

住房建设、交通运输、水务等行业主管部门根据建设单位的需要，配合实行联合验收或部分联合验收，统一验收竣工图纸、统一验收标准、统一出具验收意见。建设单位需要采取分项验收的，由各专项验收主管部门并联组织验收。

对于验收涉及的测量工作，实行一次委托、统一测绘、成果共享，验收测量数据纳入在线平台。

第三十八条 建设项目取得土地权属证明、建设工程规划验收合格证明、竣工验收合格证明、竣工测绘报告后，应及时申请办理产权登记。房建类项目完成不动产登记作为在线平台建设项目审批办结信息，市政类项目以竣工验收作为建设项目审批办结信息。无正当理由未及时办理产权登记的，建设单位或产权单位及项目负责人须承担相应责任。

第三十九条 供水、供电、燃气、轨道等市政公用服务企业入驻市行政服务大厅，规范简化施工用水、用电、用气报装程序，供水、供电、供气单位公布办事流程，公开各项费用，明确办理时限，不得设置任何报装前置审批。

在项目前期勘察、施工和报装阶段，市政供水单位根据该阶段项目所需用水量，与项目（建设）单位签订供水协议，为项目提供施工临时用水服务。

第四十条　对前海蛇口自由贸易试验片区等特定区域，各行业主管部门出台区域评价指引，明确区域评价办理指南，区域管理部门组织开展环境影响、节能、地质灾害、压覆矿产资源、气候可行性、地震安全、水务、海绵城市、考古调查勘探等事项的区域评估评审，编制区域评价报告，明确评价成果适用范围、条件、效力。对符合区域化评估评审结果适用条件的区域内单个投资项目，无需单独开展相关评估评审工作。

第四十一条　审批事项涉及的技术审查与行政审批分别管理，强化方案设计、技术审查机构的主体责任，方案设计、技术审查人员对其出具的结论终身负责。对已有独立技术审查意见的，审批部门原则上只进行形式性审查；对于行政审批中附含技术审查的，审批事项的办理时限包含该部门的技术审查时限。

第四十二条　建设项目应严格执行国家、省、市制定的行业技术标准和安全、质量规范。

各部门对职能范围内给排水、交通运输、人防、燃气、节能（绿建）等技术审查内容，结合审查技术要求，分类制定通用性的技术标准和安全、质量规范。

市住房建设部门牵头梳理各部门通用性技术标准和安全、质量规范，消除标准规范适用不统一问题。

第四十三条　各部门应优化整合内部各类审批事项，确定牵头处室，主动将项目情况和办理结果推送给相关审批部门及建设单位，办理意见或批复内容应包括对项目办理的指引。各部门应及时了解项目情况和相关部门发送的项目信息、需求和意见，指导协助建设单位解决项目报建中的问题，涉及国家、省事权的审批事项对口部门须主动协调。

各部门应明确行政审批首席代表及首席代表团队，进驻行政服务大厅现场办公，提供现场咨询、现场协调以及在线咨询服务，建设项目审批事项原则上应在行政服务大厅直接办理。

第四十四条　规划国土部门及其派出机构就项目选址及用地、工程规划等征求意见时，相关部门应按规定反馈，有不同意见的须说明理由并提交明确的指导建议，由规划国土部门及其派出机构牵头协调。涉及城市空间布局的，由规划国土部门及其派出机构依职权确定。涉及省级以上事权的，相关主管部门负责协调对口上级部门、争取支持。

第四十五条　在线平台是建设项目施工许可相关事项跨部门协同办理的平台，并作为广东省网上办事大厅深圳分厅的在线受理系统。

在线平台应实现建设项目的事项情形管理、阶段内事项“一表制”并联审批、项目中申请材料和批复结果强制共享复用、项目推进流程可视化跟踪等功能，与市“多规合一”平台对接融合。

在线平台汇集的信息真实性、完整性由信息提供部门负责，并直接作为审批依据，各部门可根据在线平台调取的信息办理审批。

第四十六条　市发展改革、经贸信息、财政、规划国土、市场和质量监管、人居环境、交通运输、文体旅游、住房建设、水务、城市管理、气象、应急、安全生产、公安交警、公安消防、档案等涉及建设项目审批服务的部门负责在线平台的应用，加强执行项目代码制度，严格项目代码核验，确保本部门审批业务系统与在线平台双向实时连通，部门审批业务系统的审批过程和结果信息须实时流转至在线平台。

建设单位通过在线平台完成项目审批的事项报件、项目变更、中止申请等，对申报信息的真实性、有效性负责。

各部门应指定人员负责处理本部门审批业务系统与在线平台数据交换及其他业务运行的异常问题，制定异常问题应急解决预案，确保本部门信息系统稳定运行。

第四十七条　市政务服务管理部门负责在线平台的建设、运行维护和数据管理。根据项目报建需求，拟定业务信息共享要求，配置审批业务链条、事项材料结果映射关系，维护并联事项“一表制”表单，监控并预警业务办理进度。对审批部门超时限办理、无充足理由退件等问题进行通报。制定信息系统运行维护细则、安全保障预案和安全防护策略，保障在线平台安全稳定运行。

第四十八条 建设单位按照建设项目办事指南规定的内容和要求准备申报材料，行政服务大厅统一受理，即时转审批部门办理。除以下情形外，审批部门不得拒收、退件：

（一）申报材料与建设项目事项办事指南要求不符的；

（二）项目情况或申报材料明显不具备许可条件的；

（三）建设单位主动申请要求撤回的；

（四）伪造申报材料的。

申报材料不具备许可条件或内容深度达不到审批要求，但能补齐补正的，审批部门通过在线平台一次性明确告知建设单位补齐补正要求。需要补齐补正申报材料的，以完善材料后为正式受理时间。

建设单位收到补齐补正通知后20个工作日内未补齐补正材料的，予以退件处理。退件处理的，在线平台纳入报件质量统计。

申报材料和审批结果的收发及流转、办事信息的推送，按“一门一网”相关业务规则执行。

第四十九条 建设项目使用单位应积极支持和配合建设单位开展工作，在开展施工图设计前须最终确定项目建设的需求。

建设单位应严格履行项目建设的主体责任，严格执行建设项目各项标准，与政府部门协同配合，提高项目相关设计文件、申报材料的质量，及时报建，项目报建情况纳入在线平台数据分析。

第五十条 市发展改革部门依托在线平台，建立工程建设项目审批信用信息平台。各行业主管部门建立黑名单制度，对企业和从业人员违法违规、不履行承诺的不良行为在深圳网上办事大厅向社会公开，构建“一处失信、处处受限”的联合惩戒机制。

第五十一条 市发展改革部门要对建设项目投资决策、建设管理、项目效益等方面进行全面评价，评价报告按年度在在线平台上公布。

市政务服务管理部门依托在线平台，对项目审批全流程的审批服务事项、审批环节、审批时限以及项目报建等实行网上监督、实时预警、绩效考核。

对主办部门未履行职责，对不按规定的流程、时限实施审批的，或审批部门没有按要求提前介入，或没有提供明确意见，导致项目审批迟滞的，由市政务服务管理部门根据具体情形提请市政府进行问责。

第六章 附则

第五十二条 本规定所称的房建类项目，主要包括公共教育、医疗卫生、社会保障、文体设施、保障性住房、产业园区及其配套等建设项目。

本规定所称的市政类项目，主要包括道路（含桥梁、隧道）、综合管廊、市政管网、河道综合整治等线性建设项目，以及综合性交通枢纽、立体停车库、市政园林、污泥处置厂、水厂、水质净化厂、排涝泵站、边坡加固及维护、水库管养用房等非线性建设项目。

第五十三条 市政非线性类工程施工许可办理流程参照房建类办理流程执行。

政府投资建设项目的竣工验收和不动产登记参照《深圳市社会投资建设项目报建登记实施办法》第五章相关规定执行。

电网工程在建设工程规划许可阶段参照本规定执行。

其他市政府投资项目及各区（含新区、合作区）政府投资项目参照本规定执行。

第五十四条 本规定自2018年8月1日起施行。

附录24 深圳市社会投资建设项目报建登记实施办法

第一章 总则

第一条 为营造最优营商环境，推动经济社会高质量发展，以项目高效顺畅报建为核心，结合本市实际，制定本办法。

第二条 本办法适用于在深圳市行政区域内利用社会资本开展的新建、改建、扩建的建设项目，实行核准管理的项目除外。

第三条 在社会投资建设项目报建登记办理中，政府部门应按照主动服务、优化审批、改进方式、放管并重的原则，及时了解建设项目进展情况和相关部门发送的项目信息、需求和意见，强化咨询服务，主动指导、协同推进项目单位在报建登记中的问题，涉及国家、省的审批事权要积极帮助协调。

第四条 除法律法规另有规定或上级部门新下放的审批事项外，严禁在公布的审批事项目录之外擅自增加或拆分审批事项、许可条件和受理材料，严禁擅自延长办理时限，严禁在审批信息系统之外业务流转。

凡实行告知性备案管理的事项，实行收件确认，项目单位对所申报备案材料的真实性、有效性负责，审批部门对备案内容承担检查管理职责。

改变以批代管的审批管理观念和模式，推行告知承诺制，加强事中事后监管，严格违法违规惩戒，守住项目建设的质量、安全和廉洁廉政的底线。

第五条 投资项目在线审批监管平台（工程建设项目管理系统，以下简称在线平台）作为广东省网上办事大厅深圳分厅的在线受理系统，应满足项目单位、审批部门、中介机构等多方共同使用的需求，是建设项目施工报建事项办理的跨部门协同平台，实现统一受理、并联审批、实时流转、跟踪查询、信息共享。市政务服务管理部门积极引导项目单位网上申报、在线办理。

第六条 社会投资建设项目报建登记流程按照项目建设的时序，分为土地出让及用地规划许可、建设工程规划许可、施工许可、竣工验收和不动产登记四个阶段。土地出让及用地规划许可、建设工程规划许可由规划国土部门及其派出机构（城市更新项目的土地出让及用地规划许可、建设工程规划许可由区级城市更新部门）牵头，施工许可、竣工验收由住房建设部门牵头，牵头部门负责组织协调相关部门严格按照限定时间完成审批。

每个阶段包括应办理审批事项和可能涉及办理的审批事项，两类事项并行推进。各阶段内可能涉及办理的审批事项均不互为前置，具备必要条件即可办理。社会投资建设项目报建流程图、各阶段具体事项由市政务服务管理部门依据本办法制定并公布。

从签订土地使用权出让合同至不动产登记办理完成，社会投资建设项目审批时间控制在45个工作日以内。从签订土地使用权出让合同至取得施工许可，控制在33个工作日以内。

第二章 土地出让及用地规划许可

第七条 签订土地使用权出让合同（发放用地规划许可证）5个工作日内办结。

第八条 市发展改革部门按有关规定对社会投资建设项目进行备案，除涉及国家秘密的项目外，项目备案通过在线平台实行网上受理、办理、监管和服务。

发展改革部门对通过在线平台申报备案的社会投资建设项目赋码，作为该项目整个建设周期唯一身份标识。

第九条 市规划国土部门建立"多规合一"信息平台，整合规划国土、发展改革、交通运输、环境保护、海洋、林业、水务、气象、海绵城市等各类空间性规划和相关规划信息，形成全市空间规划一张蓝图。为项目论证、项目生成提供平台支撑，为在线平台提供空间数据和相关功能支撑，为项目建设所需提供信息查询。

第十条 规划国土部门及其派出机构拟定用地出让方案，应征求辖区政府、发展改革、水务、环境保护、交通运输、住房建设、文物、产业主管部门及其他相关部门意见，涉及代建公共服务设施的项目，辖区政府要一并明确接收部门。经政府审定后，开展招拍挂出让工作。

用地成交后，项目单位缴交地价款、完成资金来源核查即可申请签订土地使用权出让合同，签订土地使用权出让合同时领取建设用地规划许可证。

第十一条 协议出让的项目用地按权限经区政府或市政府批准并取得项目备案后，可办理建设用地规划许可证，可签订土地使用权出让合同。

若项目涉及地质灾害、压覆重要矿产、文物保护、机场、水务、危险品、燃气、电力、轨道交通等事项的，应取得相关主管部门的审查意见。

第三章 建设工程规划许可

第十二条 方案设计核查15个工作日内办结，建设工程规划许可证核发10个工作日内办结。

第十三条 重点地区、重要节点建设项目的方案设计实行招标，并向规划国土部门及其派出机构备案。

除前款及依据法律、法规和规章规定应招标的项目外，项目单位可以自主决定方案设计、施工等发包方式，不再强制要求招投标。

第十四条 项目单位依据规划国土部门及其派出机构出具的建设用地规划许可证开展方案设计，完成方案设计后即可申请方案设计核查。

对于产权移交政府的交通基础设施（含市政道路、行人立体过街设施等）及配建公交首末站，交通运输部门与规划国土部门及其派出机构同步对方案设计进行并联审查，并先行出具专业审查意见。

属于下列情形之一的项目，可免于方案设计核查：宗地内规定建筑面积不大于5000平方米、规划功能和建筑类型单一的建设项目；列入市重大项目计划的普通工业、仓储项目；临时建筑。

第十五条 除年综合能源消费量不满1000吨标准煤，且年电力消费量不满500万千瓦时的项目，及国家明确规定不单独进行节能审查的项目外，项目单位在项目开工前取得发展改革部门出具的节能审查意见。

第十六条 住房建设部门整合规划、建筑、人防、防雷、海绵城市等相关部门施工图审查环节，将施工图技术审查内容纳入具备综合图审资格的服务机构进行统一图审。

第十七条 项目单位取得土地使用权出让合同、方案设计核查意见，取得施工图审查合格证，即可办理建设工程规划许可证。

消防、人防、水土保持、环保等审批事项不作为建设工程规划许可的前置条件。涉及大型建设项目的，规划国土部门及其派出机构可视需要征求交通运输部门意见。

涉及国家安全、轨道安全、文物保护、配建公共服务设施的项目，由规划国土部门及其派出机构根据相关主管部门和公共服务设施接收单位的意见，办理建设工程规划许可证。

地名批复（包括建筑物命名核准/公共设施名称核准/专业设施名称核查及备案）与建设工程规划许可事项合并办理，分别核发相关证件；开设永久路口审批与市政管线接口审批合并办理，分别核发相关证件。

交通运输部门不再办理开设永久路口审批及交通影响评价。占用挖掘道路、开设临时路口由交通运输部门和公安交警部门从产权管理和交通秩序管理方面分别并行办理，统一出证。

第十八条 项目单位完成方案设计后，人防主管部门根据项目单位申请对自建、免建及易地修建人防工程的项目提出人防工程建设要求，需建设人防工程的，相关设计纳入施工图审查。

第十九条 宾馆、饭店、商场、市场、影剧院、歌舞厅等法定大型人员密集场所和特殊建设工程项目，初步设计完成后即可办理消防设计审核。

除前款规定外的建设项目，应在取得施工许可后7个工作日内将消防设计文件报消防部门备案。

第二十条 项目单位在方案设计或初步设计完成后，即可同步申请办理建设项目水土保持方案审批、建设项目用水节水评估报告告知性备案。如涉及不跨市级行政区划的珠江河口滩涂开发利用工程建设方案审批、河道范围内工程建设方案审批、拆除改动城镇排水与污水处理设施审批的也同步办理。

第二十一条 建设项目应按照水土保持技术规范和标准采取水土保持措施，预防和治理水土流失。除可以免于办理水土保持审批的建设项目外，在城市已开发区域的建设项目实施告知性备案管理。

第四章 施工许可

第二十二条　施工许可3个工作日内办结。

第二十三条　环境影响报告书（表）应在项目开工前取得环保部门批准或完成备案，在此之前可开展地质勘探、场地平整、基坑支护、桩基、拆除旧有建筑物、临时建筑、施工用临时道路、通水、通电等工作。

对应编制环境影响报告表，但环境影响程度较轻无需配套建设污染防治设施且不涉及环境敏感区的建设项目，实行告知性备案；对原应填报环境影响登记表的建设项目，免于开展环境影响评价。

第二十四条　凡确定施工单位、监理单位及采取保证工程质量安全措施，取得基坑支护、土石方工程施工图审查合格证及用地规划许可证的，住房建设部门合并办理施工许可（专项）及质量安全监督登记手续后即可开工。

凡确定施工单位、监理单位及采取保证工程质量安全措施，取得桩基础施工图审查合格证及桩基础报建证明书，住房建设部门合并办理施工许可（专项）及质量安全监督登记手续后即可开工。

第二十五条　凡已依规定确定施工单位、监理单位及采取保证工程质量安全措施，取得施工图审查合格证、建设工程规划许可证及消防审核意见的，住房建设部门合并办理施工许可证及质量安全监督登记手续。

第二十六条　建设单位书面承诺后，办理施工许可无需提供工伤保险参保证明、劳务工工资分账协议，无需核验安全生产许可证、人员资格证书等原件。

第五章　竣工验收和不动产登记

第二十七条　项目单位可根据工程实际选择联合验收或分项验收，联合验收7个工作日内办结。土地使用权及房屋所有权首次登记5个工作日内办结。

第二十八条　住房建设、交通运输、水务等行业主管部门根据项目单位的需要，配合实行联合验收或部分联合验收，统一验收竣工图纸、统一验收标准、统一出具验收意见。

对于验收涉及的测量工作，实行一次委托、统一测绘、成果共享，验收测量数据纳入在线平台。

第二十九条　项目单位需要采取分项验收的，由各专项验收主管部门并联组织验收。

第三十条　项目单位应在竣工验收后3个月内，向市城建档案馆移交建设工程档案。

第三十一条　项目单位签订土地使用权出让合同并取得实地测绘报告后，即可申请办理土地使用权首次登记。

对涉及改变原土地使用权出让合同内容的，项目单位签订土地使用权出让合同补充协议后，即可申请办理土地使用权变更登记。

第三十二条　对新建、扩建项目，项目单位取得建设工程规划验收合格证明、竣工验收合格证明、竣工测绘报告后，即可申请土地使用权及房屋所有权首次登记。土地使用权未登记的，还应一并申请办理。

对改建项目，项目单位取得建设工程规划验收合格证明、竣工验收合格证明、竣工测绘报告后，即可申请土地使用权及房屋所有权变更登记。需要签订土地使用权出让合同补充协议的，还应提交相关协议。

第三十三条　项目涉及海域使用的，项目单位可在签订海域使用权出让合同或取得项目用海批准文件、宗海图以及界址点坐标材料后，申请海域使用权首次登记。

对填海造地的，项目单位可在填海项目竣工后，申请土地使用权首次登记时，一并申请海域使用权变更登记或注销登记。

第三十四条　依法需缴交地价、海域使用金以及税费的，还应提供相关缴纳凭证。

第六章　附则

第三十五条　本办法没有规定的配套措施参照《深圳市政府投资建设项目施工许可管理规定》第五章相关规定执行。

第三十六条　本办法所称“重点地区、重要节点”建设项目为：

（一）位于福田中心区、香蜜湖片区、前海深港合作区、后海中心区、深圳湾超级总部片区和深南大道、滨海大道沿线，且建筑面积不小于 2 万 m^2 的项目；

（二）位于空港新城、留仙洞总部基地、宝安中心区、龙岗大运新城、深圳北站周边地区、光明凤凰城、坪山中心区，且建筑面积不小于 5 万平方米的非居住项目；

（三）东部滨海岸线沿线范围的项目。

第三十七条 本办法自 2018 年 8 月 1 日起施行。

参考文献

［1］ 凌健．应用主体画像在深圳建设工程招标投标大数据领域的应用［J］．建筑市场与招标投标，2018（06）：44-47．

［2］ 戴子文，胡朝东，戴子龙．深圳市“轨道＋物业”开发实践及发展策略［J］．城市交通，2018（04）：60-65．

［3］ 张明哨．完善城市轨道交通宏观管理探讨［J］．综合运输，2017（10）：19-21＋58．

［4］ 张泓．城市轨道交通企业盈利模式的探索与实践——以深圳地铁集团为例［J］．城市轨道交通研究，2018，21（05）：97-101．

［5］ 鲍淑红．浅谈轨道交通通信系统新技术、新工艺的应用［J］．铁道通信信号，2018（06）：83-86．

［6］ 何建军，张健君．城市综合管廊与轨道交通共建设计探讨［J］．中国给水排水，2018（04）：47-52．

［7］ 李俊峰，邱实，魏中华．考虑交通成本的综合管廊建设效益模型研究［J］．中国工程咨询，2018，213（5）：79-86．

［8］ 周理平．深圳市海绵城市建设规划设计理念及相关策略探究［J］．城市地理，2018（04）：72-72．

［9］ 曾小瑱，谢家强．拆除重建类城市更新项目海绵城市规划编制——以深圳市为例［J］．城乡建设，2018，541（10）：36-39．

［10］ 崔婷．“海绵城市”理论在建设工程设计应用的研究［J］．中国建设信息化，2018，63（08）：72-73．

［11］ 冯潘．房屋建筑工程施工中节能环保技术分析［J］．绿色环保建材，2018，139（9）：44-45．

［12］ 罗庆锋．建筑节能新技术在工民建中的应用研究［J］．工程建设与设计，2018（9）：52-54．

［13］ 魏蓓．深圳市绿色建筑政策法规解读［J］．住宅与房地产，2018，502（17）：47-48．

［14］ 周海峰．大型城市综合体建筑绿色技术应用分析［J］．建设科技，2018（06）：36-39．

［15］ 钟志强，孔德宇．浅析深圳市建筑废弃物现状及减量化措施［J］．住宅与房地产，2018，511（26）：47-51．

［16］ 李景茹，刘寒，赫改红．建筑废弃物资源化利用行业发展影响因素研究——基于深圳、青岛、许昌的调研［J］．建筑经济，2018，39（11）：25-28．

［17］ 王承平．新能源和可再生能源的开发与利用探讨［J］．南方农机，2019，50（01）：244．

［18］ 倪欢欢．可再生能源在建筑设计中的利用［J］．四川水泥，2018（06）：95．

［19］ 何涛，李博佳，杨灵艳．可再生能源建筑应用技术发展与展望［J］．建筑科学，2018，34（09）：138-145．

［20］ 徐丽丽．建筑业应对“营改增”之策略［J］．现代经济信息，2017（23）：252．

［21］ 朱雯雯，张佳慧．“营改增”对建筑业的影响及对策［J］．中小企业管理与科技，2018（12）：74-75．

［22］ 栾燕，韩佳良．互联网＋时代下现代建筑业发展对策探讨［J］．山西建筑，2018，44（32）：243-244．

［23］ 万晓曦．信息技术打破建筑业采购壁垒［J］．中国建设信息化，2017（16）：20-22．

［24］ 景万．建筑业践行“一带一路”战略的若干思考［N］．中国建设报，2017-07-07（006）．

［25］ 中国建筑业协会工程项目管理专业委员会．“一带一路”与建筑业“走出去”战略研究［M］．北京：中国建筑工业出版社，2016．

［26］ 省委、省政府印发关于贯彻落实《粤港澳大湾区发展规划纲要》的实施意见［N］．南方日报，

2019-07-05（A04）.

[27] 毕天平，杨雪梅，高东燕. 经济新常态下我国建筑企业发展形势分析［J］. 建筑经济，2016（04）：5-7.

[28] 杨宝明. 2018年中国建筑业发展机遇与挑战［N］. 建筑时报，2018-03-01（008）.

[29] 张爱国，李小花. “十三五”建筑业发展机遇与挑战［J］. 现代工业经济和信息化，2016，6（10）：13-14.

[30] 贺灵童，李晓芬，琚艳芳. 2017年中国建筑业发展机遇与挑战［J］. 建筑，2017（05）：34-37.

[31] 孙继德，郑冕，傅家雯. 新时代建筑业高质量发展的内涵与政策建议［J］. 建筑经济，2019，40（05）：5-9.

致　　谢

2018 年正值中国改革开放 40 周年，在习近平新时代中国特色社会主义思想和党的一系列方针、政策的指导下，深圳建筑业努力开拓，不断创新，大力推动行业的高质量发展和效益的不断提升，取得了突出的成绩。为了更好地总结过去、把握现在、展望未来，深圳建筑业协会和深圳大学土木与交通工程学院共同完成了《深圳市建筑业发展报告(2018)》的编制工作，对参与、支持、关心这次编制工作的企业、领导和专家深表感谢！

在《报告》的编制过程中，深圳市住房和建设局、深圳市宝安区住房和建设局、深圳市政府投资项目评审中心、深圳市市政工程总公司、深圳市鹏城建筑集团有限公司、中铁南方投资集团有限公司、中建科技集团深圳分公司、深圳市建工集团股份有限公司、华阳国际设计集团、中建钢构有限公司、中国华西企业有限公司、中国建筑一局（集团）有限公司、深圳广田集团股份有限公司、中电建水环境治理技术有限公司、深圳市建筑工程股份有限公司、深圳市建安（集团）股份有限公司、中国建筑第二工程局华南公司、中国建筑第四工程局有限公司华南公司、中铁建工集团有限公司深圳分公司、中铁隧道集团三处有限公司、深圳市罗湖建筑安装工程有限公司、深圳市第一建筑工程有限公司等单位（以上名单不分先后）给予了大力支持，在此表示衷心的感谢！